武汉大学 | 两岸及港澳法制研究书系

教育部哲学社会科学研究重大课题攻关项目“采取反分裂国家必要措施的相关法律问题研究”（17JZD030）阶段性成果

台湾地区两岸关系司法案例选编

祝 捷 宋 静 | 主编

九州出版社 JIUZHOUPRESS | 全国百佳图书出版单位

图书在版编目（CIP）数据

台湾地区两岸关系司法案例选编 / 祝捷，宋静主编
. -- 北京 : 九州出版社，2020.11
ISBN 978-7-5108-8681-2

Ⅰ. ①台… Ⅱ. ①祝… ②宋… Ⅲ. ①《台湾地区与大陆地区人民关系条例》－法律解释－案例－台湾 Ⅳ. ①D927.58

中国版本图书馆CIP数据核字(2020)第231846号

台湾地区两岸关系司法案例选编

作　　者	祝 捷　宋 静　主编
出版发行	九州出版社
地　　址	北京市西城区阜外大街甲 35 号 (100037)
发行电话	(010)68992190/3/5/6
网　　址	www.jiuzhoupress.com
电子信箱	jiuzhou@jiuzhoupress.com
印　　刷	北京九州迅驰传媒文化有限公司
开　　本	720 毫米 ×1020 毫米　16 开
印　　张	18
字　　数	250 千字
版　　次	2020 年 12 月第 1 版
印　　次	2020 年 12 月第 1 次印刷
书　　号	ISBN 978-7-5108-8681-2
定　　价	68.00 元

前　言

2016年5月20日，台湾地区第三次政党轮替，两岸关系局势发生了急骤变化。新当选的台湾地区领导人蔡英文公开表态，今后会依照“中华民国现行宪政体制”处理两岸关系。台湾地区司法机构颁布的“大法官解释”作为与台湾地区现行“宪制性文件”具有等同效力的解释，不仅是“中华民国现行宪政体制”不可或缺的重要组成部分，也是在研究两岸法制问题时比较容易被忽略的环节。立基于此，本书从七百多个“释宪”案件中选择了与两岸关系密切相关的19个“大法官解释”，根据案件的性质和内容对其进行分类、整理和挖掘，形成了13个具有相对独立性的“大法官解释”案例评析。台湾地区“大法官解释”的制度沿革和计量研究和台湾地区“大法官解释”中的两岸关系性质研究两部分是对13个案例的总括性评析。

除了两个总括性评析，每一个具体案例评析均包括【案情要览】【解释要点】【理论评析】和【延伸思考】。其中，【案情要览】用以介绍案件的基本情况以及系争点所在，便于读者对案件能有一个大体的了解。【解释要点】以“大法官解释”的“解释文”和“理由书”为依据，介绍“大法官”对案件系争点的处理，以及对台湾地区法规制度的形塑作用。【理论评析】具体对案件所涉理论进行深入探讨，探析“解释文”和“理由书”在理论上的问题，并对“大法官”的论证逻辑进行分析，介绍“协同意见书”和“不同意见书”。这也是案例分析的核心部分。【延伸思考】则对案件所涉及的在理论和实务上的未决问题和争议问题加以简单介绍，并提供供读者延伸思考的问题。本书案例均取材于台湾地区司法机构“大法官解释”，“解释文”“理由书”“协同意见书”“不同意见书”和“释宪声请书”均可从台湾地区“法源法律网”上进行检索。在编排顺序上，本书将系争问题类似的案件进行了合并处理，并依据“大法官解释”的解释序号予以排列。

承担着“释宪”重任的“司法院大法官”所颁布的“大法官解释”不仅是台湾地区重要法源之一，对于发展两岸关系来说也是一种珍贵的法治资源。本书所包含的案例不仅涉及台湾地区的政治制度，还与大陆人民在台权利保障问题息息相关，唯愿本书能在两岸关系领域为读者提供些许研究上的支持和思考。

目　录

总　论

分　论

总　论

总评一　台湾地区“大法官解释”的制度沿革和计量研究[①]

台湾地区“大法官解释”制度的文本依据是1936年5月5日国民政府制定并公布的“中华民国宪法草案”，即“五五宪草”。“中华民国宪法草案”第七十九条规定：“司法院有统一解释法律命令之权。”第一百四十条规定：“法律与宪法有无抵触，由监察院于该法律实行后六个月内，提请司法院解释，其详以法律定之。”第一百四十二条规定：“宪法之解释，由司法院为之。”这些规定被1947年公布施行的“中华民国宪法”[②]沿用，“中华民国宪法”第七十八条、第七十九条第二项、第一百七十一条第二项、第一百七十三条的相关规定成为台湾地区“大法官解释”制度的直接“宪法”依据。依照台湾地区“宪制性文件”[③]的规定，“宪制性文件”“法律”及命令的统一解释权由台湾地区司法机构[④]享有。台湾地区司法机构对“宪制性文件”“法律”及命令的解释采用“解释”例的方法，予以统一编号

① 本文主体部分原发表于中评网，收入本书时有所删改。

② 本书中所涉及台湾地区“宪制性文件”“宪制性文件增修条文”“司法院组织法”“大法官解释”等法律规范的文本，资料均来源于台湾“法源法律网”（http://www.lawbank.com.tw/），最后访问日期：2018年9月10日。

③ 囿于涉台话语的表述规范，本书中所称台湾地区“宪制性文件”指代台湾地区现行“宪法”，亦即于1946年制定的“中华民国宪法”；“宪制性文件增修条文”指代“宪法增修条文”。

④ 囿于涉台话语的表述规范，本书中所称台湾地区司法机构指代台湾地区“司法院”，同理，台湾地区行政机构指代台湾地区“行政院”，台湾地区立法机构指代台湾地区“立法院”，台湾地区监察机构指代台湾地区“监察院”，台湾地区考试机构指代台湾地区“考试院”。

并公告。

一、制度沿革

关于“大法官解释”制度的发展，1947年3月31日，国民党当局立法机构通过“司法院组织法”，国民党当局司法机构设“大法官会议”，由九名“大法官”组成，行使解释“宪制性文件”并统一解释“法律”、命令的职权。1947年12月25日公布第一次修正后的“司法院组织法”，异动之处在于由十七名“大法官”组成“大法官会议”、列明成为“大法官”所应有之资格。1948年9月16日，根据“司法院组织法”，“大法官会议”通过“司法院大法官会议规则”，作为其行使职权的基本规范。1949年，“大法官解释”制度在台湾施行，时至今日对台湾的政治、经济、法律等各项制度仍产生巨大的影响。

1957年12月13日，台湾地区立法机构通过“三读”修正“司法院组织法”第四条、增订第五条、第六条内容，完善“大法官”的任职资格和任期制度，对“大法官”解释“宪制性文件”作出程序性规定。1958年7月21日，依据“司法院组织法”第六条之规定，公布施行“司法院大法官会议法”，对“大法官会议”解释“宪制性文件”“法律”及命令的程序和事项以及“大法官会议”的组织、职权作了细致规定，“司法院大法官会议法”取代“司法院大法官会议规则”，成为“大法官”行使职权的新规范。此后，“大法官解释”制度进入一个较为稳定的发展时期，直至1980年第三次对“司法院组织法”进行修订，根据现实情况，对“大法官”的任职资格、“秘书处”的掌理事项作出调整，并在台湾地区司法机构下设置四个厅，分别管理民事、刑事、行政等事项，四个厅分工合作，此次“司法院组织法”的修订还对台湾地区司法机构的组织与职权设置有了更为详细的规范。

1992年11月20日，“司法院组织法”第四次修订。此次修订带来的最大变化是“大法官会议”职权的扩大，由原来“解释宪法并统一解释法律命令之职权”演变为“审理解释宪法及统一解释法令案件，并组成宪法法庭，审理政党违宪之解散事项”。[①] 此次修订还有两处地方值得注意，一是明确了台湾地区司法机构下设四个厅分别为民事厅、刑事厅、行政诉讼及惩戒厅、司法行政厅，并列举这四个厅所掌理的事项；二是建设、完善台湾地区司法机构的职能部门，如信息管理处、秘书处、“大法官”书记处、人事处、会计处、统计处、政风处、人事审议委员会等。为了适应此次“司法院组织法”关于“大法官会议”职权的变化，1993年2月3日，“司法院大法官审理案件法”公布施行，取代1958年的“司法院大法官会议法”，与“司法院大法官会议法”相比较，“司法院大法官审理案件法”对台湾地区司法机构解释案件的审理和政党违宪解散案件的审理作了详尽的规定，值得注意的变化是“大法官解释”“声请人”范围的扩大，在原来的“中央”或地方机关、人民的基础之上，增加了“立法委员”、台湾地区“最高法院”和“行政法院”的法官。

自21世纪以来，“司法院组织法”又历经四次修正。前三次修正力度不大，只是为适应时代变化而作出的调整。2001年5月23日，“司法院组织法”第五次修订，此次修正发布第五条、第十一条、第十三条、第十五条第一项、第十八条、第二十条条文，并增订第十五条第二项条文，此次修订增加了台湾地区司法机构“少年及家事厅”。2009年和2013年的两次修订都只修正了个别条文。最为重要的是2015年对“司法院组织法”的第八次修订，此次修订历经三年之久，将全部二十三个条文予以重新设计，形成二十二个条文。此次修订值得注意的变化是“大法官”人数缩减至十五人，台湾地区司法机构下设各厅、处的组织和职权设置都相应作出调

① 参见袁明圣：《台湾地区“大法官解释”制度初探》，载《江西财经大学学报》2004年第3期。

整，此次修订力度是“司法院组织法”八次修订之最。

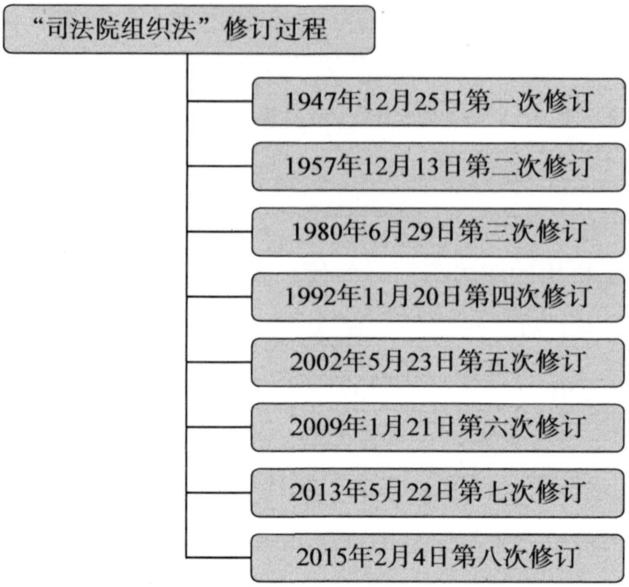

图 1　台湾地区“司法院组织法”修订过程

“司法院组织法”的八次修订对“大法官解释”制度的发展有着决定性的作用。另一方面，自 1991 年至 2005 年的七次“宪制性文件”增修过程中涉及“大法官解释”制度的修改也对现行“大法官解释”制度产生了较大影响。1992 年的第二次“宪制性文件”增修过程第一次以“宪制性文件增修条文”的形式确认了由“大法官”“组成宪法法庭审理政党违宪之解散事项”，[①]“大法官会议”职权扩大，这也是随后“司法院组织法”第四次修订的“宪法”依据。1997 年“宪制性文件增修条文”第四次修正，将“大法官”人数减为十五人，且明确规定：“司法院大法官任期八年，不分届次，个别计算，并不得连任。但并为院长、副院长之大法官，不受任期之保障。”这意味着台湾地区司法机构正副负责人的职务不受任期保障，容易随着台湾地区领导人的换届选举等原因的变化而产生变动，对台湾地

① 参见袁明圣：《台湾地区“大法官解释”制度初探》，载《江西财经大学学报》2004 年第 3 期。

区的司法独立造成一定的负面影响。2000年第六次“修宪”取消了“宪制性文件”第八十一条及有关法官终身职待遇的规定。2005年第七次“宪制性文件增修条文”修订，增加了“大法官”审理台湾地区正副领导人弹劾案的规定，原本属于“国民大会”审理的台湾地区正副领导人弹劾案转由“大法官”审理，台湾地区司法机构的职权再次扩大。台湾地区七次“宪政改革”中明确涉及“大法官解释”制度的有四次，虽然从条文规定的变化上看“大法官会议”解释台湾地区“宪制性文件”“法律”及命令的职权并未发生明显的变化，但其实际职权却在一步步扩大，由第二次“修宪”的“宪法法庭”组成到第七次“修宪”的台湾地区正副领导人弹劾案审理权，都表明台湾地区司法机构职权的扩张。实际上，“大法官会议”已经成为台湾地区“宪制性文件”争议的仲裁者，“大法官”也彰显出“宪制性文件”守护者的重要作用。

二、量变趋势

据统计，截至2018年8月底，台湾地区司法机构颁布的“大法官解释”总数为767个。“大法官解释”“释字第1号解释”的作出时间是1949年1月6日，“大法官解释”“释字第767号解释”的作出时间是2018年7月27日，从“释字第1号解释”到“释字第767号解释”总共历时近70年，具体分布情况如图2所示，除1950年和1951年两个年度没有“大法官解释”作出外，其他年份均有“大法官解释”面世，只是数量参差不齐。如图2所示，1949年到1957年，是“大法官解释”数量的第一个高峰期；1958年到1986年，“大法官解释”数量处于低迷期；1987年至今，是“大法官解释”数量的第二个高峰期，这个高峰期的峰值是1994年的37个“大法官解释”，远大于第一个高峰期的峰值（1953年的17个“大法官解释”）。1987年是“大法官解释”数量的一个重要分界点，1949年至1986

年 38 年间作出的“大法官解释”数量是 211 个，而 1987 年至 2018 年 8 月 31 日间作出的“大法官解释”数量是 556 个，约占全部 767 个“大法官解释”的比重为 72.49%，足见 1987 年对“大法官解释”的重要意义。

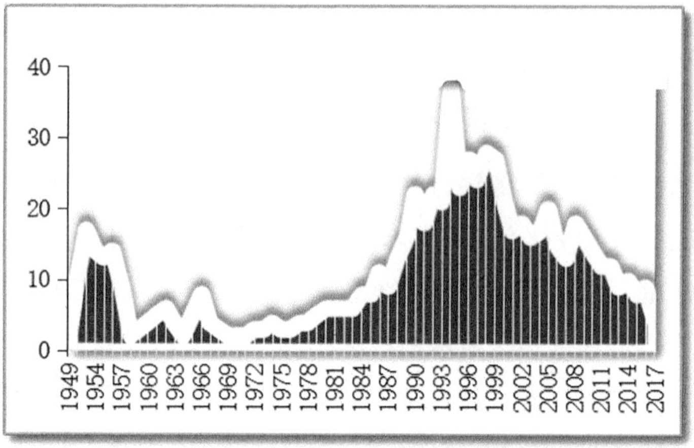

图 2　台湾地区“大法官解释”数量趋势图

三、因果剖析

观测“大法官解释”数量变化趋势，主要分为三个阶段，第一阶段是 1949 年到 1957 年的小高峰期，第二阶段是 1958 年到 1986 年的低迷期，第三阶段是 1987 年至今的大高峰期。之所以呈现出这样的变化趋势，究其原因主要有三，如下所示：

一是 1958 年“司法院大法官会议法”公布施行，“司法院大法官会议法”取代“司法院大法官会议规则”，成为“大法官”行使职权的新规范，“司法院大法官会议法”提高了“大法官会议”的表决门槛。1957 年，“大法官会议”作成“释字第 76 号解释”，将台湾地区监察机构的地位提高至与“国民大会”和台湾地区立法机构相当的“国会”地位，因而招致台湾地区立法机构的强烈不满。台湾地区立法机构于 1958 年自行通过立法程序制定"司法院大法官会议法"，强加给"大法官会议"，作为后者行使职权的基本规范。[①]"司法院大法官会议法"与"司法院大法官会议规则"最大的区别在于大幅提高"大法官会议"的表决门槛，其规定："大法官会议解释宪法，应有大法官总额四分之三之出席，暨出席人四分之三之同意，方得通过。大法官会议统一解释法律及命令，应有大法官总额过半数之出席，暨出席人过半数之同意，方得通过。"而"司法院大法官会议规则"对"大法官会议"表决门槛的规定是："大法官会议开会时，须有在中央政府所在地全体大法官三分之二以上出席。如为决议，须有在中央政府所在地全体大法官过半数之同意。"对比二者关于"大法官会议"表决的条件，前者对"大法官"形成决议的条件过于苛刻，以至于在"司法院大法官会议法"施行期间，"大法官"在"宪法解释"方面建树颇少，"释宪功能"几乎被冻结。[②]这是"大法官解释"数量趋势从1949年到1957年第一个小高峰期发展到低迷期的主要原因之一。

二是1949年到1987年的台湾地区处于"戒严"时期，言论自由在这一时期内受到普遍限制。1949年5月19日，中华民国台湾省政府主席兼台湾省警备总司令陈诚颁布《台湾省戒严令》，内容为宣告自1949年5月20日零时起在台湾省全境（含台湾本岛、澎湖群岛及其他附属岛屿）实施"戒严"，至1987年7月15日由蒋经国宣布"解严"为止，台湾地区"戒严"时期共持续了38年又56天之久。"戒严令"的颁布对台湾社会发展产生了极大的影响，在此期间，言论自由受到普遍限制，台当局运用相关法令条文对政治上持异议的亲共人士或有叛国之实者进行逮捕、军法审判、

① 参见周叶中、祝捷：《我国台湾地区"违宪审查制度"改革评析——以"宪法诉讼法草案"为对象》，载《法学评论》2007年第4期。

② 参见周叶中、祝捷：《我国台湾地区"违宪审查制度"改革评析——以"宪法诉讼法草案"为对象》，载《法学评论》2007年第4期。

关押或处决。[①]1987年，解除“戒严”之后，原本被禁锢和压抑的社会有了崭新的活力和自由的气息。人民群众从高压的政治环境中释放出来，取而代之的是宽松的政治环境，促使人民群众权利意识的高涨，渴望通过声请“大法官解释”等法律途径来维护自身的合法权益。因此，1987年之后，“大法官解释”数量呈稳步上升趋势，到1994年达到顶峰。“戒严”时期是1949年至1986年38年间“大法官解释”数量较少的另外一个重要原因，前述1987年是“大法官解释”数量的重要分界点这一论断在此得到有力的印证。

三是1993年“司法院大法官审理案件法”公布施行，取代1958年的“司法院大法官会议法”，与“司法院大法官会议法”相比较，“司法院大法官审理案件法”扩大了“大法官解释”“声请人”范围，且降低了“大法官会议”通过“宪法解释”的表决门槛。从前述“大法官解释”制度沿革中已经明确“司法院大法官审理案件法”关于“大法官解释”“声请人”的范围，在原来的“中央”或地方机关、人民之外，扩大至“立法委员”、台湾地区“最高法院”和“行政法院”的法官。而1995年“释字第371号解释”宣告“司法院大法官审理案件法”第五条第二项、第三项的规定中与“释字第371号解释”意旨不符部分，应停止适用。“司法院大法官审理案件法”第五条第二项、第三项是关于声请“解释宪法”主体的规定，规定台湾地区“最高法院”或“行政法院”的法官对其受理的案件，对所适用的“法律”或命令，确信有抵触台湾地区“宪制性文件”时，可以裁定停止诉讼程序，声请“大法官解释”。“释字第371号解释”停止适用“司法院大法官审理案件法”第五条的这两项规定，将声请“大法官解释”的主体进一步扩大至各级法院法官。“释字第371号解释”的“解释文”中写到：“法官于审理案件时，对于应适用之法律，依其合理之确信，认为

① 参见刀晏斌:《海峡两岸语言融合的历时考察》,载《云南师范大学学报(哲学社会科学版)》2017年第1期。

有抵触宪法之疑义者，自应许其先行声请解释宪法，以求解决。”另一方面，“司法院大法官审理案件法”降低了“大法官会议”通过“解释宪法”的表决门槛。“司法院大法官审理案件法”第十四条规定：“大法官解释宪法，应有大法官现有总额三分之二之出席，及出席人三分之二同意，方得通过。但宣告命令抵触宪法时，以出席人过半数同意行之。”与前述“司法院大法官会议法”规定的四分之三出席且出席人四分之三同意方可通过“大法官会议”“解释宪法”这一门槛相比，在“司法院大法官审理案件法”时期“大法官会议”“解释宪法”的通过变得容易些。在这些因素的共同作用下，“大法官解释”的数量迎来第二个高峰期，且在1994年达到峰顶。

台湾地区“大法官解释”制度至今已经运行六十九年，在这一过程中，台湾地区司法机构不断发展和完善“大法官解释”制度，“大法官”解释台湾地区“宪制性文件”“法律”及命令的技术逐渐娴熟，其“宪制性文件”守护者的身份更加明确。固然“大法官解释”制度还存在着诸如文本简短、表意不明、声请标的窄、可决门槛高、“解释”执行难等问题，但这一制度对推进台湾地区法治进程和维护台湾地区人民的基本权利有着至关重要的作用。“大法官解释”丰富的案件类型和解释方法，一方面值得我们学习和借鉴，另一方面也为我们研究“大法官解释”制度提供了良好的素材。特别是随着两岸民间交往格局日益多元、复杂，台湾地区司法机构出台的相关“大法官解释”成为规范和保障大陆人民在台权益的重要法律规范，且当前两岸关系发展前景并不明朗，对“大法官解释”制度展开基础性研究显得尤为重要。①

（本篇作者：游志强，福建江夏学院法学院讲师，武汉大学法学博士）

① 参见宋静：《从“区别对待”到比例原则：台湾地区涉大陆人民法律地位“大法官解释”逻辑路径研究》，载《台海研究》2017年第1期。

总评二　台湾地区“大法官解释”中的两岸关系性质研究①

据统计，截至2018年8月底，台湾地区司法机构作成的“大法官解释”总数为767件。767件“大法官解释”中，与两岸关系直接相关的“大法官解释”有20件。② 梳理这20件涉两岸关系“大法官解释”的“声请书”“解释文”“理由书”“协同意见书”或“不同意见书”，分析其对待两岸关系性质的立场，大致可以分为三类：一是对两岸关系性质持积极立场，包括在“解释”中直接肯定“两岸同属一个中国”和在“解释”中青睐偏统立场的“大法官解释”；二是对两岸关系性质持模糊立场，包括在“解释”中持回避态度、未明确的混沌立场以及在统“独”立场上动摇的“大法官解释”；三是对两岸关系性质持消极立场，包含有分裂“两岸同属一个中国”和在“解释”中重构偏“独”立场的“大法官解释”。以下拟对涉两岸关系“大法官解释”的立场路径进行全面梳理与评价，分析现象、找寻原因，从而在新形势下为反对和遏制“法理台独”活动助力。

---

① 本文主体部分原发表于《福建师范大学学报(哲学社会科学版)》2018年第3期，收入本书时有所删改。

② 即“释字第31号解释”“释字第85号解释”“释字第117号解释”“释字第150号解释”“释字第242号解释”“释字第261号解释”“释字第265号解释”“释字第328号解释”“释字第329号解释”“释字第467号解释”“释字第475号解释”“释字第479号解释”“释字第481号解释”“释字第497号解释”“释字第558号解释”“释字第618号解释”“释字第644号解释”“释字第692号解释”“释字第710号解释”“释字第712号解释”。

一、肯定与青睐

法律解释的合宪性要求法律的解释应与宪法意旨相符，而宪法是基本价值决定之宣示所在，因此法律解释之合宪性的要求，同时也有法律解释之价值取向性上的意义。[①] 言外之意，法律解释不得超越法律文本而存在，尤其是不得超过宪法文本。基于此原理，20件涉两岸关系“大法官解释”中，有12件“大法官解释”[②] 都以台湾地区“宪制性文件”及其“增修条文”对两岸关系性质的界定为依据，对“两岸同属一个中国”持积极立场。[③] 具体而言，这12件对“两岸一中”持积极立场的“大法官解释”可以分为两类，一类是以“释字第31号解释”和“释字第85号解释”为代表的对“两岸同属一个中国”持直接肯定立场的“解释”；另一类是在“解释文”“理由书”“协同意见书”或“不同意见书”的说理论辩中持偏统立场的“解释”，如“释字第117号解释”“释字第329号解释”等。

“释字第31号解释”解决的是国民党政府退台后第一届“立委”“监委”延任问题，“释字第85号解释”解决的是“国民代表大会”总额计算标准，“释字第117号解释”解决的是“国民代表大会”递补资格问题。这3件“解释”均是围绕台湾当局在台的所谓“法统”展开，为台湾当局的在台统治提供“宪法”依据，以消弭所谓“全中国”与“小台湾”之间的“落差”，维护台湾当局的运转。[④] 这3件“解释”的目的是一致的，可是在对待两岸关系性质问题的立场上却出现了微妙的变化。“释字第31号

① 参见黄茂荣:《法学方法与现代民法》，台湾大学法学丛书编辑委员会2006年版，第475—476页。

② 即“释字第31号解释”“释字第85号解释”“释字第117号解释”“释字第329号解释”“释字第467号解释”“释字第475号解释”“释字第481号解释”“释字第497号解释”“释字第558号解释”“释字第692号解释”“释字第710号解释”“释字第712号解释”。

③ 参见段磊:《“释宪态度”的政治意涵、表现形式与应对策略》，载《台海研究》2017年第1期。

④ 参见周叶中、祝捷:《论我国台湾地区“司法院”大法官解释两岸关系的方法》，载《现代法学》2008年第1期。

解释”中“大法官”认为“惟值国家发生重大变故，事实上不能依法办理次届选举……”。[①]“大法官”在“释字第85号解释”中同样以“国家发生重大变故”为由阐释问题。[②]“大法官”在这两件“解释”中对待两岸关系的定位是非常明确的，即“两岸同属一个中国（中华民国）”，视两岸为“一个政府”（即在台的国民党当局）领导下的“国家”，而非“两个国家”。[③]在“国家发生重大变故”的情况下，不能折断“法统”的延续性。而“释字第117号解释”在说明“国民代表大会”递补资格问题时指出：“乃因中央政府迁台后，为适应国家之需要而设……”[④]不难发现，此时“大法官”对待两岸关系性质问题的立场，已经没有前述两件“解释”的正面与直接，但基于“中央政府迁台，国家建设所需”的说理方式，判断其主要立场是偏统的。

“宪法”制定和“宪法”修改是“宪法”变迁的显性方式，也是“台独”分子的首选。[⑤]但“制宪台独”“修宪台独”面临较大的困难，具有高度隐蔽性的“释宪台独”成为“台独”分子新的选择。而“宪法解释”不同于一般法的解释，仅影响部分法领域，其对整体法秩序造成决定性的影响。[⑥]台湾地区“宪制性文件”及“增修条文”中存在诸多模糊表述，导致“台独”分子故意操作一些敏感案件诱导台湾地区司法机构做出“台独”解释。“释字第329号解释”即属于这一类型。“释字第329号解释”的系争[⑦]点在于汪辜会谈所签订的四项协议是否属于台湾地区“宪制性文件”

① “释字第31号解释”“理由书”。

② 参见“释字第85号解释”“理由书”。

③ 参见周叶中、祝捷:《台湾地区“宪政改革”研究》，香港社会科学出版社有限公司2007年版，第386—387页。

④ “释字第117号解释”“理由书”。

⑤ 周叶中、祝捷:《台湾地区“宪政改革”研究》，香港社会科学出版社有限公司2007年版，第368页。

⑥ 陈慈阳:《宪法学》，台北：元照出版社2004年版，第67页。

⑦ 即“争议所涉、所争论的”，一般用于第三方对于案件的描述，多见于台湾地区法制话语体系。

第三十八条、第五十八条第二项、第六十三条所称的“条约”，即四项协议是否属于国际条约，四项协议是否应当接受台湾立法机构的审议。[①] 陈建平等八十四名“立法委员”声请台湾地区司法机构“释宪”的行为，从表面上看，目的在于解决立法机构与行政机构的“条约”审议权限纠纷，但究其实质目的，是企图通过声请“释宪”的合法途径来试探台湾地区司法机构对于两岸关系的立场，以期从中寻求到对其有利的解释结果。“大法官”在作成本案“解释”时，并未落入“声请人”声请“释宪”的政治圈套之中。“大法官”在“释字第 329 号解释”“理由书”中明确说明汪辜会谈所签订的四项协议并不属于台湾地区“宪制性文件”第三十八条、第五十八条第二项、第六十三条所称的“条约”。[②]“大法官”未从正面定性汪辜会谈签订的四项协议，而是以否定的方式界定四项协议“非属国际条约”的法律性质。由此可窥见“大法官”在“释字第 329 号解释”中传达出的立场，即两岸关系非属于国际关系。“释字第 329 号解释”也因此成为支持“两岸同属一个中国”的重要“解释”。当然，不可忽视的是“释字第 329 号解释”中“大法官”张特生、杨与龄、李志鹏以及李钟声都针对多数意见中的观点，采用“政治问题不审查”和结果取向解释等新型解释方法提出质疑。[③] 尚存的争议点亦值得深思。

“释字第 467 号解释”和“释字第 481 号解释”分别涉及台湾省地位和“福建省”地位问题。1997 年，台湾地区“宪政改革”以及随后开展的“精省”工程，使得省的地位发生实质性变化。台湾省的地位在“释字第 467 号解释”中被虚级化，相比早被虚置的“福建省”，“立法委员”陈清宝等一百零四人就台湾地区行政机构以“福建省政府组织规程”官派省

---

① 参见“释字第 329 号解释”“声请书”。

② 参见“释字第 329 号解释”“理由书”。

③ 参见“释字第 329 号解释”“大法官”张特生“不同意见书”、“大法官”杨与龄“不同意见书”、“大法官”李志鹏“不同意见书”、“大法官”李钟声“不同意见书”。

主席，不由“福建省民”直接选举省长，不由选民选举省议员，严重剥夺“福建省民”政治参与权利，使“福建省民”沦为二等国民有违台湾地区“宪制性文件”中的平等原则为由声请“释宪”。①“大法官”认为“福建省”为“辖区不完整之省”，台湾地区行政机构的做法并没有违背法律上的平等原则。②“大法官”承认“福建省”是“辖区不完整之省”，相当于承认还有“辖区完整之福建省”，也就意味着承认大陆地区仍属于“中华民国”的“主权”范围，两岸并非“两国”，而是“一国”，虽然这种解释有所偏颇，但在两岸关系定位上能坚持统一立场，该“解释”也具有一定的积极意义。③而在“大法官”刘铁铮的“不同意见书”中又明确指出“福建省”是“自由地区之福建省”。④“大法官”刘铁铮对“福建省”的定位值得推敲，既然存在“自由地区之福建省”，就可以推论出存在“大陆地区之福建省”，“自由地区之福建省”异于大陆地区的福建省，其主张可视为分裂福建省，进而可被视为分裂中国，我们需要对这一观点提高警惕。

随着两岸交往的日益密切，涉两岸关系“大法官解释”已经由制度建设转向对人民权利的解释，从声请案由上看，“释字第 475 号解释”“释字第 497 号解释”“释字第 558 号解释”“释字第 692 号解释”“释字第 710 号解释”“释字第 712 号解释”这 6 件“解释”均是属于权利型的“大法官解释”。“释字第 475 号解释”是关于“‘国债’延缓清偿”的“解释”，其“解释文”和“理由书”中多处出现“因应国家统一前之需要”“自由地区”“大陆地区”“国家发生重大变故”“政府迁台”等表述，⑤尤其是在“解释文”和“理由书”的首句都使用了“因应国家统一前之需要”的论

① 参见“释字第 481 号解释”“声请书”。

② 参见“释字第 481 号解释”“解释文”。

③ 参见周叶中、祝捷:《台湾地区“宪政改革”研究》，香港社会科学出版社有限公司 2007 年版，第 393 页。

④ 参见“释字第 481 号解释”“大法官”刘铁铮“不同意见书”。

⑤ 参见“释字第 475 号解释”“解释文”和“理由书”。

述，奠定了该件“解释”支持“两岸同属一个中国”的立场基调，也表明“大法官”的政治态度。“大法官”在“释字第475号解释”中，综合运用“释字第31号解释”“释字第85号解释”和“释字第117号解释”所确立的“国家发生重大变故”理论，将台湾地区“宪制性文件”及其“增修条文”和“台湾地区人民与大陆地区人民关系条例”（以下简称“两岸人民关系条例”）构建成一个体系，从不同角度论证“两岸人民关系条例”与台湾地区“宪制性文件”及其“增修条文”的内在逻辑，阐述“两岸人民关系条例”的制定依据，由此力证“两岸人民关系条例”的“合宪性”。“国家统一”的立场在“释字第475号解释”中不断被诠释，这对两岸关系的走向产生了积极的影响，在一定程度上对岛内政治人物的活动以及“台独”势力起到了约束作用，也对维护一个中国框架大有助益。“释字第497号解释”和“释字第558号解释”基本相同，都是关于人民出入境相关规定是否“违宪”的“解释”。“释字第497号解释”的“解释文”和“理由书”中均出现“国家统一前”的字样，[①] 显露出“大法官”承认“两岸同属一个中国”的立场。“释字第558号解释”沿用“释字第497号解释”的解释方法，其立场也与之相同。值得注意的是，在这两件“解释”中，“大法官”运用规范分析方法进行解释，其语言风格由先前明显的政治倾向转向用法律语言包装解读。

另一方面，两岸交往的时代背景发生变化，需要有各种特殊制度来保持背景正义，社会个体和联合体要在基本结构的框架内认识到，在社会制度的其他方面要维持背景正义，就需要作出必要的修正。[②] 台湾地区司法机构作为公共理性的论坛，“大法官”作为社会共识的凝结者，应从全民信仰的公共理性及正义所应有之政治价值出发，对社会制度作出与时代背

① 参见“释字第497号解释”“解释文”和“理由书”。

② 参见［美］约翰·罗尔斯:《政治自由主义》，万俊人译，译林出版社2011年版，第248－249页。

景相一致的调整和修正。[①] 基于此原理，“释字第 692 号解释”“释字第 710 号解释”和“释字第 712 号解释”3 件“解释”作成，目的在于调整台湾人民在大陆和大陆人民在台，因时代背景变化而出现的不平等待遇现象。“释字第 710 号解释”体现出大陆人民在台权利保障从“区别对待”准则到“平等对待”准则的变化，[②]“释字第 712 号解释”折射出大陆人民在台法律地位从“区别对待”准则到比例原则的演变路径。[③]“区别对待”准则与“平等对待”准则、比例原则对大陆人民在台权益保障的态度是截然不同的，“区别对待”准则是刻意区分台湾人民和大陆人民，而“平等对待”准则、比例原则则是在两岸关系和平发展的前提下将两岸人民黏合在一起，由此可见作成这 3 件“解释”的“大法官”的立场出发点是“两岸同属一个中国”。举例来说，“释字第 710 号解释”“大法官”陈春生、陈碧玉、罗昌发、李震山和陈新民等在其“部分协同部分不同意见书”“部分不同意见书”中对台湾人民、大陆人民和外国人的关系论证中都主张大陆人民非台湾人民，但肯定不属于外国人的范畴。[④] 这一现象正面因应了作成“解释”的“大法官”的立场。

综上，这 12 件涉两岸关系“大法官解释”对“两岸同属一个中国”都持积极立场，只是正面肯定与侧面青睐的区别。探索这些“解释”的成因，包含有法理原因、时代背景和外部政治环境的变化以及作成“解释”的“大法官”的立场变化等等。以“释字第 692 号解释”“释字第 710 号

---

① 参见吴庚:《宪法的解释与适用》，台北：三民书局 2004 年版，第 353-354 页。

② 参见祝捷:《平等原则检视下的大陆居民在台湾地区权利保障问题——以台湾地区“司法院”“大法官解释”为对象》，载《法学评论》2015 年第 3 期。

③ 参见宋静:《从“区别对待”到比例原则:台湾地区涉大陆人民法律地位“大法官解释”逻辑路径研究》，载《台海研究》2017 年第 1 期。

④ 参见“释字第 710 号解释”“大法官”陈春生“部分协同暨部分不同意见书”、“大法官”陈碧玉“部分协同部分不同意见书”、“大法官”罗昌发“部分协同部分不同意见书”、“大法官”李震山“部分不同意见书”“大法官”陈新民“部分不同意见书”等。

解释"和"释字第712号解释"这3件"解释"为例，其作成时间分别是2011年11月4日、2013年7月5日和2013年10月4日，在此期间政治立场偏向"蓝营"的"大法官"逐渐主导台湾地区司法机构的格局，直至2015年10月，15名"大法官"均由马英九提名，政治立场明确的"大法官"在作成"解释"时显然更倾向于国民党的两岸政策。在岛内外积极因素的共同推动下，促成"大法官解释"也朝着积极的方向发展。

二、回避与混沌

法律解释的价值取向性，即人类不是为规范而规范，规范的本身不是终局目的，人类只是利用规范追求某些目的，而这些目的则又是基于某些（基本的）价值决定所选定，这些目的及（基本的）价值决定便是法律的意旨所在。[①] 台湾地区司法判决案例库中涉及大陆的案件众多，每一案件都是反映两岸关系的微观镜像。[②] 同理，台湾地区涉两岸关系"大法官解释"，每一件也都是反映两岸关系的微观镜像。两岸关系的发展趋向是"大法官"作成涉两岸关系"大法官解释"所追求的目的，而这些目的则是基于参与"解释"的"大法官"的价值取向，也即"大法官"的政治立场。然而，并不是每一件"大法官解释"都有十分明确的立场和态度，在本部分，对涉两岸关系"大法官解释"中对待两岸关系性质持模糊立场的4件"解释"[③] 展开研究。详言之，这4件"解释"又可分为两类：一是在统"独"立场上动摇的"释字第150号解释""释字第261号解释"和"释字第618号解释"；二是持回避立场、对待两岸关系性质不予回应的"解释"，以"释字第328号解释"为典型代表。

---

① 黄茂荣：《法学方法与现代民法》，台湾大学法学丛书编辑委员会2006年版，第467页。

② 彭莉、马密：《台湾地区司法判决中的两岸政治定位——以台湾地区"宪法"第四条的援用为中心》，载《台湾研究集刊》2016年第6期。

③ 即"释字第150号解释""释字第261号解释""释字第328号解释""释字第618号解释"。

“释字第150号解释”关系甚为重大，因涉及第一届“立法委员”，任期已未届满问题，如其任期业已届满，自不发生第一届“立法委员”候补人之递补问题；反之，如其任期尚未届满，则第一届“立法委员”候补人，自可依照台湾地区立法机构“立法委员选举罢免法”的规定，声请递补。[①]“释字第150号解释”与“释字第117号解释”极为相似，可在“释字第150号解释”中，“大法官”认为台湾地区行政机构命令与台湾地区“宪制性文件”尚无抵触之处，[②]指出第一届“立法委员”的任期分为法定任期和事实任期，候补“立法委员”的递补资格仅限于法定任期内。[③]这松动了“释字第31号解释”“释字第85号解释”和“释字第117号解释”等“解释”确立的台湾地区立法机构“法统”地位。虽然“释字第150号解释”未对两岸关系性质问题明置可否，但其动摇第一届台湾地区立法机构“法统”地位的事实不可忽视，这与“释字第150号解释”作成的时代背景紧密相关。“释字第150号解释”的作成时间是1977年9月16日，当时台湾社会正面临“法统”危机，中华人民共和国已经恢复联合国合法席位，联合国大会通过第2758号决议，将台湾当局代表驱逐出其“非法占据的席位”，此后，美日等主要西方国家陆续与中华人民共和国建交、断绝与台湾当局的“外交关系”，台湾当局陷入“外交”困境，如何维护政权的合法性成为当时台湾当局作出各项决定所必须考虑的因素。又因司法为“国家权力”之一，虽与立法及行政保持相当距离，以确保独立性，但仍须在法定状态下，与其他“国家权力”行使产生相当的关联性，此外“大法官”也须经台湾地区领导人提名，台湾地区立法机构同意，才能任命，这些均是与“立法权”及政治力之作用有密切关联性。[④]基于此，“大

① 参见林纪东:《大法官会议宪法解释析论》，台北：五南图书出版公司1983年版，第117页。

② 参见“释字第150号解释”“解释文”。

③ 参见周叶中、祝捷:《台湾地区“宪政改革”研究》，香港社会科学出版社有限公司2007年版，第387页。

④ 参见陈慈阳:《宪法学》，台北：元照出版社2004年版，第723页。

法官”在本件“解释”中的立场动摇也就有因可循。“释字第 150 号解释”提醒我们，政治形势也是“大法官”作成“解释”所必须考虑的因素。

“释字第 261 号解释”于 1990 年 6 月 21 日作成，其不仅涉及高度敏感的统“独”议题，还拉开了台湾地区“宪政改革”的序幕，结束长达四十余年的“万年国大”。“释字第 261 号解释”所需解决的问题同时涉及两岸关系、政府体制和人民权利三个方面，关系错综复杂，本次研究只探讨“释字第 261 号解释”对两岸关系的影响及其统“独”意义。“释字第 261 号解释”的引爆点是 1990 年 3 月的“第一届国民大会第八次会议”，在这次会议上，“国大代表”利用选举第八任台湾地区正副领导人的机会，自行决议增加出席费、每年集会一次，行使“创制复决权”，并自行决定“增额国代”的任期从 6 年延长到 9 年等“自肥扩权”的举动。[①]“释字第 31 号解释”确立的“万年国大”和“资深民意代表”任期等问题，成为岛内民众和政治势力聚焦的关键议题。在陈水扁等二十六名“立法委员”提交的“声请书”中，其首要声请对象，就是重新解释“释字第 31 号解释”。[②]面对“中国法统”即将被解构的重压，“大法官”采用“释字第 31 号解释”所确立的“国家发生重大变故”模式，以“系因应当时情势，维系宪政体制所必要”为理由，肯定了“释字第 31 号解释”的合法性，认为“释字第 31 号解释”“亦未限制办理次届中央民意代表之选举”。[③]从而维护了“释字第 31 号解释”所确立的台湾当局“法统”的合法性。“大法官”并没有通过“解释”的方式否认“释字第 31 号解释”，进而否认台湾当局对“中国法统”代表性，最终引起否认“大陆与台湾同属一个中国”的事实。但国民党当局在“中国法统”的名义下，建构了一个非民主的建制，其恶果之一，就是在客观上为“中国法统”贴上了非民主的标签，由

---

① 参见刘国深:《台湾地区“宪政改造”对国家统一的影响》，载《台湾研究集刊》2006 年第 4 期。

② 参见“释字第 261 号解释”“声请书”。

③ 参见“释字第 261 号解释”“理由书”。

此形成的一个逻辑链是：台湾之所以无法实现民主、进行民意机构选举，原因就是国民党当局坚持“中国法统”；因此，只有祛除“中国法统”，才能实现台湾的民主；实现“台独”是祛除“中国法统”所需，“台独”因而就是台湾争取民主的重要环节，即“台湾民主独立”，在这个逻辑链中，“民主”是目的，而“台独”则是实现“民主”目的的手段。① 另一方面，“大法官”在“理由书”中又指出：“在自由地区适时办理含有全国不分区名额之次届中央民意代表选举，以确保宪政体制之运作。”② 这表明“大法官”意识到“自由地区”和“全国”之间的落差，将“全国不分区”等同于“自由地区”，从侧面反映出台湾当局将“自由地区”视为其“治权范围”。“释字第261号解释”虽然避免了因台湾地区“民主化”进程可能造成的“台独”分裂后果，但其背后不断发酵的“台独”细胞不得不引起我们的高度重视。

“释字第618号解释”的系争点是大陆地区人民在台担任公职的限制问题，涉及两岸关系及两岸人民的定位议题。③ “大法官”在解释“两岸人民关系条例”的“合宪性”时，认为该“条例”是“国家统一前规范台湾地区与大陆地区间人民权利义务关系及其他事务处理之特别立法”，④ 这否定了“条例”国际条约的性质。但在说理中，“大法官”主张“两岸目前仍处于分治与对立之状态，且政治、经济与社会等体制具有重大之本质差异”，⑤ 将两岸关系定位为“一个分裂国家的两个地区”。在“理由书”中，“大法官”又以“忠诚度”为名区别对待大陆人民和台湾人民。由此可见，“大法官”在“释字第618号解释”中对待两岸关系性质问题的立场摇摆

① 祝捷：《“民主独立”的台湾故事与香港前路》，载《港澳研究》2015年第2期。

② “释字第261号解释”“理由书”。

③ 参见许崇宾：《大陆地区人民在台担任公职之限制——大法官释字第618号解释评析》，载《法令月刊》第61卷第5期。

④ “释字第618号解释”“解释文”。

⑤ “释字第618号解释”“解释文”。

不定，其“统一前”的字眼承认了“一个中国”的大前提，但“分治与对立之状态”“忠诚度”的论述又凸显其立场的不坚定性。

与前述3件“解释”的动摇立场不同的是，“释字第328号解释”则持回避立场、对待两岸关系性质不予回应。“释字第328号解释”作成时，台湾地区正处于“宪政改革”初期，统“独”议题备受关注。这样的历史背景，促成“大法官”在“释字第328号解释”中使用“政治问题不审查”的新兴解释方法，[①]将“固有疆域”和“领土”等问题归于政治问题，依据权力分立原则拒绝对其进行“宪法解释”。[②]“大法官”将“政治问题不审查”原则适用于“宪法解释”的司法实践，创新的解释方法的同时，也肯定了“固有疆域”等问题的政治属性，断绝了“台独”势力企图通过“宪法解释”寻求宪制性资源支持的路径。这也成为该件“解释”的最大亮点。学界关于“政治问题不审查”原则的讨论诸多，这一原则的影响力不言而喻，但自“释字第328号解释”颁布以来，亦是饱受争议。主要原因在于，与其他“解释”中“大法官”积极发挥、长篇大论的风格迥然不同的是，“释字第328号解释”中，“大法官”并未详细阐述该理论，也没有说明其在台湾地区“宪制性文件”中的依据，仅在“理由书”中以一句“国家领土之范围如何界定，纯属政治问题；其界定之行为，学理上称之为统治行为，依权力分立之宪政原则，不受司法审查”[③]简单带过。“大法官”急于结束该件“解释”的反常态度令人生疑，我们不得不去思考，熟谙各国法律的“大法官”在引用“政治问题不审查”原则时，是在技术层面上欠缺解释能力还是在某种政治压力下采取的自我保护措施？“政治问题不审查”原则或许已成为“大法官”面临政治敏感问题时自我保护的盾牌。

---

① 参见周叶中、祝捷:《论我国台湾地区“司法院”大法官解释两岸关系的方法》，载《现代法学》2008年第1期。

② 参见“释字第328号解释”“理由书”。

③ “释字第328号解释”“理由书”。

三、分裂与重构

影响法律解释的因素有二：一是追求正当的案件裁判；二是规范环境的演变。[①] 二者都是“大法官”开展解释工作所要考量的重要因素。特别是规范环境的演变可以导致迄今标准的规范意义之改变——或限缩之，或扩充之；除此之外，整个法秩序内部结构上的演变也可以造成法律解释的转变，例如，明显的新的立法趋势、法律理由或客观的目的论标准的新解，以及配合宪法原则对行宪前的法制作必要的修正。[②] 由此，涉两岸关系“大法官解释”对待两岸关系性质问题的立场演变不足为奇，外部政治环境的变化导致其从支持“两岸同属一个中国”的积极立场向中间派的模糊立场转换，甚至是转向分裂“两岸同属一个中国”“重构中国与台湾关系”的消极立场。在本部分，以对“两岸同属一个中国”持消极立场的4件“大法官解释”[③] 为研究对象，与前述两个立场相似，以程度为划分标准，这4件“解释”亦可以分为两类：一类是在两岸关系性质上持偏“独”立场的“解释”，有“释字第242号解释”“释字第265号解释”和“释字第644号解释”；另一类是企图分裂“两岸同属一个中国”“重构中国与台湾关系”的“解释”，以“释字第479号解释”为具体表现形式。

“释字第242号解释”的关注点是大陆赴台人员重婚问题，20世纪80年代，两岸民间交往日益频繁，隔绝于两岸的夫妻得以团聚，遂出现了大量退台人员的重婚问题。普通重婚案件通过司法途径能够得以妥善解决，但由于当时特殊的历史背景，海峡两岸仍处于政治对立阶段，“大法官”只能运用“国家遭遇重大变故”这一解释模式来解决横跨海峡两岸的

---

① 参见[德]卡尔·拉伦茨:《法学方法论》，陈爱娥译，商务印书馆2003年版，第223–228页。

② 参见[德]卡尔·拉伦茨:《法学方法论》，陈爱娥译，商务印书馆2003年版，第227页。

③ 即“释字第242号解释”“释字第265号解释”“释字第479号解释”“释字第644号解释”。

特殊重婚问题。"国家遭遇重大变故，在夫妻隔离，相聚无期……"[①]"大法官"以此为由铺陈"解释文"，其实质就是默认两岸事实上的分离状态，改变以往涉两岸关系"大法官解释"中"国家遭遇重大变故"解释模式的用途和目的。"大法官"以保护大陆赴台人员"家庭生活及人伦关系""社会秩序"等自由和权利的名义掩盖其分裂倾向。由此可见，本件"解释"中，分裂"两岸同属一个中国"的主张已初现端倪。"释字第242号解释"另一个重要变化在于，与以往的涉两岸关系"大法官解释"相比，首次将"国家遭遇重大变故"这一解释模式用于权利型涉两岸关系"大法官解释"上。以"释字第242号解释"为转折点，"国家遭遇重大变故"的解释模式在此前是台湾当局维系其"法统"地位、缓解"全中国"与"小台湾"尴尬境地的政治手段，而在此之后，"国家遭遇重大变故"解释模式逐渐适用于涉及两岸人民权利的"大法官解释"上，其成为台湾当局维持两岸分离、区别对待两岸人民的托词。"释字第265号解释"就是紧随其后的例证，"释字第265号解释"是限制大陆人民入境的"解释"，在本件"解释"中，"大法官"认为："就入境之限制而言，当国家遭遇重大变故，社会秩序之维持与人民迁徙之自由发生冲突时，采取此种入境限制，既为维持社会秩序所必要，与宪法并无抵触。"[②]"大法官"名义上是在讨论人民的迁徙自由权利，实际上是以"国家遭遇重大变故""维持社会秩序"为由区别对待两岸人民，将大陆人民视为台湾人民外的群体，对大陆人民入境予以限制和考察。"大法官"在"释字第265号解释"中对待两岸关系性质问题的态度十分隐晦，其隐含着分裂国家的认知，就是主张两岸分裂而治。

"释字第644号解释"的系争点在于"人民团体法"对主张共产主义、分裂国土的团体不许可设立的规定是否"违宪"，即"'外独会'设立"案。

① "释字第242号解释""解释文"。

② "释字第265号解释""理由书"。

纵观“释字第644号解释”的“解释文”“理由书”“协同意见书”和“一部协同、一部不同意见书”，并未发现直接涉及两岸关系性质问题的词句表述。但从“释字第644号解释”中不难发现，“大法官”在“理由书”中，以保障人民权利为由，通过规范分析法得出结论：“人民团体法”第二条和第五十三条前段规定“违宪”。[①]“外独会”等“台独”团体也因此取得“合法”地位。“大法官”在“宪法解释”过程中，以“中立”“客观”“公正”面目示人，严格遵循法定程序，通过“解释文”“理由书”等文本形式，将“解释”结果用大量华丽、严谨、规范的法律辞藻表现出来，使“解释”结果充满“说理性”。[②]“大法官”在“释字第644号解释”中运用了上述解释技巧，被“台独”分子利用，“台独”分裂势力借此将具有“台独”内容的“解释”结果，包装在法律仪式和法律辞藻下，使之从外观上具有所谓的“正当性”。[③]“释字第644号解释”是“台独”分子以声请“大法官”“释宪”这一极低的政治成本达到“释宪台独”政治目的的有力证据。吊诡的是，本件“解释”提出声请的时间是2001年6月8日，而作成时间是在时隔七年之后的2008年6月20日，这与“大法官解释”作成时间在声请提交当年或一至两年内的惯例大相径庭。究其原因，这与当时岛内的政治环境休戚相关。20世纪80年代后期，伴随着国民党的党务革新、解除“戒严”“党禁”和“报禁”，以及终止“戡乱时期”，台湾的政治体制或政治结构发生了重大变化，国民党对权力的垄断开始瓦解，台湾社会逐渐进入了开放与政治多元以及政党竞争的时代。[④]其中，民进党自1986年成立以后，其支持度就一直在缓慢上升，成为台湾

---

① 参见“释字第644号解释”“理由书”。

② 周叶中、祝捷：《论我国台湾地区“司法院”大法官解释两岸关系的方法》，载《现代法学》2008年第1期。

③ 参见周叶中、祝捷：《论我国台湾地区“司法院”大法官解释两岸关系的方法》，载《现代法学》2008年第1期。

④ 孙云：《台湾政治转型后政党体制的演变及发展趋势》，载《台湾研究集刊》2004年第4期。

政坛主要的政治力量之一，国民党垄断政治资源分配主导权的局面逐步被打破。[①] 直至2000年民进党上台执政，台湾地区发生第一次“政党轮替”。“台独”势力崛起，不断抛出“台独”言论，尤其是陈水扁上台后积极落实“台独党纲”，“大法官”在作成“解释”时受到这些“台独”理念的冲击，台湾地区司法机构颁布的“大法官解释”也就有意无意间迎合执政党的政策。“大法官”在“释字第644号解释”中流露出其对两岸关系性质问题趋向于“独”的立场。可以说，“释字第644号解释”带有明显的政党轮替和“台独”势力崛起的时代印记。“释字第644号解释”也给予我们警示，台湾地区“大法官解释”活动中以法律辞藻和权利话语包裹两岸关系性质问题和统“独”立场的解释方法的兴起。

相比之下，“释字第479号解释”更直接地表达了“大法官”分裂“两岸同属一个中国”“重构中国与台湾关系”的立场。“释字第479号解释”肇因于“中国比较法学会”更名案，“声请人”台湾法学会（原名“中国比较法学会”）以“内政部”“社会团体许可立案作业规定”的相关规定侵害其受台湾地区“宪制性文件”保障的结社自由为由提出“宪法解释”声请。[②] “大法官”认为结社自由是人民应享有之基本权利，“人民团体之命名权，无论其为成立时之自主决定权或嗣后之更名权，均为宪法第十四条结社自由所保障之范畴……内政部订定的‘社会团体许可立案作业规定’第四点关于人民团体应冠以所属行政区域名称之规定，侵害人民依宪法第十四条所保障之结社自由，应即失其效力”。[③] 在“不同意见书”中，“大法官”董翔飞、刘铁铮、黄越钦更直白地阐述：“中国比较法学会若准易名为台湾法学会，难免引发诸多质疑：如台湾法学会是否仍为全国性人民团体，或抑已变为地域性人民团体？若为前者，则‘台湾’是否意含国

① 陈星：《简论台湾政党政治发展及其趋势》，载《台湾研究》2010年第6期。

② 参见“释字第479号解释”“声请书”。

③ “释字第479号解释”“理由书”。

家名号……”[1]无论是“解释文”“理由书”，还是“不同意见书”都可彰显“大法官”在本件“解释”中的统“独”立场。结合“释字第479号解释”的作成背景，台湾当局“去中国化”运动盛行，通过各种方式和手段极力淡化台湾与中国的关系，不承认一个中国原则。[2]台湾当局“去中国化”运动急需法律依据的支撑，而“大法官”就承担起为台湾当局“去中国化”运动创造法律依据的任务。“释字第479号解释”成为“大法官”为台湾当局“去中国化”运动提供法律依据的阵地，为“台独”正名活动打开绿灯。[3]与“释字第644号解释”相似，“释字第479号解释”的“解释文”“理由书”和“不同意见书”中也没有发现直接涉及两岸关系性质问题的论述，而是利用大量的法律辞藻和权利话语包裹“大法官”所要表达的统“独”立场和对两岸关系性质问题的态度。只是，“大法官”在“释字第479号解释”中流露出的立场更加主动和直白。

目前，台湾政坛“政党轮替”已呈现出常态化趋势，其两党制格局与稳定的趋同性两党制不同的是，台湾地区的两党政治体现为对立性的两党制，轮流执政可能伴随着激烈的冲突。国民党和民进党坚持意识形态的强度不同，民进党有着较重的意识形态色彩，将“台独”理念和政策作为价值诉求的重要组成部分，因而在政治动员中更强调对抗性。[4]“大法官”虽然作为台湾地区“宪制性文件”的维护者，[5]但其“司法独立性”备受政党政治的影响，作为“公共理性范例”[6]的台湾地区司法机构往往成为执政党寻求“合法性”支撑的操手，而“大法官解释”就是最直接的表现形式。

---

① “释字第479号解释”“大法官”董翔飞、刘铁铮、黄越钦“不同意见书”。

② 参见陈孔立：《台湾“去中国化”的文化动向》，载《台湾研究集刊》2001年第3期。

③ 参见周叶中、祝捷：《台湾地区“宪政改革”研究》，香港社会科学出版社有限公司2007年版，第392-393页。

④ 参见陈星：《简论台湾政党政治发展及其趋势》，载《台湾研究》2010年第6期。

⑤ 参见陈慈阳：《宪法学》，台北：元照出版社2004年版，第724页。

⑥ 参见[美]约翰·罗尔斯：《政治自由主义》，万俊人译，译林出版社2011年版，第213页。

实际上，经过台湾地区第三次“政党轮替”后的一年多实践，民进党已经在台湾地区实现全面执政，伴随着“大法官解释”解释技巧、解释语言、解释内容的多样化，其通过“大法官解释”蕴藏“台独”理念变得更加容易。结合当前两岸形势和涉两岸关系“大法官解释”的立场演变过程，“台独”分裂分子借助“释宪”方式推动“法理台独”的可能性较大。在未来的研究中，我们有必要对涉两岸关系的每一件“大法官解释”展开研究，揭开“大法官解释”背后的真实面纱，为两岸关系性质的定位提供法律依据。

（本篇作者：游志强，福建江夏学院法学院讲师，武汉大学法学博士）

分　论

案评一 “释字第31、85、117、150号解释”系列：“中央民意代表”任期案

【案情要览】

在完成“宪政改革”之前，根据孙中山的“五权宪法”思想，台湾地区“中央民意代表机构”由“国民大会”台湾地区立法机构和监察机构三部分构成，其地位相当于西方国家的国会。1946年11年，南京国民政府组织召开“制宪国民大会”，同年12月，“制宪国大”经三读后通过“中华民国宪法”。1948年5月，依据“中华民国宪法”，国民政府召开了“行宪国大”，正式选举产生了台湾地区正副领导人和其他“中央机构”成员。依照该宪制性文件的规定，“国大代表”每六年改选一次，“立法委员”之任期为三年，“监察委员”之任期为六年。然而，此后仅仅一年时间，在解放战争的硝烟中，国民党当局政权在大陆的统治宣告结束，“国大”和“五院”亦随蒋介石统治集团退往台湾。此后，由于首届“国大代表”和“立法委员”“监察委员”任期陆续届至，而国民党当局根本无法依照台湾地区“宪制性文件”规定，在全国范围内展开换届选举，因而引发了一场严重的“宪法危机”，“释字第31号解释”“释字第85号解释”“释字第117号解释”和“释字第150号解释”均系为解决这一“宪法危机”而作成。[①]

“释字第31号解释”缘起于国民党统治集团退踞台湾后，第一届“立

① 参见段磊：《“中华民国宪法”法理定位研究》，武汉大学2016年博士研究生毕业论义。

法委员”“监察委员”继续行使职权问题。[①] 如上所述，在大陆选出的第一届“监察委员”1954年任期届满，同时，第一届“立法委员”任期于1951年届满后，通过台湾地区领导人和立法机构商定方式，续任达两年。此时，蒋介石统治集团这个自诩代表“中国法统”的“中央政府”陷入“中央民意代表”无法改选、“全中国”与“小台湾”之间剧烈冲突的窘境。[②] 为缓解这一“宪法危机”，台湾地区行政机构提出“声请书”，认为“第一届立法委员……又将于1954年5月7日届满，而事实上无法办理第二届立法委员选举之障碍现在尚未扫除，第二届立法委员未依法选出集会以前，仍须由第一届立法委员继续行使立法权，以符合宪法五权制度之精神”，[③] 因而要求“大法官”以“释宪”方式对第一届“监察委员”“立法委员”任期问题作出界定。因此，本案系争点在于：当“国家出现重大变故”，事实上不能依法办理次届“中央民意代表”选举以前，第一届“立法委员”“监察委员”能否继续行使其职权。

“释字第85号解释”则缘起于“国大代表”总额计算问题。1948年第一届“国民大会”召开时，依照“国民大会代表选举罢免法”及“国民大会代表名额分配表”之规定，应选出三千零四十五名“国大代表”，实际选出两千九百六十一人。根据“国民大会组织法”之规定，“国民大会集会非有代表总额三分之一以上人数之出席，不得开会”。然而，在1949年国民党统治集团退台之后，这些“代表”中大约有一半以上并未来到台湾，若以应选“代表”总数计算，则“国大”将无法正常运作。因此，台湾地区行政机构与“国大秘书处”向“大法官”提出“释宪声请”，要求“大法官”对台湾地区“宪制性文件”及“国民大会组织法”中相关规定作出

① 参见段磊：《“中华民国宪法”法理定位研究》，武汉大学2016年博士研究生毕业论文。

② 台湾地区行政机构决议，“国民大会代表”任期依台湾地区“宪制性文件”系“至次届国民大会开会之日止”，故俟将来情势许可，再行办理改选。参见王泰升：《台湾法律史概论》，台北：元照出版股份有限公司2004年版，第150页。

③ 台湾地区行政机构“声请函”。

解释。因此，本案系争点在于：“国民大会代表”总额之计算基准为何。

“释字第117号解释”系针对“国大代表递补”问题作成。本案“声请人”凌承绪、涂思宗均系第一届“国大代表”候补人，因其原籍“代表”先后病故出缺，故二人向台湾当局“内政部”声请递补为“国大代表”。然而，台“内政部”却依“第一届国民大会代表出缺递补补充条例”第三条第一款之规定，以两位“声请人”“行踪不明三年以上，并于政府公告期限内未向指定机关亲行声报”为由，宣布二人丧失候补资格。两位“声请人”因此向台湾当局的内政机构、监察机构等部门提出声请，均未获递补资格，因而以“第一节国民代表大会出缺递补补充条例”第三条“违宪”为由，向“大法官”声请解释。本案“声请人”提出，“国大代表”候补人之资格属台湾地区“宪制性文件”赋予之资格，“非任何人或法律所能否决……该条例（即‘第一届国民大会代表出缺递补补充条例’）……置治权于政权之上”，因而“根本违宪”。[①]本案系争点在于：“第一届国民大会代表出缺递补补充条例”有关候补人行踪不明三年以上，并未依限声报者，丧失其候补资格之规定是否“合宪”。

“释字第150号解释”针对第一届“立法委员”补选问题作成。“声请人”夏某等四人系第一届“立法委员”候补人，因“立法委员”已有多人出缺，故四人声请递补为“立法委员”。然而，台湾当局“内政部”以台湾地区行政机构曾作出的“第一届立法委员，自1950年5月7日任期届满后，遇有缺额，自应停止递补”的训令为由，拒绝其递补。此后，“声请人”提起诉愿、再诉愿及行政诉讼，均被援引台湾地区行政机构这一训令而驳回。因此，“声请人”以台湾地区行政机构有关第一届“立法委员”遇缺停止递补之命令“违宪”为由，向“大法官”声请解释。在“声请书”中，“声请人”提出，台湾地区“宪制性文件”第六十五条对“立法委员”

---

① “释字第117号解释”凌承绪等“声请书”。

选举，规定为“其选举于每届任满前三个月内完成之”，这一规定与台湾地区“宪制性文件”第二十八条第二项之“国大代表”选举规定一致，均属停止条件，而台湾地区行政机构准许“国大代表”继续遇缺即补，但却不许“立法委员”递补，实属“违背立法之本意”。[①]同时，“声请人”认为，根据“释字第31号解释”，第一届“立法委员”在任期届满之后，继续“依法行使职权”，此处“依法行使职权，即为延长任期”。[②]因此，台湾地区行政机构停止“立法委员”遇缺递补之命令应为“违宪”。因此，本案系争点为：第一届“立法委员”遇缺停止递补之命令是否“合宪”。

【解释要点】

针对上述四件“释宪声请”，“大法官”依次作成“释字第31号解释”“释字第85号解释”“释字第117号解释”和“释字第150号解释”。这四件“解释”在内容上，均系为解决如何消弭制定于大陆、预备适用于“全中国”的1946年“中华民国宪法”与退台后“小台湾”窘境之间的落差。[③]这一问题在解释方法上，均因循“国家重大变故”模式进行，即以“国家发生重大变故”为由，不惜以违反台湾地区“宪制性文件”一般原理为代价，对包括“国大代表”“立法委员”“监察委员”在内的“中央民意代表”任期问题作出解释。

“释字第31号解释”在肯定“立法委员”“监察委员”任期“本应自就职之日起至届满宪法所定之期限为止”的前提下，以“国家发生重大变故……若听任立法、监察两院职权之行使陷于停顿，则显与宪法梳理五

---

① “释字第150号解释”“夏某等四人声请书”。

② “释字第150号解释”“夏某等四人声请书”。

③ 参见周叶中、祝捷:《我国台湾地区“司法院大法官”解释两岸关系的方法》,载《现代法学》2008年第1期。

院制度之本旨相违”[1]为由，宣布第一届“立法委员”“监察委员”继续行使职权直至“第二届委员……依法选出集会与召集”为止，从而为台湾地区“中央民意代表”长期不改选提供了法理依据。[2]根据“释字第31号解释”“解释文”，[3]“大法官”首先肯定台湾地区“宪制性文件”文本中明确规定“立法委员”任期三年和“监察委员”任期六年，并确认第一届“立委”“监委”任期应当至届满台湾地区“宪制性文件”所定制期限为止，以维持对台湾地区“宪制性文件”文本的规范确认。随后，“大法官”便创设了“国家发生重大变故”这一解释理由，称“事实上不能依法办理次届选举”，并在未提及其他任何理由的情况下，便径直宣布第一届“立法委员、监察委员继续行使其职权”的结论。

“释字第85号解释”亦以“上国家发生重大变故”，“一部分代表……不能应召出席会议”[4]为由，将“宪法设置国民大会之本旨”置于台湾地区“宪制性文件”文本和“制宪者”本意至上，宣布以“依法选出而能应召在中央政府所在地集会之国民大会代表人数为国民大会代表总额”，[5]从而缓解了因“国大代表”来台人数不足造成的“宪法危机”。根据“释字第85号解释”“解释文”与“理由书”，[6]由于台湾地区“宪制性文件”及“法律”并未对“国大代表”总额计算方法作出规定，“大法官”首先指出“国民大会”第一次、第二次会议时，均以依法应选出“代表”人数为其总额。随后，“大法官”沿用了“国家重大变故”这一解释模式，指出“一部分

① “释字第31号解释”“解释文”。

② 参见段磊:《“中华民国宪法”法理定位研究》，武汉大学2016年博士研究生毕业论文。

③ “释字第31号解释”仅有“解释文”，并无“理由书”“协同意见书”或“不同意见书”。

④ “释字第85号解释”“理由书”。

⑤ “释字第85号解释”“理由书”。

⑥ 根据台湾地区1956年制定的“司法院大法官会议法”之规定，“大法官会议议决之解释文，应附具解释理由书，连同各大法官对解释之不同意见书，由司法院公布之”。故该号“解释”及之后的“大法官解释”，均分为“解释文”与“理由书”两部分。参见林纪东:《大法官会议有关宪法之重要解释》，台北：五南图书出版股份有限公司1983年版，第77页。

代表行动失去自由，不能应召出席会议，其因故出缺者有多无可递补”，故而因此造成的障碍将使“国民大会不能发挥宪法所赋予之功能”。最后，“大法官”指出，其时情况已与“制宪”之时，有重大变迁，因而“宪法设置国民大会之本旨”这一价值已经超过“制宪者”本意的价值，并就此得出“在当前情形，应以依法选出而能应召集会之国民大会代表人数为计算标准”。①

“释字第117号解释”以“适应国家之需要”为由，认定“第一节国民大会代表出缺递补补充条例”第三条之规定与台湾地区“宪制性文件”并无抵触。“释字第117号解释”“理由书”的解释逻辑极为简要，依旧因循“释字第31号解释”创制的“国家发生重大变故”模式，提出因“中央政府迁台，为因应国家之需要”，② 故“第一届国民大会代表出缺候补补充条例”规定之“后不认行踪不明三年以上，并未依时限声报”的候补人，丧失候补资格的规定与台湾地区“宪制性文件”并无抵触。

“释字第150号解释”以“国家发生重大变故”为由，认定“释字第31号解释”与“动员戡乱时期临时条款”第六项并未表更第一届“中央民意代表”任期，因而台湾地区行政机构停止第一届“立法委员”补缺之命令，并不抵触台湾地区“宪制性文件”。根据“释字第150号解释”“解释文”和“理由书”，“大法官”首先通过对“声请人”所提“声请书”的总结，归纳出本号“解释”的关键问题即在于认定第一届“中央民意代表”之任期究竟为台湾地区“宪制性文件”规定之三年，还是“动员戡乱时期临时条款”规定之“大陆光复地区次第办理中央民意代表之选举”之日。若依前者，则台湾地区行政机构关于第一届“立法委员”停止递补之命令自然“合宪”，若依后者，则台湾地区行政机构之命令当为“违宪”。“大法官”从文本角度指出，根据台湾地区“宪制性文件”第六十五条之

① “释字第85号解释”“解释文”。

② “释字第117号解释”“理由书”。

规定，第一届“立法委员”于1951年任期届满，故而该届“立委”已“无从递补”。随后，“大法官”指出，由于“国家发生重大变故”，“大法官”在“释字第31号解释”中已经作出允许第一届“立法委员”任期届满后，“已任立法委员者，始能继续行使其职权”的解释。同时，“大法官”还指出“动员戡乱时期临时条款”第六项第二款对第一届“中央民意代表”任期及“增选之立法委员”任期之规定，“并非变更第一届中央民意代表任期”。[①]最后，基于对第一届“中央民意代表”任期的界定，“大法官”做出了台湾地区行政机构有关第一届“立法委员”遇缺停止递补命令“与宪法尚无抵触”的判断。

【理论评析】

“释字第31号解释”“释字第85号解释”“释字第117号解释”和“释字150号解释”均系对“中央政府迁台”所导致的“国大代表”“立法委员”“监察委员”的任期、候补等问题作出的解释。这些“解释”意在弥合“全中国”与“小台湾”之间的巨大鸿沟，以在形式上维持“一个中国”，维持台湾当局“全中国唯一合法政府”的局面。[②]这一系列“解释”既对台湾地区内部的政治局势产生了重大现实影响，也在客观上从司法层面对两岸同属一个中国的政治定位作出了界定。基于此，下文拟在对“中央民意代表任期”系列“解释”作成背景加以介绍的基础上，分析这一系列“解释”的形成对台湾地区政治体制和两岸关系的影响，并对本系列“解释”多数意见的推演逻辑与“释字第150号解释”的“不同意见书”的主要内容作出评析。

---

① “释字第150号解释”“理由书”。

② 参见段磊：《“中华民国宪法”法理定位研究》，武汉大学2016年博士研究生毕业论文。

（一）“国家发生重大变故”：“中央民意代表任期”系列“解释”的作成背景

1946年12月，由南京国民政府组织的“制宪国民大会”通过了制定于中国大陆的“中华民国宪法”，该部“宪法”于1947年元旦公布，当年12月15日开始施行。1947年11月之1948年1月期间，在内战已经全面爆发、全国政局一片混乱的情势下，国民政府依据“中华民国宪法”在中国大陆及台湾（作为中国的一省）选举出第一届的“国民大会代表”两千九百六十一人、“立法委员”七百六十人和“监察委员”一百八十人及新任正副领导人，并据此组建了“国民大会”“立法院”“监察院”“行政院”等“中央机关”。[①] 随着内战战局的不断翻转，国民政府为了加强对全国的控制，第一届“国民大会”于1948年5月颁布了“动员戡乱时期临时条款”，该条款宣告对“动员戡乱时期”国家实施紧急权的程序给予特别规定，使之不受“宪法”本文规定的限制，国民政府由此冻结了部分“宪法”条文，强化了台湾地区领导人权力。1948年12月10日，为了进一步强化控制，蒋介石发布除台湾省及其他三省外全国进入“戒严”状态，1949年5月20日台湾也开始实行“戒严”。1949年8月，美国见国民党政府大势已去，决定转变对华政策，放弃对蒋介石集团的支持。国民党当局在内战中节节败退，很快丧失了在大陆的统治权并退踞台湾。

1949年12月9日，退台后的蒋介石仍然不愿意放弃“中华民国”，宣布依据“中华民国宪法”产生的第一届“中央民意代表”在台北重开“中华民国政府”，以维护“中华民国”“法统”的正当性，期待有朝一日能够“反攻大陆”，“反攻大陆”的方针政策成为国民党当局的主流意识形态和首要政治任务。[②]1950年6月，中苏结盟的朝鲜战争爆发，台湾成为美国

① 参见李筱峰：《台湾战后初期民意代表》，载《自立晚报》1993年，第38—42页。

② 参见王泰升：《“中华民国法制”的“去一中”的进展与局限》，载《台湾法学杂志》第20卷第3期。

对抗中、苏的重要棋子，这导致美国改变了对华政策，派舰队巡防台湾海峡，台海局势出现了转变的契机。1954年冷战时期，为了对抗以苏联为代表的社会主义国家，美国与作为太平洋地区重要军事据点的台湾签订了共同防御条约，台湾也由此获得了美国在军事上的支持，国民党统治集团得以继续在台存在，开始了长达几十年的军事独裁统治。

1951年5月，根据台湾地区“宪制性文件”（即“中华民国宪法”），第一届“立法委员”的三年任期届满，经台湾地区行政机构几次决议呈请台湾地区领导人咨商立法机构后，第一届“立法委员”的任期先后延长至1952年、1953年和1954年。①1954年，第一届“国大代表”和“监察委员”的六年任期也将届满，改选问题再度袭来。为了化解这一政治危机，台湾地区行政机构透过对“宪制性文件”第二十八条第二项“每届国民大会代表之任期，至次界国民大会开会之日为止”的法律解释，表示“俟将来形势许可，再行办理改选”，由此，“国大代表”任期被“无期限”地延长。显然，台湾地区行政机构的解释只是暂时将这一政治危机掩盖，但并未彻底解决，也缺乏足够的说服力。于是，自1954年至1977年，台湾地区司法机构在不同的声请契机之下先后颁布了“释字第31号解释”（1954年）、“释字第85号解释”（1960年）、“释字第117号解释”（1966年）和“释字150号解释”（1977年），专门解决“中央民意代表”的任期问题。

由此可见，“释字第31、85、117、150号解释”系列系国民党当局在内战中失势，将“中国民国”迁至台湾这样的政治背景下作出。“国家发生重大变故”指的就是“中华民国”因内战失势退台一事。因此，“国家发生重大变故”不仅是“释字第31、85、117、150号解释”系列作出的政治背景，也是这几个“大法官解释”要解决的政治难题产生的根源。

① 转引自王泰升：《“中华民国法制”的“去一中”的进展与局限》，载《台湾法学杂志》第20卷第3期。

（二）政治双刃剑："释字第31、85、117、150号解释"系列的作出对台湾地区政治体制的影响

较之于今天逐渐成熟完善的"大法官释宪"体系中经典法学理论的引入和严密论证技巧的运用，"释字第31、85、117、150号解释"系列的作出和形成可谓筚路蓝缕。纵观"释字第31号解释""释字第85号解释""释字第117号解释"和"释字150号解释"的文本，很少见到纯粹法学理论上的大段言说或论证，反而俯拾即是台湾地区"宪制性文件"的解释与适用者的主观意愿。有的学者将这种更多源自意识形态和政治上的考量甚至在解释前已经确定的解释称为"政治解释"。[①]"政治解释"作为已经渗透政治当局者的主观意志的"大法官解释"当然是对司法独立精神的亵渎，但不可否认，在国民党退台后的相当一段时间里，"释字第31、85、117、150号解释"系列的"政治解释"存在的意义绝非仅仅是国民党当局政治形态的简单的法律宣示和意识表露，其存在对特殊政治时期台湾地区政治体制的安排起到了重要作用。

一方面，"释字第31、85、117、150号解释"系列的作出对台湾地区政治体制最大的功效在于从形式上弥合了蒋介石统治集团退台后，台湾地区政治事实与"宪法规范"之间存在的巨大裂隙，缓解了一场"宪法危机"。1949年，蒋介石集团退台时，一同入台的还有制定于中国大陆的"中华民国宪法"及其"宪政体制"。然而，"国民政府"实际统治的领土由全中国骤减为台澎金马这一严峻的政治事实使得"中华民国""法统"的合法性和正当性遭受了激烈的冲击：这套由当时全中国"民意代表"制订出的"中华民国宪法"如何"名正言顺"地适用于台湾地区？入台后的"中华民国宪政体制"面临着前所未有的政治危机。"释字第31、85、117、

① 参见黄明瑞：《从二则"反攻大陆"判例的作成与废止论民法上的政治解释》，载《台大法学论丛》第34卷第4期。

150号解释”系列不仅维护了“法统”的正当性和台湾地区“宪制性文件”的完整性，为“中央民意代表”在台湾长期不改选提供了法理上的依据，同时为将来“反攻大陆”留下政治回旋空间，甚至起到了维护“国家（中华民国）”的相对稳定和免于不必要的社会动荡的功效。台湾学者李念祖曾形象地将“中华民国宪法”适用于台湾比喻为“大件衣服套上瘦小躯体”，历次“宪制性文件增修条文”的制定只不过是“将过大的衣服改得合身”。[①] 从这一角度而言，“释字第31、85、117、150号解释”系列不过是在决定“裁改”前仍然精心修缮“大件衣服”的工作罢了。“释字第31、85、117、150号解释”系列承担起化解这场关于“中华民国”前途的政治危机的重任。

另一方面，“释字第31、85、117、150号解释”系列的作出为台湾地区政治体制也带来了严重的弊病。尽管“释字第31、85、117、150号解释”系列的形成在国民党退台的相当一段时间内暂时解决了“法统”的正当性问题，但其导致的严重后果也是不言而喻的。“释字第31、85、117、150号解释”系列停止了“中央民意代表”改选，禁锢了台湾人民的政治权利，造成“万年国大”这一政治怪现象，严重违背民主政治精神。正如台湾学者叶俊荣所言，在“国家发生重大变故”时期，“为了政治上的目的或者国家安全的需要，而牺牲国家组织体制的法制化与人民基本权利的保障”。[②] “释字第150号解释”中所涉及的“动员戡乱时期临时条款”自1948年由第一届“国民大会”于南京制定出来后至1991年正式废止历经数次扩充，施行了四十年之久。“临时条款”与“戒严”体制共同延续着“非常时期”的意识形态，以“民主宪政”的“非正常状态”对台湾人民

① 参见李念祖:《逆水行舟的宪政——台湾解严二十年回顾宪法来时路》，载《思与言》第46卷第3期。

② 叶俊荣:《从国家发展与宪法变迁论大法官的释宪机能:一九四九至一九九八》，载《台大法学论丛》第28卷第2期。

的言论出版、集会结社等基本权利实行大规模的限制。[①] 直到1991年5月1日，台湾地区领导人李登辉宣布废止“动员戡乱时期临时条款”，终止“动员戡乱时期”，并公布了经“国民大会”通过的“宪制性文件增修条文”，“国民代表大会”于1992年如期进行全面改选，台湾地区领导人也在1996年实现首次直选，台湾才逐渐走上了民主化道路。[②]

“大法官解释”作为“宪法解释”，具有与台湾地区“宪制性文件”同等的效力。借助“释字第31、85、117、150号解释”系列，国民党当局实现了延续“法统”的政治目的，但也同时将原来“大中国化”的“中华民国宪法”揉捏成支持外来的国民党当局实行威权统治、限制人民基本权利的法律工具，甚至激起台湾人民的多次反抗。岛内民众对于政治经济和社会改革不满全部聚焦于“中央民意机构”的代表性问题上来，从长远来看对国民党统治的正当性反而起到了削弱和侵蚀的反面影响。[③] 从这一角度而言，“释字第31、85、117、150号解释”系列就像一把政治双刃剑，在险象环生、关乎“国家（中华民国）”存亡的特殊政治时期为国民党当局劈开了一条荆棘遍野的生存之路，但也为日后台湾民主政治的发展埋下了深深的隐患。

（三）“大法官解释”的统与“独”：“释字第31、85、117、150号解释”系列对两岸关系的影响

1949年国民党退台后，大陆地区已非其统治范围所及，全国性的选举当然也无从谈起，只能由法制上所称的“大陆各省”选出的第一届“民

① 参见李念祖:《逆水行舟的宪政——台湾解严二十年回顾宪法来时路》，载《思与言》第46卷第3期。

② 参见叶俊荣:《从国家发展与宪法变迁论大法官的释宪机能:一九四九至一九九八》，载《台大法学论丛》第28卷第2期。

③ 参见张文贞、叶俊荣:《迈向宪政主义——宪政体制的变迁与解释》，载《宪法解释之理论与实务》（第四辑），2005年5月。

意代表”继续任职于台北的各“中央民意机关”，以在外观上显示“国民政府”依然拥有“法统”。[①] 为此，国民党当局不惜以威权统治禁锢人民的权利，以“释字第31、85、117、150号解释”系列提供法律上的正当性，防止社会出现大范围暴动。在“国家发生重大变故”时，个人权利毫无疑问地被弃于“国家利益”之后。从两岸关系的层面看，“释字第31、85、117、150号解释”系列同样存在两个方面的影响。

一方面，“释字第31、85、117、150号解释”系列主观上是为了保留重返中国大陆地区执政的“正当”名分，但是在历史的长河中，客观上却发挥了维护一个中国原则的民族功效。“释字第31号解释”以及后续的三号“解释”，均是为了弥合“大中国”与“小台湾”之间的巨大鸿沟，以缓解因此产生的“宪法危机”，在形式上维持“一个中国”，维持台湾当局“全中国唯一合法政府”的局面而作成。在这一“释宪”逻辑之下，“大法官”对于两岸关系的定位非常明确，即“两岸同属一个中国（中华民国）”。诸如，“释字第85号解释”解释了“国大代表”总额计算问题，宣布以“能应召在中央政府所在地集会”的“国大代表”人数为总额计算标准，其潜在之意即为，“大法官”认为留滞大陆的“国大代表”本应当在总额计算标准之中，但由于“国家发生重大变故”，实践中只能采取另一种更为可行的统计方法——以“能应召”为标准。再如，“释字第150号解释”确认了第一届“立法委员”遇缺停止补选的“合宪性”，相当于台湾地区司法机构变相冻结了第一届“立法委员”，以此来维护“中央民意代表”来自“大中国”全国各地的事实。正如“宪制性文件增修条文”前言开篇宣告的“为因应国家统一前之需要”，将台湾作为区别于大陆地区的“自由地区”一样，在“释字第31、85、117、150号解释”系列中，台湾地区司法机构和国民党当局维护“一个中国”的政治意图和决心可见一斑。

---

① 参见王泰升：《中华民国法制的“去一中”的讲展与局限》，载《台湾法学杂志》第20卷第3期。

另一方面，国民党当局无意中将维护一个中国原则与维持威权统治黏合在一起，使得一个中国原则沦为部分“台独”分裂分子推翻国民党威权统治、实现台湾人民民主权利的标靶，部分本土民众对“释字第31、85、117、150号解释”系列所维持的“大中国”意识的国家认同充满敌意。“反攻大陆”在相当一段时间内作为“基本国策”，与同一时期退台的国民党当局的“大中国”意识形态甚至威权体制的内在逻辑是高度统一的：在“大中国”的意识下，“中华民国政府”因为内战屈居台湾，所以我们要“反攻大陆”；因为我们要“反攻大陆”，所以必须在台湾地区实施“戒严”状态和“动员戡乱时期”的特殊体制，以做好战争的准备。在这种政治论调中，“动员戡乱时期临时条款”冻结了台湾地区“宪制性文件”的绝大部分内容，台湾地区领导人可以连任，“国会”不能进行全面改选，“党禁”和“报禁”使台湾民众的基本人权受到了严格的限制。在“释字第31、85、117、150号解释”系列的“释宪”逻辑中，“国家发生重大变故”压倒一切，这很容易让台湾人民产生是国民党当局所坚持的一个中国原则和“大中国”意识的存在剥夺了台湾民众政治权利的错误判断。这也成为日后民进党建立、发展和壮大的政治宣传工具。

（四）“中央民意代表任期”系列“解释”的逻辑推演及“不同意见书”的理论分歧

总体而言，“中央民意代表任期”系列“解释”逻辑推理均较为简单和清晰，论证思路也是大同小异。在这四号“解释”中，“大法官”的推演大体可分为三步：

第一步，肯定台湾地区“宪制性文件”中有关“中央民意代表”任期的既有规定，从严格遵循法律规范的角度指出应当如何操作。例如“释字第31号解释”中的“该项任期本应自其就职之日起至届满宪法所定之期限为止”就肯定了系争条文的法律效力。[①]“释字第117号解释”也明确了“第一届国民大会代表出缺递补补充条例”系根据台湾地区“宪制性文件”制定出的“国民大会代表选举罢免法及同法施行条例之补充规定”。[②]“释字第150号解释”也提及了“立法委员”的任期问题在台湾地区“宪制性文件”第六十五条“立法院立法委员选举罢免法第二十九条及同法第四十五条”中有着明确的规定。[③]

第二步，“大法官”提出“国家遭遇重大变故”这一事由，并辅以如果不考虑这一特殊情况将造成重大不利后果等说明加以补强论证。例如“大法官”在“释字第31号解释”中祭出“惟值国家发生重大变故，事实上不能依法办理次届选举”的事由，并指出“若听任立法、监察两院职权之行使陷于停顿，则显与宪法树立五院制度之本旨相违”的不利法律后果。[④]“释字第85号解释”论述采取的是“国家发生重大变故”事由，加之“实非制宪者始料所及”的不良结果。[⑤]“释字第117号解释”中的“乃因中央政府迁台后，为适应国家之需要而设”不过是“国家遭遇重大变故”的更为具体的表述。[⑥]“释字第150号解释”论述采取的是“国家发生重大变故”事由，加之以“为维护宪法树立五院制度之本旨”的“释宪”意图。[⑦]

第三步，由前述第一步和第二步推演得出“释宪”结论。例如“释字第31号解释”最后得出了“故在第二届委员，未能依法选出集会与召集

---

① “释字第31号解释”“解释文”。

② “释字第117号解释”“理由书”。

③ “释字第150号解释”“理由书”。

④ “释字第31号解释”“解释文”。

⑤ “释字第85号解释”“理由书”。

⑥ “释字第117号解释”“理由书”。

⑦ “释字第150号解释”“理由书”。

以前，自应仍由第一届立法委员、监察委员继续行使其职权”的结论。[①]“释字第85号解释”推论出了以“依法选出而能应召在中央政府所在地集会之国民大会代表人数”为总额计算标准。[②]“释字第117号解释”推演出了系争规定“合宪”的结论。“释字第150号解释”则是赋予了“第一届立法委员任期届满之际，已任立法委员者，始能继续行使其职权”法律权限，但“大法官”在“理由书”中仍然不厌其烦地花费一段笔墨补充论证了其做法“非变更第一届中央民意代表任期之规定”。[③]

在“中央民意代表任期”系列“解释”中，仅有“释字第150号解释”附有一份“大法官”姚瑞光针对多数意见提出的“不同意见书”。他认为，“释字第150号解释”所涉内容，非属“大法官会议”解释台湾地区“宪制性文件”之范围，应当不予解释。在“不同意见书”中，他首先根据台湾地区“宪制性文件”及“司法官大法官会议法”的相关规定，界定了“大法官会议”解释台湾地区“宪制性文件”的范围，明确仅有三类事项属于这一范围。此后，他又指出，“大法官会议”解释台湾地区“宪制性文件”的事项，“以宪法条文或与宪法有同效力之条文有规定者为限”，[④]并对“大法官会议法”公布实施后，历年“宪法解释”做出回顾，指出这些“解释”均系“宪法条文或与宪法条文有统一效力之条文有规定者”。[⑤]最后，他在“不同意见书”中指出，本案“声请人”所主张的台湾地区行政机构有关第一届“立法委员”遇缺停止递补之命令，并非在上述所言的“宪法条文或与宪法条文有统一效力之条文有规定者”，因而本案不在“解释宪法之法定范围”，因而应当“不予解释”。这份“不同意见书”成为“中央民意代表任期”系列“解释”中罕见的代表少数人的发声。

---

① “释字第31号解释”“解释文”。

② “释字第85号解释”“理由书”。

③ “释字第150号解释”“理由书”。

④ “释字第150号解释”“大法官”姚瑞光“不同意见书”。

⑤ “释字第150号解释”“大法官”姚瑞光“不同意见书”。

【延伸思考】

“释字第31、85、117、150号解释”系列以“大法官释宪”的方式开启了台湾地区“万年国大”的政治困局。“国民政府”透过“大法官解释”这种相对“民主和法治”的方式，一方面维护了“中华民国”“领土”包括大陆的法律宣称，另一方面便于当局在台湾推行少数人的统治和威权政治。[①]正是由于该系列“解释”对台湾地区政治局势发展数十年间所产生的重大影响，岛内政界、学界对该系列“解释”提出了诸多不同意见。本书主要选举两个典型问题，供读者思考斟酌。

第一，自始至终，“国家重大变故”在“释字第31、85、117、150号解释”系列中屡次出现时的法律内涵和外延并不十分清晰。以“释字第31号解释”为例，“释字第31号解释”解决了迫在眉睫的第一届“立法委员”“监察委员”的任期难题，明确了在“国家发生重大变故”的情况下，第一届“立法委员”“监察委员”行使职权至第二届选举出之时。也就是说，“释字第31号解释”认为在“国家发生重大变故”时期，“民意代表”的任期问题应当让位于更为重要的“国家利益”。那么，这里的“国家发生重大变故”除了意指表面的国民党统治集团内战失势退台这一政治事实外，这一概念在法律上的意涵又是如何？其中是否明确包含国民党统治集团退台后对大陆的法律定位？如今，“国家发生重大变故”的论证模式在“大法官解释”中几乎已经绝迹。但这一表述自从出现直至消退，并没有严格的法律解释，可谓来也匆匆，去也匆匆。正如台湾学者萧文生所言：“释宪60年来，中华民国宪法在司法院大法官解释下，不但克服许多政府体制运作上的困难与盲点，亦指引出部分新的发展方向，使得中华民国宪

① 参见王泰升：《中华民国法制的“去一中”的进展与局限》，载《台湾法学杂志》第20卷第3期。

法在未变动的情况下,仍能持续增长并符合时代要求。”[①] 也许,这就是“国家发生重大变故”所要承担的历史使命。

第二，诚如台湾学者叶俊荣所言，在“动员戡乱时期”，“中华民国宪法”被当成“国民政府法统”的象征与延续，使得“修宪”成为政治禁忌。在无法“修宪”的情况下，诸如“释字第31、85、117、150号解释”系列的“释宪”成为化解第一届“国大代表”任期等政治危机的机制，但这一举动到底有多大的情势必要性？[②]“释字第31、85、117、150号解释”系列导致了“国会”无法正常改选的法律后果，酿成了至今仍被诟病的“万年国大”闹剧，进一步加深了“国民政府”的代表性危机，甚至引发诸如“三月学运”的社会运动。“释字第31、85、117、150号解释”系列虽然在当时化解了“国民政府”面临的“法统”危机，但从长远的角度来看，其并未逃过时间的检验。[③]“释字第31、85、117、150号解释”系列更像一个政治保护套，虽然在一定程度上保护了国民党统治集团的存续，但也把“国民政府”给套死了。20世纪80年代，不管是来自于国民党内部的若干精英、党外政治势力、民间团体或者是海外力量纷纷开始质疑“戒严”存在的长期事实以及导致的压抑民主与自由的后果。[④]“国民政府”的威权统治在不断发展壮大的党外反对势力的冲击下风雨飘摇。直到“释字第261号解释”宣布第一届“民意代表”于1991年底终止行使职权并办理新一届的“民意代表”选举之时，“国民政府”才从中成功解套。如若真的思考台湾地区司法机构作出“释字第31、85、117、150号

---

① 参见萧文生:《政府体制的宪法解释》，载《台湾法学杂志》2009年第128期。

② 参见叶俊荣:《转型法院的自我定位：论宪法解释对修宪机制的影响》，载《台大法学论丛》第三十二卷第六期。

③ 参见叶俊荣:《转型法院的自我定位：论宪法解释对修宪机制的影响》，载《台大法学论丛》第三十二卷第六期。

④ 参见叶俊荣:《从国家发展与宪法变迁论大法官的释宪机能:一九四九至一九九八》,载《台大法学论丛》第28卷第2期。

解释”系列的情势必要性，那么不得不说，在国民党统治集团退台起初的危险而关键几十年里，“中央民意代表”系列“解释”的作出几乎是一种必然，除非国民党退台后随即决定永久性地放弃大陆，永远安居一隅。但如此，岂不酿成中华民族的大悲剧？

（本篇作者：宋静，中共湖北省委党校政法教研部教师，武汉大学法学博士；段磊，武汉大学法学院副教授、硕士生导师）

案评二 “释字第242号解释”：陈鸾香诉邓元贞案

【案情要览】

1940年，本案“声请人”邓元贞和陈鸾香于福建省缔结婚姻，后邓元贞于1949年随国民党军前往台湾，并在台湾定居，夫妻两人从此天各一方，不通音讯。1960年邓元贞在台湾又与吴秀琴依照法定程序结婚，之后育有三子两孙。后因两岸关系发生变化，陈鸾香得知邓元贞在台湾再次结婚之后，于1986年在香港委托律师向台湾台中地方法院诉请撤销邓元贞与吴秀琴的婚姻。为维护一夫一妻婚姻制度，台中地方法院依据当时台湾地区“民法”第九百八十五条第一项“有配偶者不得重婚”和第九百九十二条“结婚违反第九百八十五条之规定者，利害关系人得向法院请求撤销之”判决邓元贞与吴秀琴缔结的婚姻构成重婚，应当予以撤销。邓元贞不服，遂向台湾高等法院台中分院提起上诉，台湾高等法院台中分院维持原判。之后，邓元贞又向台湾地区“最高法院”提起上诉和再诉，最终都遭维持原判，认定其重婚事实，应当予以撤销婚姻。邓元贞遂于1989年声请“大法官解释”。

“声请人”认为，台湾地区“最高法院”的民事判决适用当时台湾地区“民法”第九百八十五条所为之解释违反了台湾地区“宪制性文件”第七条所保障的平等权和第二十二条所保障的婚姻自由权利，且“民法”第九百九十二条因未设除斥期间适用于本案违反了台湾地区“宪制性文件”第二十三条比例原则之规定。“声请人”认为，其与陈鸾香之婚姻从法定形式意义而言，固受法院认定为有效，但因两岸隔绝，从实质意义上则无有实质婚姻关系，而又限制其“不得重婚”，无异剥夺其平等地拥有实质婚姻生活之基本权利，明显违背台湾地区“宪制性文件”平等权及婚姻自由之规定。“声请人”声请其同时具备两个形式婚姻关系，是基于政治现实所造成的不得已结果，其无法享有或无法解除与原配之实质婚姻关系，与其个人意志无关，而台湾地区“最高法院”未能据此作有利于“声请人”之解释，显然违反“法律应求合宪解释”之法理。① 因此，本案的系争点在于：当“国家遭遇重大变故，夫妻隔离、相聚无期”情况下发生的重婚关系是否能被撤销。

【解释要点】

“大法官”针对本案作成“释字第 242 号解释”，认定当时台湾地区“民法亲属编”第九百八十五条规定的“有配偶者，不得重婚”及第九百九十二条规定的“结婚违反第九百八十五条之规定者，利害关系人得向法院请求撤销之。但在前婚姻关系消灭后，不得请求撤销”，乃维持一夫一妻婚姻制度之社会秩序所必要，与台湾地区“宪制性文件”并无抵触。但考虑到案件的特殊情况，多数“大法官”认为在“国家遭遇重大变故，夫妻隔离、相聚无期”情况下所发生的重婚事件，与一般重婚事件究有不同，对于这种有长期实际共同生活事实之后的婚姻关系，如果仍适用“民法”第九百九十二条之规定予以撤销，将会严重影响其家庭生活及人伦关系，反而会妨害社会秩序，这与台湾地区“宪制性文件”第二十二条所保障人民自由及权利之规定有所抵触，所以最终认定“声请人”邓元贞具有

① 参见邓元贞“声请书”。

两个形式合法婚姻关系，维护了“声请人”的现实权益。[①] 除多数意见以外，“大法官”刘铁铮和陈瑞堂各提出“不同意见书”一份。

根据“解释文”及“理由书”，多数“大法官”认为，台湾地区“民法”第九百九十二条“结婚违反第九百八十五之规定者，利害关系人得向法院请求撤销之。但在前婚姻关系消灭后，不得请求撤销”的规定不设除斥期间，使得撤销权人随时可以行使其撤销权，是为维持一夫一妻婚姻制度之社会秩序所必要，与台湾地区“宪制性文件”也无抵触。“大法官”主要是以维护一夫一妻制这一现代文明国家都普遍认可的婚姻制度作为解释基础，认为重婚利害关系人随时有权声请撤销重婚，保障了社会秩序之稳定，所以首先认定了“民法”中关于重婚之规定并不“违宪”。但是，多数“大法官”为了维护“声请人”的婚姻自由权及平等权，保障台湾地区婚姻家庭关系之稳定，又认为在“国家遭遇重大变故”情形下发生的重婚事件，有其不得已因素，遂认为此为一夫一妻制的例外情况，进而肯定了“声请人”在台湾地区的婚姻为合法婚姻。

该“解释文”和“理由书”主要是要解决公民的婚姻自由权利问题，而并未直接涉及任何两岸关系的内容，对于两岸分离的描述仅用“释字第31号解释”中开创的“国家遭遇重大变故”模式一句带过，以下则希望能从两岸关系的宏观角度出发来看待社会及政治现实变动对于台湾地区司法机构“大法官解释”的影响，并探讨该号“解释”对于两岸交往所带来的一系列消极或积极作用。

【理论评析】

“释字第242号解释”发生于20世纪80年代的特殊历史时期，这一阶段两岸民间交往逐渐密切，隔绝多年的家人得以团聚，退台人员的重婚

① 参见“释字第242号解释”“解释文”和“理由书”。

现象成为普遍性的社会问题。普通的重婚案件通过司法途径很容易得到解决，但由于两岸仍处于政治对立阶段，所以“大法官解释”要运用“国家遭遇重大变故”这一解释模式来解决跨越海峡的特殊重婚问题。①

（一）“国家遭遇重大变故”：“释字第242号解释”的特殊背景

邓元贞重婚案在台湾并非个例。1949年退台人员人数众多，社会动荡导致家庭分隔，夫妻之间皆杳无音信，生死不明，退台人员多年后在台再次结婚者当然不在少数，所以邓元贞案折射出的是整个社会对于两岸婚姻关系的解决困境，而非仅仅个案。而造成这种困境的主要原因在于大陆和台湾对于各自政治关系定位的演变所导致的两岸关系、两岸交往的演变。

在1949年到1979年这三十年间，两岸双方都对对方采取了“合法政府对叛乱团体”的政治关系定位，只是由于两方各处立场不同，内涵表述各不相同而已。大陆方面认为，中华人民共和国中央人民政府于1949年已经取代中华民国国民政府成为代表中国的唯一合法政府，所以台湾地区的“中华民国政府”是叛乱团体。而台湾方面认为，大陆成了所谓的“沦陷区”“匪占区”，中国共产党建立的政权是“叛乱团体”，“中华民国国民政府”依旧是“正统”，只是“退守”台湾而已。②国民党在这三十年里始终坚持“反攻复国”“光复大陆”，将台湾自身定位为“光复基地”，并在文化宣传和军事安排上皆以“反攻大陆”为中心。这一阶段，两岸在内战思维下严重敌对，并伴有军事对抗，加上时代限制，电话网络皆未普及，所以普通民众之间的正常沟通往来不可能得以实现，两岸音讯隔绝，彼此对立。

① 参见游志强：《台湾地区“大法官解释”中的两岸关系性质研究》，载《福建师范大学学报（哲学社会科学版）》2018年第3期。

② 参见周叶中、祝捷：《关于大陆和台湾政治关系定位的思考》，载《河南省政法干部管理学院学报》2009年第3期。

1979年到80年代初期，两岸关系开始发生细微的转变。大陆方面开始将大陆和台湾地区定位为“中央对地方”的关系，1979年发布的《告台湾同胞书》中提出“中国政府和台湾当局商谈”以及叶剑英提出的“叶九条”中“特别行政区”都是将台湾地区定义为“地方”，并采取了“和平统一、一国两制”的方针，改变了过去两岸武力敌对的状态。而台湾方面针对“一国两制”则反制出了“三民主义统一中国”政策，并采取“三不政策”，即“不接触、不谈判、不妥协”的立场。然而，随着台湾岛内的民主化进程的加快，大陆宣传的善意逐渐被岛内群众所理解，“三不政策”只是实施于官方层面，民间的交流交往已经不可阻挡。加上这一阶段中美建交，国民党当局“外交”陷入被动，也不得不调整以往僵硬的大陆政策，两岸交流逐渐放宽，民间团体和个人可以通信和会面，两岸文化、体育、科技方面的交流也开始增多。实际上，两岸在这一阶段进入了和平对峙时期，双方基本上都不再使用武力，并采取和平方式对待两岸问题。

邓元贞案就是在这样的历史背景下出现的，正是由于两岸民间交流逐渐放宽，亲人及夫妻得以重新通信会面，才会出现大量特殊的重婚案件。但是由于两岸政治问题并未解决，所以与重婚相关的司法审判也就变得更为特殊。重婚问题本身涉及道德伦理就十分容易与追求单一价值的法律规定出现冲突，再加上复杂的两岸政治现实影响到司法判决，导致本案出现了道德伦理与法律规定以及政治现实的激烈碰撞，最终“大法官”运用特殊的法律解释方法才使得当事人的声请诉求得到保障，同时也化解了整个社会一场特别的婚姻危机。显然，该号“解释”对两岸交往带来了深远的影响，并成为了影响两岸交往因素中重要的一环。

（二）正当裁判与环境演变：影响“释字第242号解释”的两大因素

卡尔·拉伦茨在其《法学方法论》中认为影响法律解释的因素有两点：

其一为追求正当的案件裁判，其二为规范环境的演变，而这两点正是“释字第242号解释”所考量的重点。基于这两个考量，“释字第242号解释”的“解释文”和“理由书”才没有只考虑法律规则本身，而是根据具体情况在法律解释上出现变化。这也恰恰是和“不同意见书”中观点最大的不同之处。

正当的案件裁判是指“考虑到双方当事人合理的愿望，促成利益均衡的情况，因此，每一方当事人（只要他也合理地考虑他方利益）都能接受的裁判。这个目标未必都能达成，但是追求它们是法官职业伦理上的要求”。[①] 也就是说法官在具体案件的裁判中可能基于对正义的追求而采用特殊的法律解释方法，此种特殊的解释方法可能会超越明定的法律规范，法官可能会用自己的正义观代替法定标准。所以拉伦茨认为，追求正当的案件裁判这一目标只能在现行法以及普遍承认之法律原则的范围内，也只能通过前述的法律解释方法或法的续造来实现。而且，法官必须依据宪法和法律来进行案件裁判，而不能脱离法律，以其个人“正义”进行裁判。[②] 也就是说，在具体案件中，法官会在追求正义价值和遵守既有的法律规定之间进行考虑。“释字第242号解释”的“解释文”中出现了两个“社会秩序”，一个是“维持一夫一妻婚姻制度之社会秩序所必要”，一个是“反足妨害社会秩序”。[③] 显然两个“社会秩序”之内涵必不相同，前者是既有法律本身所规定的价值，即一夫一妻制的社会秩序，而后者是认定邓元贞重婚之后，台湾社会许多婚姻要被认定为重婚所引起的社会动荡。如果“大法官”仅仅只考虑到对既有法律的遵守，而忽视了追求正当的案件裁判，那么本案最终给台湾社会带来的负面影响将是巨大的。基于一种结果取向或者客观目的、社会性解释，多数“大法官”认为如果仍然适用“民

① ［德］卡尔·拉伦茨：《法学方法论》，陈爱娥译，商务印书馆2004年版，第223—224页。

② 参见［德］卡尔·拉伦茨：《法学方法论》，陈爱娥译，商务印书馆2004年版，第225页。

③ 参见“释字第242号解释”“解释文”。

法”第九百九十二条的规定，将邓元贞在台婚姻撤销，将会严重影响家庭生活及人伦关系，所以认为不应当撤销邓元贞在台婚姻。

而影响法律解释的第二个因素是规范环境的演变。“整个法秩序内部结构上的演变可以造成法律解释的转变，例如，明显的新的立法趋势、法律理由或客观的目的论标准的新解，以及配合宪法原则对行宪前的法制作必要的修正。”“只要法院相信，迄今的解释因假定错误，或推论不够可靠而错误时，它就可以放弃此种解释。”[①] 在本案中，多数“大法官”认为“惟国家遭遇重大变故”乃规范环境所发生的变化，两岸出现长时间的隔绝，这种变化给“民法”中关于婚姻制度的法律规范带来了挑战，致使夫妻双方共同生活的事实条件不再存在，只存在法律上的形式婚姻。而法院有足够理由相信或者能够预见，如果仍然适用“民法”对于重婚的规定，仅仅只使用文义解释或者主观目的解释方法的话，将会忽视社会现实的变化，而造成十分严重的社会后果。由于两岸关系、两岸政策的变化对“大法官解释”所带来影响是巨大的，所以“大法官”必须突破原有的、基础性的解释方法，通过寻求社会性或结果取向解释的解释方法，才能解决本案中出现的婚姻冲突问题，这正是两岸政治现实变化对于“大法官解释”所带来的巨大影响。

（三）“释字第 242 号解释”的推演逻辑和两份“不同意见书”的理论分歧

台湾地区“宪制性文件”和“司法院组织法”规定了“大法官会议”拥有以下两项职权：其一为解释台湾地区“宪制性文件”，其二为统一解释法令，这就确定了台湾地区是通过“大法官会议”制度来解释台湾地区“宪制性文件”和“法律”的。而“大法官会议”所作出的“解释文”就

① ［德］卡尔·拉伦茨：《法学方法论》，陈爱娥译，商务印书馆 2004 年版，第 227 页。

是对于具体不同案件中所涉及的“法律”进行“合宪性”分析的结论，此种“释宪”行为显然应属“司法解释”。“大法官会议”所作出的“理由书”则是分析“大法官”运用了何种解释方法的基础文本。本部分旨在分析邓元贞案中“大法官”作出“解释”所运用的方法以及其逻辑推演，并对此进行评析。

第一步，“大法官”首先对台湾地区“民法”第九百八十五条和第九百九十二条对于重婚的规定进行分析，认为其规定乃维持一夫一妻婚姻制度之社会秩序所必要，并不“违宪”。上述两个条款是“声请人”邓元贞在“声请书”中提请“大法官”解释的标的，“大法官”对其进行解释，认为重婚不设除斥期间，撤销权人有权随时声请撤销重婚的规定都是为了维护一夫一妻的善良婚姻制度，与台湾地区“宪制性文件”并无抵触。“民法”第九百八十五条和第九百九十二条的主观目的即维持一夫一妻社会秩序，“大法官”运用的解释方法显然为文义解释或主观目的解释，首先确定了“民法”中关于重婚的规定“合宪”。

第二步，“大法官”运用“国家遭遇重大变故”的解释方法，认为本案中的重婚案件和一般重婚案件有所不同。引入之前只用在“法统”型“解释”案件中的“国家遭遇重大变故”的解释模式，使得适用“民法”中关于重婚的规定并不适用于本案，这就解决了遵守“民法”与保护现实社会秩序之间的矛盾。

第三步，“大法官”提出：“对于此种有长期实际共同生活事实之后的婚姻关系，仍得适用上开第九百九十三条之规定予以撤销，严重影响其家庭生活及人伦关系，反足妨害社会秩序。”这运用了客观目的解释或者结果取向的解释方法。“结果取向解释，是指把解释者把因其解释所作决定的社会影响列入解释的一项考虑，在有数种解释可能性时，选择其社会影响较有利者。"[1]如果"大法官"依据台湾地区"民法"之规定将邓元贞案认定为重婚，那么退台重婚人员的家庭生活和人伦关系将被严重破坏，社会秩序受到严重冲击，故最终"大法官"认定邓元贞在台婚姻为合法婚姻。之后，结果取向的解释方法也在"大法官解释"中被得到普遍运用，例如在此后的"释字第475号解释"中，台湾当局如果立即清偿国民党退台前所发行债券将"势必造成台湾地区人民税负之沉重负担，显违公平原则"，[2]因而决定延缓债权人行使债权。

根据各种法律解释方法的具体侧重不同，再结合本案中"大法官"作出"解释"过程的实例，可以大致明确本案中"大法官解释"所运用解释方法的位阶，即先作出了文义解释，再作结果取向解释。多数"大法官"认为台湾地区"民法"中关于重婚的规定不设除斥期间并不"违宪"，然后运用"国家遭遇重大变故"的解释方法为一夫一妻的婚姻制度开设了例外，使得"声请人"的在台婚姻不被撤销，但是有两位"大法官"持不同意见。

"大法官"刘铁铮主要运用文义解释、体系解释的方法重点论述了台湾地区"民法"中关于重婚的规定不设除斥期间属于"违宪"，并未运用"结果取向解释"的方法。他认为重婚的撤销权人并不能无限期地行使撤销权，其理由有三点：第一，"身份行为之瑕疵，因顾虑身份之安定性，撤销权之行使，皆有一定期限，如逾越该期限时即不得撤销，以免破坏长期存在之现存秩序，而无益于公益"。[3]"大法官"刘铁铮运用体系解释的方法，列举了台湾地区"民法"和"刑法"中关于追诉期限的规定，论证旧"民法"中第九百九十二条关于重婚的规定不设除斥期间规定并不合理，

---

① 苏永钦:《结果取向的宪法解释》，载苏永钦:《合宪性控制的理论与实践》，台北:月旦出版社股份有限公司1994年版。

② "释字第475号解释""解释文"。

③ "释字第242号解释""大法官"刘铁铮"不同意见书"。

将会严重影响后婚姻所建立的长期稳定的家庭社会关系。第二，他认为在现代法治先进国家，人民有免受严苛、异常制裁的自由权利，而台湾地区“宪制性文件”第二十二条概括性地规定了保障人民一切应受保障之自由权利。对于旧“民法”中对重婚采用可撤销的相对无效主义而不是绝对无效主义的规定，会使得后婚姻当事人虽然已经过长期不安折磨，纵然已经家庭幸福，但不能免于日夜生活在婚姻被撤销的阴影中，这对于后婚姻当事人的精神威胁十分巨大，所以这种不设除斥期间的重婚撤销权规定过于严苛，会使得台湾地区“宪制性文件”所保障的人民自由权利受异常之制裁。第三，“婚姻权及家庭伦理关系也应在宪法第二十二条人民其他自由及权利所保障之范畴中。”[①] 旧“民法”中对于重婚撤销权人可以行使撤销权的规定间接承认了后婚姻可以合法建立，也即承认了人民可以建立第二次的家庭关系与人伦秩序，所以其一旦建立，自然也应受到台湾地区“宪制性文件”保障，立法者不能随意剥夺，而用“违宪”方式侵害后婚配偶的婚姻权。台湾地区“宪制性文件”第二十三条规定，限制人民自由权利，必须符合公共利益之目的，须以“法律”限制，且符合必要原则等三项要件。而必要原则是指法律为达特定目的所采限制之手段，必须选择对人民损害最轻，负担最低，且不至于造成超过达成目的所需要的范围，以这个标准来衡量旧“民法”第九百二十二条，其规定撤销权的目的在于阻却后婚姻之缔结，保护前婚姻之配偶，而增设除斥期间仍然可以达成此目的，但是不设合理除斥期间显然要比增设除斥期间对于配偶的婚姻权和家庭伦理秩序的破坏要严重得多，基于必要原则可以发现旧“民法”中对于重婚不设合理除斥期间而可以随时撤销的规定，对于人民婚姻权及家庭伦理关系的限制，并不是对人民损害最轻负担最低的手段，这与台湾地区“宪制性文件”第二十三条的规定不符。所以“大法官”刘铁铮从三个方面，论

① “释字第242号解释”“大法官”刘铁铮“不同意见书”。

述了旧“民法”第九百九十二条关于重婚未设除斥期间的规定不合乎法之正义性和目的性，所以违反台湾地区“宪制性文件”。

“大法官”陈瑞堂也提出了“不同意见书”，他从四个方面表达了自己的不同意见。第一，多数意见“解释文”中的表述并不清晰，“解释文”一方面认为旧“民法”第九百九十二条“乃维持一夫一妻婚姻制度之社会秩序所必要，与宪法并无抵触”，另一方面又认为此重婚案件与一般重婚案件不同，如果仍然撤销，将会“严重影响其家庭生活及人伦关系，反足妨害社会秩序”。对此有两种理解：其一是认为旧“民法”第九百九十二条未设除斥期间，该条“违宪”，终局裁判援引“违宪”之法律判决有所不当。其二是认为旧“民法”对于重婚之规定全部“合宪”，但终局裁判适用该法条不当构成“违宪”。他认为此在“解释文”中并未明确表示，对于解释效力会发生争议。第二，从立法潮流来看，对于重婚可撤销的相对无效规定旨在缓和婚姻无效的绝对性与溯及效力，以免对关系人造成过大伤害，而不设除斥期间则更加接近重婚绝对无效主义，因为撤销权人可无限期行使撤销权。此种不设除斥期间的规定并非立法漏洞，只是为一夫一妻制开设例外，在立法上有相当的理由存在，但在修正后的新“民法”中对于重婚已采绝对无效主义，可见对于一夫一妻制的贯彻维护是潮流趋势。但在“解释文”中认为撤销长期存在的后婚将会侵害后婚配偶的自由权利而抵触台湾地区“宪制性文件”，这与整体的立法趋势相违背。第三，台湾地区“民法”第一条规定“民事，法律所未规定者，依习惯；无习惯者，依法理”，有关重婚撤销事项“民法”已有明文规定，而在“解释文”中又认同其规定“与宪法并无抵触”，那么就应当遵守该已有之规定，而不是依据法理作相反之解释。第四，本案中“大法官”解释的内容不适当，“大法官会议法”规定“宪法解释”的客体为裁判所适用的“法律”和命令，而仅主张法院裁判上的见解不得声请“宪法解释”。“解释文”中认为旧“民法”第九百九十二条“适用其他撤销婚姻案件苟无逾越合理期间即未必违宪，适用于本案则违宪，即不能合宪地拘束审理本案之法院”。陈瑞堂“大法官”认为此对裁判上的见解作成具体“解释”，“大法官会议”应对此项声请不予受理。

（四）“释字第242号解释”的特点及对两岸关系的影响

“释字第242号解释”是第一个严格意义上的与两岸关系相关的“大法官解释”。回顾“释字第242号解释”之前与两岸关系相关的“大法官解释”，“释字第31号解释”解决了“立法委员”“监察委员”的任期问题；“释字第85号解释”解决了“国民大会代表”总额计算标准；“释字第117号解释”解决了“国民大会代表”递补资格问题；而“释字第150号解释”解决了“中央民意代表”任期问题。此类“解释”都属于“法统”型“解释”，其出现的原因是国民党统治集团退台之后，原本适用于“全中国”的“宪制性文件”必须因“小台湾”的困境而发生调整，而台湾地区司法机构“大法官解释”成为了解决这一问题的途径。可以发现，这些“法统”型“解释”都没有经过司法裁判，一般都是直接由台湾地区行政机构或“国民大会”提请“大法官解释”，没有经过司法诉讼程序。而真正第一个经过司法裁判、影响到两岸人民切实生活权利的“大法官解释”就是“释字第242号解释”，该“解释”是由民事判决争议引发的，诉讼从台中市地方法院打到高等法院和台湾地区“最高法院”，经历上诉、再诉，最终提请台湾地区司法机构解释，所以这应该算是与两岸关系相关的第一个标准意义上的“大法官解释”。

此外，纵观前四项“法统”型“解释”无不都采用了“国家遭遇重大变故”的解释模式，而“释字第242号解释”则是首次将“国家遭遇重大变故”的解释模式适用到权利型“解释”上，并且也是首次应用到民事判决的“解释”上。“该模式虽在文字表述和语义上没有变化，但其功能已经发生了逆转。以‘释字第150号解释’为标志，‘国家发生重大变故’在此之前是台湾当局维系其所谓‘法统’、保持‘全中国政府’形象的借口，而在此之后，‘国家发生重大变故’则蜕变为台湾当局维持两岸分治、区别对待两岸人民的托词。”[①] 延续“释字第150号解释”的解释目的,“释字第242号解释”同样在客观上更多地承认了两岸分离的状态，改变了以往“国家发生重大变故”这一解释方法的解释用途。而在首例民事案件上适用“国家发生重大变故”这一解释方法，也使得这一特殊的解释模式可以在以后的权利型“解释”中继续延续下去。

“释字第242号解释”就分隔两岸的夫妻双方是否依然存在婚姻关系以及退台人员在台再婚是否重婚做出了确定性的判断，在考虑当事人合法自由权利和特殊社会秩序的基础上，最终认定邓元贞最终拥有两个形式合法的婚姻，事实上承认了在考虑家庭婚姻关系方面，大陆和台湾出现了各自维护各自婚姻制度的状态，继而间接承认了两岸分离的局面，对于两岸关系变化有着深远影响。前文已经介绍过本案发生的历史背景，此种民间特殊的重婚问题必不在少数，虽然当时台湾地区行政机构在“大陆工作会报”中已经提出“两岸人民关系条例”，要就此问题商议妥善的解决方案，但还没有送“立法会”审议。而“释字第242号解释”实际上是提前通过“大法官解释”的途径使得大批退台重婚人员心中的石头落地，社会上关于家庭重遭破裂的紧张感得到缓和。而该“解释”作成之后给社会带来的稳定效果以及邓元贞案的先例作用，在一定意义上促使了在三年后出台的“两岸人民关系条例”中就两岸婚姻家庭关系做出了更为具体的规定。而“两岸人民关系条例”则更加明显地贯彻了台湾当局拒绝大陆关于“和平统一”“一国两地”的构想。就此而言，“释字第242号解释”对于台湾当局坚持两岸分离的影响是巨大的。

---

① 周叶中、祝捷:《我国台湾地区“司法院”大法官解释两岸关系的方法》,载《现代法学》2008年第1期。

【延伸思考】

通过考察分析“解释文”和“理由书”，可以发现“释字第242号解释”对于两岸分离的承认以及后续对两岸交往的影响，但并非没有问题。本“解释”存在两份“不同意见书”，对于“解释文”和“理由书”也提出了质疑，在此列举几个本案值得思考之处。

第一，根据“释字第242号解释”的“解释文”及“理由书”，是否可以理解为“大法官”在“民法”亲属编一夫一妻的婚姻制度之外，创设了一种新的“合法重婚”的例外状态，而严重违反了“民法”亲属编一夫一妻制原则。从最终产生的效果上看，将会同时出现两个合法婚姻，这与已有“民法”之规定显然冲突，这种合法存续的状态应作如何解释？按照“民法”第九百九十二条之规定，重婚事件在后婚姻被合法撤销之前，其属于合法存续状态，如果撤销权人不申请撤销重婚，这的确是会出现前后婚姻同时合法存续之情形。但前提是撤销权人放弃了其撤销权，即放弃了只承认前婚姻为唯一合法的权利。多数“大法官”在“理由书”中也认为此种撤销权的规定是对一夫一妻制的遵守，目的是为了保障前婚姻之家庭稳定。但在本案中作为撤销权人陈鸾香并未放弃自身权利，而“大法官解释”实际上是剥夺了或者忽视了利害关系人的权利。“大法官”通过对两岸重婚事件中后婚姻的存续予以保障，能够达到对重婚人以及后婚姻相婚人权利保障的目的，但同时也限制了利害关系人行使法律上所能行使之撤销权。这对于前婚姻相婚人之权利并未作同等保障，并创设出一种不同于当时旧“民法”亲属编一夫一妻制所规定的未行使撤销权之重婚状态，而是另外一种合法且可以永久存续的重婚状态，这种情况值得商榷。

第二，结果取向的解释方法适用的情况和原则如何界定？何时应遵循文义解释、体系解释，而何时又该违背法律本身之规定，依造成的社会效果来解释呢？由于每一种解释方法的功能侧重各不相同，其出发点和考虑的因素各不一样，“大法官”在面对同一个案件、解释同一“法律”时，由于其采取的解释方法有所区别，最终得出的解释结果可能会大相径庭，这将会损害司法权威，造成司法秩序混乱。选择解释方法虽然是一个法官自由裁量的过程，但是并没有统一的标准可以参照，因为对于案件的社会效果无法量化，所以最终的解释结果可能会因各法官的裁量而不同。而在本案中，“大法官”刘铁铮所持的不同意见，并没有采用结果取向的解释方法，他运用文义解释、体系解释等方法直接论证旧“民法”第九百二十二条关于重婚撤销不设除斥期间的规定“违宪”，最终也可使“声请人”陈元贞的在台婚姻关系得以保存。而“解释文”和“理由书”采取的方法是运用“国家遭遇重大变故”这一模式，为“民法”中关于重婚之撤销开设例外，认为如果仍然撤销有长期实际共同生活事实之后婚姻，则会严重影响家庭生活及人伦关系，反足妨害社会秩序。而这种结果取向的解释方法何时应该使用并没有明确的标准，所以这是本案中的第二个思考点。

第三，在 1985 年 6 月修正之后的台湾地区“民法”中对于重婚的规定采用绝对无效主义，修正之前是采用得撤销的规定，所以其立法潮流应当是趋于绝对无效，即无须声请，重婚当然无效。而本案“解释文”于 1989 年 6 月 23 日公布，认为旧“民法”中对于重婚依声请可撤销并不“违宪”，其目的在于维护一夫一妻的婚姻制度，而最终的案件结果是“声请人”邓元贞拥有两个合法的婚姻关系，显然与一夫一妻制相冲突。本案“解释文”公布之时，新“民法”已经生效，此时规定重婚应当绝对无效，而“大法官解释”使得该案突破了一夫一妻的限制，为绝对无效的重婚开设了例外，此违背立法潮流之举还值得考虑。

（本篇作者：沈拓，武汉大学法学硕士，曾任武汉大学两岸及港澳法制研究中心研究助理）

案评三 “释字第 261 号解释”：“万年国大”任期案

【案情要览】

“释字第 261 号解释”是台湾地区“宪政改革”历史上具有指标性意义的一号“解释”，其直接影响在于结束了持续长达四十余年的“万年国大”，拉开台湾地区“宪政改革”的序幕。同时，该号“解释”还关系到“释字第 31 号解释”“法统”的正当性问题，亦从侧面反映出台湾当局对两岸政治关系定位问题的态度。“释字第 261 号解释”的复杂程度与重要程度由此可见一斑。

1949 年国民党统治集团败退台湾后，为维护其所谓“法统”和政权正当性，台湾地区司法机构不惜作成严重违背民主一般原则的“释字第 31 号解释”，宣布第一届“中央民意代表”在其任期届满后，继续行使其职权，从而形成了“中央民意代表”长达四十余年不改选的世所罕见的政治现象。面对这种奇特的政治现象，岛内民众将这部分“中央民意代表”称之为“资深民意代表”，将第一届“国民大会”称之为“万年国大”。[①]20 世纪 70 年代以后，台湾岛内外政治环境和政治生态发生了较大变化。1971 年 10 月 25 日，联合国大会通过第 2758 号决议，宣布恢复中华人民

① 参见周叶中、祝捷:《台湾地区“宪政改革”研究》，香港社会科学出版社有限公司 2007 年版，第 21 页；段磊:《“中华民国宪法”法理定位研究》，武汉大学 2016 年博士研究生毕业论文。

共和国的一切权利，并将台湾当局代表驱逐出其“非法占据的席位”。此后，日本、美国等主要西方国家陆续宣布断绝与台湾当局的“外交关系”，同中华人民共和国建交，台湾当局陷入严重的“外交”困境，其政权外部合法性遭受严重打击。与此同时，台湾岛内的民主运动风起云涌，由大陆籍国民党精英垄断的政治权力结构受到以“党外人士”为核心的政治势力的严峻挑战，其政权内部合法性亦面临极大困境，在这种“内忧外困”的时代背景下，国民党内亦开始反思其执政策略，着手推动政治革新。[①]1987年7月14日，时任台湾地区领导人蒋经国签署命令，宣布台湾地区于次日起“解严”。在这种背景下，由“释字第31号解释”确立的“万年国大”和“资深民意代表”的任期问题，逐渐成为岛内民众和政治势力聚焦的热点问题。

“释字第261号解释”的导火索源于“万年国大代表”利用第八届台湾地区正副领导人选举之机，于1990年3月召开的“第一届国大第八次会议”上，自行作出增加“国大代表”出席费、“国大”每年集会一次、将“增额国代”任期从6年延长至9年等“自肥”决议。[②]此后，在台湾地区立法机构审议预算过程中，时任“立法委员”的陈水扁、余政宪等二十六人，在“立法院院会”上提出“临时提案”，要求台湾地区立法机构就“资深民意代表”改选问题，向台湾地区司法机构“大法官会议”提出“释宪声请”。4月3日，台湾地区立法机构院会第八十五会期第十七次会议讨论通过该案，并正式向台湾地区司法机构提出“释宪声请”。[③]“声请书”主要围绕三个问题展开：一是依照情势变更原则和“国民主权原则”，声请“大法官会议”对“释字第31号解释”进行重新解释；二是要求“大法官会议”对台湾地区“宪制性文件”第二十八条第一项规定之

① 参见段磊:《“中华民国宪法”法理定位研究》，武汉大学2016年博士研究生毕业论文。

② 参见刘国深:《台湾地区“宪政改造”对国家统一的影响》，载《台湾研究集刊》2006年第4期。

③ 参见“释字第261号解释”附“立法院声请书”。

“国大代表”改选条款、第二项规定之“国大代表任期届至次届国大开会之日”条款的意涵进行解释；三是要求“大法官会议”对“动员戡乱时期临时条款”涉及第一届“中央民意代表”行使职权，增额“民意代表”行使职权的相关规定是否违反台湾地区“宪制性文件”关于“国大代表”（第二十八条）、“立法委员”（第六十五条）和“监察委员”（第九十三条）改选条款进行解释。[①] 针对上述三项具体要求，“声请书”附带之“声请解释总说明”指出，“释字第 31 号解释”对于第一届“立法委员”“监察委员”持续行使职权之表述“三十多年来已因情势变更”，“不应继续行使宪法上之职权”；“国大代表”之任期应当为台湾地区“宪制性文件”第二十八条规定之六年；“动员戡乱时期临时条款”对于第一届“中央民意代表”行使职权之规定违反“宪法第二十八条、第六十五条、第九十三条所揭示国会定期改选之宪法精神，应宣告其为无效”。[②] 因此，本案的系争点在于：第一届“中央民意代表”是否可不受任期限制，继续行使职权。

【解释要点】

“大法官”针对本案作成“释字第 261 号解释”，在肯定“释字第 31 号解释”、台湾地区“宪制性文件”第二十八条第二项以及“动员戡乱时期临时条款”第六项第二、第三款效力的前提下，宣告第一届“中央民意代表”应于 1991 年 12 月 31 日前终止行使职权，并授权“中央政府”“适时办理全国性之次届中央民意代表选举”。[③] 除多数意见外，“大法官”李志鹏提出“不同意见书”一份。

“释字第 261 号解释”多数意见的“解释要点”包括如下几点：首先，“大法官”指出“国家遭遇重大变故”导致“第一届中央民意代表”持续

① 参见“释字第 261 号解释”“立法院声请书”。

② “释字第 261 号解释”“声请解释总说明”。

③ “释字第 261 号解释”“解释文”。

行使职权，系因“为免宪法所树立之五院制度陷于停顿”，[①] 因而并不产生“违宪”问题。其次，为达到不破坏“法统”同时维持台湾当局“政权”合法性延续的目的，“大法官”指出，“释字第31号解释”、台湾地区“宪制性文件”第二十八条第二项以及“动员戡乱时期临时条款”第六项第二、第三款并“无使第一届中央民意代表无限期继续行使职权获或更其任期之意，亦未限制次届中央民意代表制选举”。[②] 为论证这一观点，“大法官”将台湾当局举办的十一次增额“中央民意代表”（包括“国大代表”“立委”“监委”在内）选举视为“中央政府……逐步充实中央民意机构”的过程。再次，“大法官”针对第一届“中央民意代表”的去留问题分不同情况作出两种安排，即“事实上已不能行使职权或经常不行使职权者，应即查明解除职”和“其余应于1991年12月31日以前终止行使职权”。[③] 最后，“大法官”指出，第二届“中央民意代表”应由“中央政府”适时办理“含有全国不分区名额”[④] 选举的方式产生。

“释字第261号解释”所需解决的问题同时涉及两岸关系、政府体制和人民权利三个方面，既关系到“释字第31号解释”“法统”的正当性，又关系到“万年国大”的任期问题，同时还关系到台湾地区人民重要的民主权利。[⑤] 面对本号“解释”背后如此复杂的问题，“大法官”选择综合运用了“国家发生重大变故”模式、体系解释、历史解释等解释方法，完成了一个看似不可能完成的目标——既维护了“释字第31号解释”所确立的台湾当局“法统”的正当性，又推动了公权力机关的体制变革，还保障了台湾地区民众民主权利的实现。具体说来，“大法官”首先采用了“释

① “释字第261号解释”“理由书”。

② “释字第261号解释”“解释文”。

③ “释字第261号解释”“解释文”。

④ “释字第261号解释”“理由书”。

⑤ 周叶中、祝捷《我国台湾地区“司法院大法官”解释两岸关系的方法》，载《现代法学》2008年第1期。

字第 31 号解释”所确立的“国家发生重大变故”模式，以“系因当时情势，维系宪政体制所必要”为理由，肯定了“释字第 31 号解释”的合法性，称该号“解释”“并未限制次届中央民意代表制选举”。“大法官”继而提出，“民意代表”改选事宜，乃是“反映民意，贯彻民主宪政之途径”，因此运用体系解释方法，以“民主宪政”这一看似无上崇高的价值缘由作为结束“万年国大”任期的重要理由。随后，“大法官”又运用历史解释方法，列举出自 1969 年以来台湾地区举办的多次增额“中央民意代表选举”，以此作为结束“万年国大”任期并通过改选方式进一步充实“中央民意代表”的另一理由。最后，“大法官”因循上述逻辑，以“为适应当前形势”这一从文字上看极其模糊的理由，宣告结束“万年国大”任期，要求台湾当局适时办理第二届“中央民意代表选举”。

【理论评析】

在台湾地区威权体制行将崩溃之际，“释字第 261 号解释”的作成终结了存在了长达四十年之久的“万年国大”，对日后台湾地区启动“宪政改革”起到了重要作用。同时，由于涉及对“中国法统”的态度问题，“释字第 261 号解释”的作成也对两岸政治关系的发展产生了一定影响。基于此，下文拟在对“释字第 261 号解释”作成背景加以介绍的基础上，分析本号“解释”对台湾地区政治体制和两岸关系的影响，并对本号“解释”中多数意见的推演逻辑与“不同意见书”的主要内容作出评析。

（一）“动员戡乱”体制与“释字第 261 号解释”的作成背景

自 1949 年以来，国民党当局虽然在形式上保留了 1946 年“中华民国宪法”所确立的“五院”体制，依旧标榜所谓“自由”“民主”的基本理念，但在实践中，却以“紧急状况”“国家安全”“反共复国”为借口，将台湾长期置于“非常状态”之下，以一纸“动员戡乱时期临时条款”和“戒严令”使所谓“中央民意机构”形同虚设，从而达到了禁锢了台湾人民民主权利，维系国民党威权统治的目的。

正如大陆学者林冈所言，在国民党威权统治下，“台湾的政治体制是将具有实质性、支配性的‘动员戡乱’制度与象征性、局部性的‘宪政’制度置于一炉的产物”。[①] 自1949年后，为保障其“法统”延续，国民党当局将其在1946年制定“中华民国宪法”时设立的“国民大会”和“五院”体制全盘迁至台湾，妄图以“中央民意代表机构”和“中央政府”的存在证成其政权对于“全中国”的合法性。然而，由于来台的“中央民意代表”数量有限，且随着时间流逝，第一届“中央民意代表”任期届至，因而其代表性和合法性存在疑问。为解决这一看似不可解决的问题，国民党当局借口第二届“民意代表”因“大陆沦陷”而无法选出，由台湾地区司法机构作成“释字第31号解释”“释字第85号解释”“释字第117号解释”和“释字第150号解释”，形成一套以“国家遭遇重大变故”为由无限期延长首届“中央民意代表”任期的荒唐体制。

20世纪70年代后，自然规律逐渐显现出其强大力量，首届“中央民意代表”面临凋零局面。为维系其形式合法性，同时适当照顾岛内政治精英的利益，国民党当局不得不修改“动员戡乱时期临时条款”，授权台湾地区领导人“得调整中央政府之行政机构、人事机构及其组织”，“在自由地区增加中央民意代表名额，定期选举”，由此开始办理“增额民意代表”选举，以实现充实“中央民意代表机构”之目的。然而，由于“增额民意代表”的名额极其有限，“国大”、台湾地区立法机构、监察机构等仍然由自大陆来台的平均年龄超过八十岁的“资深民意代表”把持，其反映民意，实现民主的作用依然相当有限。在这种情况下，随着时间的推移，“以往

① 林冈:《台湾政治转型与两岸关系的演变》，九州出版社2010年版，第15页。

被视为厉行民主宪政，延续中华正统的第一届中央民代，在台湾逐渐沦为被人唾弃的‘老贼’，原本被视为中国正统的代表，此时却成为台湾统治当局欠缺民主正当性的证据”。[①] 因此，在岛内民主运动风起云涌、国民党党内改革派势力渐长的80年代，启动政治转型便成为岛内的一股新风潮。在这股风潮的背景下，1990年3月，“国大代表”却借台湾地区领导人选举之机，提出“国大”每年集会一次，将“增额民代”任期从六年延长至九年的“自肥”提案。这一提案直接引起了岛内四十年来最大的一次学生运动，即“三月学潮”。在“三月学潮”的推动下，岛内已逐渐形成了推动“中央民意代表机构”改革，终止“万年国大”任期的共识。在这种背景下，陈水扁、余政宪等二十六名“立法委员”在台湾地区立法机构提出临时提案，要求台湾地区立法机构将于首届“民意代表”任期问题相关的“释字第31号解释”、台湾地区“宪制性文件”第二十八条第一项、第二项以及“动员戡乱时期临时条款”第六项第二款、第三款的“合宪性”问题提请“大法官”进行解释。[②]

（二）“释字第261号解释”对台湾地区政治体制的影响及意义

“释字第261号解释”的作成，为以“万年国大”为标志的国民党威权统治体制开出了“死亡证明”，也为台湾地区的“宪政改革”开出了“出生证明”，正式开启了“宪政改革”和政治转型的序幕。本号“解释”对台湾地区政治体制的发展产生了重要影响，具体说来：

其一，“释字第261号解释”终结了“万年国大”，并在事实上导致“动员戡乱”体制的崩溃，台湾当局的合法性基础随之发生了重大变化。如上所述，“万年国大”实际上为“动员戡乱”体制提供了“合宪性”保

---

① 叶俊荣:《从“转型法院”到“常态法院”——论大法官释字第二六一号与第四九九号解释的解释风格与转型脉络》，载《台大法学论丛》第三十一卷第二期。

② 参见《“立法院”公报》第七十九卷第二十七期“院会记录”，第55页以下。

障，而“万年国大”的终结，在一定程度上也直接导致了“动员戡乱”体制的崩溃。“释字第 261 号解释”作成后不久，台湾当局即召开“国是会议”，各方在“释字第 261 号解释”形成的结束“资深民意代表”任期基础上，以“朝野协商”方式形成停止适用“动员戡乱时期临时条款”和“修宪”共识。1991 年 4 月 22 日，第一届“国大”三读通过决议，宣布废止“动员戡乱时期临时条款”，同年 4 月 30 日，时任台湾地区领导人李登辉依照“国大”咨请，宣布“动员戡乱时期”于次日（5 月 1 日）终止。“动员戡乱时期”的终结，同时意味着台湾当局合法性基础的变化。在“动员戡乱时期”，国民党统治集团利用“动员戡乱”这一借口，以在大陆地区选举产生的“万年国大”作为其政权的“法统”象征，表明其政权合法性基础在于包括大陆和台湾在内的全中国。然而，“动员戡乱时期”的终结与随后发生的在台湾地区举行的第二届“中央民意代表”选举直接导致了台湾当局这种虚幻的“法统”走向终结，其合法性基础亦从“全中国”走向了“小台湾”。由此，台湾当局开始了其强化内部代表性的“宪改”历程。①

其二，“释字第 261 号解释”在事实上废止了禁锢台湾人民民主权利的“释字第 31 号解释”，为推动台湾人民实现有效政治参与奠定了基础。人民主权原则是举世公认的一项宪法基本原则，而政治参与则是实现人民主权的根本途径。只有在彻底的无限制的选举制中，公民参与国家政治生活才能成为现实，符合社会普遍利益的国家权力才可能产生，国家官员才可能成为社会公仆。②然而，“释字第 31 号解释”所确立的台湾地区“中央民意代表”选举体制，以近乎无视法理和现实的方式，赤裸裸地将“资深民代”任期无限延长，在实质上完全限制了人民的选举权利，将广大台湾人民排除在政治生活之外。尽管“释字第 261 号解释”出于种种考量并

---

① 参见叶俊荣：《宪政的上升或沉沦：六度修宪后的定位与走向》，载《政大法学评论》第六十九期。

② 周叶中：《代议制度比较研究（修订版）》，商务印书馆 2014 年版，第 100 页。

未宣布“释字第31号解释”“违宪”，但却在“理由书”中明确指出，“民意代表之定期改选，为反映民意，贯彻民主宪政之途径”。[①]这一表述，在实际上宣告了“释字第31号解释”确立的禁锢台湾人民民主权利的体制不仅不能“适应当前形势”，反而还会阻碍“民主宪政”之实现。事实上，在“释字第261号解释”作成后不久，台湾当局即举办了第二届“中央民代选举”，迈出了恢复台湾人民行使选举权利的第一步。

其三，“释字第261号解释”启动了台湾地区首次“宪政改革”，开启了台湾地区公权力机关体制变革的大门。在台湾地区政治转型的启动过程中，“万年国代”问题在实质上构成了启动改革的前提性问题。“释字第261号解释”的作成为解决这一前提性问题提供了规范依据，也为台湾地区“宪政改革”的启动奠定了基础。在“释字第261号解释”作成后不久，台湾地区即启动了首次“宪政改革”，通过第一个“宪制性文件增修条文”，对“宪制性文件”关于“国大代表”“立委”“监委”的选举方式以及台湾地区领导人职权、台湾地区行政机构有关机关设置等规定做出了相应调整。这些调整包括将“中央民意代表”选举改为在“自由地区”产生且不受1946年“中华民国宪法”相关规定限制，明确“资深民意代表”去职日期和两届“中央民代”衔接方式，将台湾地区领导人紧急权力“合宪化”等。[②]随后，第二次“宪改”通过第二个“宪制性文件增修条文”，对台湾地区领导人选举方式、“国大”和司法机构、考试机构、监察机构等台湾地区层级机构的权力配置做出了较大调整，逐渐改变了1946年“中华民国宪法”所确立的政治体制。

① “释字第261号解释”“理由书”。

② 参见周叶中、祝捷:《台湾地区“宪政改革”研究》，香港社会科学出版社有限公司2007年版，第27—28页。

（三）“释字第 261 号解释”对两岸关系的影响及意义

众所周知，1949 年国民党统治集团败逃台湾之后，其政权的合法性在中国人民革命的历史潮流下岌岌可危，濒临崩溃。然而，以蒋介石为代表的台湾当局为维护其自身统治台湾的合法性，除在台湾地区实施以武力为基础的白色恐怖外，还祭出另一件“法宝”，即于 1946 年制定于大陆的“中华民国宪法”。国民党当局以这部“宪制性文件”为基础，宣称其依然承继对“中国法统”的代表性，借以维护其统治的正当性。然而，在国民党退台之后，这部制定于大陆的“中华民国宪法”在适用过程中却面临着许多因“全中国”与“小台湾”的落差而产生的尴尬，这种尴尬最终酿成了 1954 年的第一届“中央民意代表”任期届满引起的“宪法危机”。为解决这一危机，维护其对“中国法统”的虚幻代表地位，国民党当局控制下的台湾地区司法机构作成“释字第 31 号解释”，为台湾地区“国民大会”、台湾地区立法、监察机构三大“民意代表机构”长达四十余年的不改选提供了法理基础。可以说，民意机构的长期不改选，维护了国民党当局的专制统治，严重禁锢了台湾人民的政治权利。从此，国民党当局所维护的“中国法统”便因“民代机构”的长期不改选，而与“专制”“独裁”画上了等号。由此形成了一个逻辑链条：台湾之所以无法实现民主、进行民意机构选举，是因为国民党当局坚持“中国法统”；因此，只有祛除“中国法统”，才能实现台湾的民主；实现“台独”是祛除“中国法统”所需，因此，“台独”就是台湾争取民主的重要环节，即“台湾民主独立”。[①]

自 20 世纪 70 年代开始，台湾岛内便不断兴起一股争取民主权利的浪潮。80 年代中后期，面对一系列的“内忧外患”，时任台湾地区领导人蒋经国，开始推行以解除“戒严令”和“党禁”“报禁”为核心的政治转型。同时，党外势力也积极推动自身建设，在国民党当局尚未宣布解除“党禁”

① 祝捷：《“民主独立”的台湾故事与香港前路》，载《港澳研究》2015 年第 2 期。

之前，于1986年9月宣布成立民主进步党。随后，在达成一系列妥协之后，国民党当局容忍了民进党的存在，并开始与民进党进行相应的政治沟通。随后，在1989年举行的“增额立委”选举中，民进党首次参选，并获得约20%的席位，台湾地区立法机构由此开始逐渐从原有的“橡皮图章”转向政策辩论、民意汇集的中心。[①] 此后，台湾地区政治局势继续因循民主转型的逻辑发生着前所未有的变局，国民党当局开始整合“朝野”力量，以改革化解反对党的体制外抗争。在这种背景下，结束代表着“中国法统”的“万年国大”任期，改选“中央民意代表”成为岛内各方政治力量的一项重要政治共识。

考察上述历史背景可知，“释字第261号解释”不仅承载着开启台湾地区“宪政改革”、推动台湾地区政治转型的重要使命，还必须面对改选“国大代表”带来的“中国法统”的解构问题。因此，在陈水扁等二十六名“立法委员”提交的“立法院声请书”中，其首要的声请对象，便是请“大法官”对“释字第三十一号解释……重行解释”，亦即是说，要求“大法官”否定“释字第31号解释”所维护的“中国法统”。因此，“释字第261号解释”所需承担的首要任务便是对“释字第31号解释”的合法性和法律效力作出评价。在当时的政治背景下，“大法官”并无胆量作成一个否认“释字第31号解释”，进而否认台湾当局对“中国法统”代表性，最终引起否认“大陆与台湾同属一个中国”事实的解释。因此，“释字第261号解释”在其“解释文”中首先以“释字第31号解释”并无使“万年国大”“无限期继续行使职权或变更其任期之意”，亦无限制“次届民意代表之选举”，维护了该号“解释”的合法性，确认了台湾当局对“中国法统”的代表性。

当然，“释字第261号解释”在选择维护和肯定“释字第31号解释”

① 参见林冈：《台湾政治转型与两岸关系的演变》，九州出版社2010年版，第35页。

合法性的情况下，也遭受到岛内部分政治力量和学者的批评。台湾学者林瑞富即发表《法理！法理！法理！》的评述文章，指出“释字第31号解释”乃是一号“违宪解释”，其本质在于对台湾地区“宪制性文件”第二十八条第二项规定的“断章取义”，直接造成了“毁宪”的结果，而“释字第261号解释”竟然认同“释字第31号解释”造就的这种“儿戏”，“令人遗憾”。[①]然而，“释字第261号解释”在确认“释字第31号解释”“法统”的前提下，却不得不以“适应当前情势”为理由，决定“第一届中央民意代表”在1991年12月31日前终止行使职权，并要求台湾当局“适时办理全国性之次届中央民意代表选举”。[②]为详尽说明“次届中央民意代表选举”的具体细节，“大法官”在“理由书”中明确指出，应“在自由地区适时办理含有全国不分区名额之次届中央民意代表选举”。[③]亦即是说，“释字第261号解释”所谓的“全国不分区名额之中央民意代表”的选举仅在“自由地区”举行。这一用语，实际上在某种意义上将“自由地区”等同于“全国”，前瞻性地体现出了台湾当局将“治权范围”限缩于“自由地区”的观点。

（四）多数意见的逻辑推演及“不同意见书”的理论分歧

在“释字第261号解释”的“解释文”和“理由书”中，“大法官”从规范和历史角度，以“国家遭遇重大变故”为由，肯定了“释字第31号解释”的“合宪性”，继而分析了台湾地区“宪制性文件”第二十八条第二项与“动员戡乱时期临时条款”第六项第二款、第三款的逻辑关系，最后以“增额民代”选举的史实为佐证，以“适应当前情势”为依据，作

① 参见林瑞富：《法理！法理！法理！——评大法官第二六一号解释》，载《律师通讯》（台湾）第131期。

② “释字第261号解释”“解释文”。

③ “释字第261号解释”“理由书”。

出了首届“中央民代”于指定日期前终止行使职权，并授权台湾当局适时办理第二届“中央民代”选举的解释。总体而言，本案的逻辑推理较为清晰，“大法官”的推演可分为三步：

第一步，“大法官”以“国家发生重大变故”为由，肯定了第一届“中央民意代表”就任后因未能改选而继续行使职权的“合宪性”。“大法官”认为，尽管“中央民意代表”任期制度系台湾地区“宪制性文件”明确规定的一项制度，也是“反映民意，贯彻民主宪政之途径”，但在“国家遭遇重大变故”的情形下，第一届“中央民意代表”持续行使职权的行为，乃属“为免宪法所树立之五院制度陷于停顿”“维系宪政体制”[①]之所必要。因此，“大法官”判定，第一届“中央民代”未能按时改选，并不违背台湾地区“宪制性文件”任期制度的基本要求，具有其“合宪性”。

第二步，“大法官”分析了造成“万年国代”现象的“释字第 31 号解释”、台湾地区“宪制性文件”第二十八条第二项以及“动员戡乱时期临时条款”第六项第二款、第三款的“合宪性”。上述两个条款乃是“声请书”提请“大法官”解释的标的，而“释字第 31 号解释”则更是该“声请书”矛头指向的重点条款。“大法官”指出，“释字第 31 号解释”尽管在事实上造成“第一届中央民意代表继续行使职权达四十余年”，但该号“解释”并没有使他们“无限期继续行使职权或变更其任期之意”，以此回应“声请书”中关于“重行解释释字第 31 号解释”[②]之要求。同时,“大法官”指出，台湾地区“宪制性文件”第二十八条第二项之规定（每届“国大代表”任期至次届“国大”开会之日止）乃系“为避免政权机关职权之行使因改选而中断”，并非要使“国大代表”任期无限期延长，以此回应“声请书”中关于该项条款疑义之要求。最后，“大法官”指出，“动员戡乱时期临时条款”第六项第二款、第三款之规定系为规制“增选补选及

① “释字第 261 号解释”“理由书”。

② “释字第 261 号解释”“声请书”。

增加名额中央民意代表”而增列，并不产生使“中央民代”无限期行使职权以及限制办理次届“中央民代”选举制效果，以此回应“声请书”关于该项条款“有违民主原则之基本要义”[①]之要求。对比“大法官”对这些条款的解释和台湾地区立法机构提交的“声请解释总说明”而言，“大法官”否定了“声请解释总说明”中对于“释字第31号解释”“因情势变更致不符现今宪政状况之要求”“有背国民主权原则”“动员戡乱时期临时条款”第六项第二款、第三款“违反宪法根本精神，应宣告其为无效”[②]的建议，而仅在一定程度上肯定了该“声请释宪总说明”对台湾地区“宪制性文件”第二十八条第一项、第二项疑义的见解。

第三步，“大法官”以“适应当前情势”为由，要求第一届“中央民代”应于指定日期前终止行使职权，授权台湾当局适时办理第二届“中央民代”选举。“大法官”在完成对“声请解释”条款的审查之后，“释字第261号解释”轻描淡写地以“为适应当前情势”为由，宣告“万年国大”应定期终止职权，同时要求“中央政府”适时举办第二届“中央民代”选举，完成了本号“解释”终结“万年国大”，开启台湾地区“宪政改革”的使命。从“解释文”的逻辑结构来看，“大法官”出于维护台湾当局“法统”需要的目的，不得不肯定造成“万年国大”现象的“释字第31号解释”等的“合宪性”，但在当时，结束“万年国大”任期已成为岛内各方政治力量的基本共识，因此，“大法官”又不得不以适当方式将这一共识表达出来。在这种矛盾之下，“大法官”选择避免过多说理，而仅以极其简单的“为适应当前形势”为依据，宣告首届“中央民代”应当于1991年12月31日前全部终止行使职权。在完成这一使命后，“大法官”还在“声请书”诉求之外，授权台湾当局“适时”举办第二届“中央民代”选举，以“确保宪政体制之运行”，并明示第二届“中央民代”选举应在“自

---

① “释字第261号解释”“声请书”。

② “释字第261号解释”“声请解释总说明”。

由地区”办理，且其“代表”性质应为“含有全国不分区名额”之选举。

“大法官”李志鹏针对本号“解释”的多数意见提出一份“不同意见书”，对于多数意见中关于第二届“中央民意代表”选举时间和第一届“中央民意代表”解职日期问题的意见提出异议。他认为，根据台湾地区“宪制性文件”第二十八条第二项和“释字第31号解释”之规定，第一届“中央民意代表”之解职或终止行使职权，应在第二届“中央民意代表”选出集会后方可。因此，他反对多数意见在“理由书”中指出的“第一届中央民意代表应在1991年12月31日前终止行使职权”的看法，指出“中央政府”应“尽速制定‘中华民国统一前中央民意代表选举罢免法’……并尽速选出第二届中央民意代表”，而第一届“中央民意代表”应在第二届“中央民意代表”选出报到前一日解职。[①]

综上所述，“释字第261号解释”作为一项具有划时代意义的“大法官解释”，为“万年国大”问题的解套提供了至为关键的契机，因而成为影响台湾地区政治转型的重要节点。同时，由于“释字第261号解释”在推动“万年国大”去职的同时，并未否认“释字第31号解释”所确立的“法统”，因而也在一定程度上维持了台湾当局所坚持的“一个中国”立场。“释字第261号解释”作成后，在国民党、民进党的联合操盘下，台湾当局召开“国是会议”，就“国会改革”问题形成共识，正式展开了由“国民大会”主导的“一机关两阶段”模式下的“宪政改革”，以贯彻落实“国是会议”形成的共识。[②]此后，台湾地区于1991年12月21日举行第二届“国大代表”选举，同年12月31日，四百九十六名第一届“中央民意代表”正式去职，“万年国大”至此正式寿终正寝。

① 参见“释字第261号解释”“大法官”李志鹏“不同意见书”。

② 参见周叶中、祝捷:《台湾地区“宪政改革”研究》，香港社会科学出版社有限公司2007年版，第27页。

【延伸思考】

“释字第261号解释”成功以司法方式终结了“万年国大”的任期，拉开了台湾地区“宪政改革”的序幕，维护了“释字第31号解释”创造之“法统”，避免了因台湾地区“民主化”进程可能造成的“台独”分裂后果，其成效不可谓不显著。然而，该号“解释”并非毫无问题。本案有一份“不同意见书”，台湾学界也对该号“解释”提出了诸多不同意见，本书主要选取两个典型问题，供读者思考斟酌：

第一，“大法官”以1991年12月31日为最后期限，要求“万年国代”停止行使职权，却并未规定应在此日期之前举办第二届“国大代表”选举，而选择由台湾当局“适时”举办，这一规定实际上与台湾地区“宪制性文件”第二十八条所规定的“国大代表”选举与任职程序不符。根据台湾地区“宪制性文件”第二十八条之规定，“国大代表”每六年改选一次，每届“国民大会代表”之任期至次届“国民大会”开会之日为止。因此，从规范意义上讲，“释字第261号解释”理应首先确定第二届“国大代表”的选举程序和“国大”召开日期，再根据这一日期确定首届“国大代表”的去职时间。尽管在随后的实践中，台湾当局召开“国是会议”，“朝野”形成“修宪”共识，并于1991年12月21日举行了第二届“国民大会代表”选举，并未影响到台湾地区“宪制性文件”对“国大代表”选举与任职程序的实施，但这并不意味着“大法官”作成的“解释”是合乎台湾地区“宪制性文件”基本要求的。关于这一问题，“大法官”李志鹏在其“不同意见书”中已经作出了详细论述，本书不再赘述。

第二，“大法官”以一句耐人寻味的“适应当前情势”终止了“释字第31号解释”的效力，终结了“万年国大”，然而，“大法官”却并未说明究竟何为“当前情势”，“当前情势”又与往昔有何差别。众所周知，“释字第31号解释”确立了台湾地区“大法官解释”的“国家发生重大变故”模式，而所谓的“国家发生重大变故”所指的正是国民党统治集团丢失对大陆地区的控制权，在“光复大陆”之前在大陆地区无法办理次届“中央民意代表”选举的情形。然而，在“大法官”作成“释字第261号解释”之时，这种“国家发生重大变故”的情形并未发生改变，“万年国代”何以在“释字第31号解释”作成之时无需“退职”，而在此时却需退职呢？其实，要回答这一问题并不困难。在“释字第31号解释”作成时，系国民党统治集团刚刚败退台湾的1954年，其时国共内战刚刚结束不久，国民党统治集团继续以“中华民国法统”为号召，与新中国展开对内争“正统”，对外争中国代表权的内战结构，此时由“全中国”所选出的第一届“中央民意代表”便具有高度的象征意义，成为国民党统治集团“正统性”的鲜活表征。[①]同时，停止“中央民意代表”之改选，也能够在一定程度上达到遏制台湾人民政治权利，维护国民党威权统治的需要。因此，在维护“法统”和国民党威权统治双重因素的影响下，“大法官”作成一号停止“中央民意代表”改选的“解释”成为一种必然，而“国家发生重大变故”只不过是“大法官”在无法寻找到其他法理上理由的情况下的一种无奈选择罢了。然而，时至20世纪90年代初，两岸关系局势发生了重大变化，台湾岛内民主运动风起云涌，国民党统治集团在其对内对外政策上亦做出了相应调整，“中华民国法统”已经不再构成其合法性基础的主要部分，台湾人民争取民主的运动也成为一股不可阻挡的历史浪潮。在这种情形下，“大法官”自然无法继续维持“释字第31号解释”所确立的体制，而只能以“适应当前情势”这一模糊说法改变这一长期禁锢台湾人民民主权利的体制。然而，囿于当时尚未完全退出历史舞台的“法统”问题，“大法

① 叶俊荣:《从“转型法院”到“常态法院”——论大法官释字第二六一号与第四九九号解释的解释风格与转型脉络》，载《台大法学论丛》第三十一卷第二期。

官”却又不得不继续以“国家发生重大变故”确认“释字第31号解释”的“合宪性”。

（本篇作者：段磊，武汉大学法学院副教授、硕士生导师）

案评四 “释字第328号解释”：“固有疆域”含义案

【案情要览】

1993年，台湾地区立法机构在进行该会计年度“中央政府”总预算的审查工作之前，对“中华民国”的“领土”范围的理解产生了分歧。陈婉真等十八位“立法委员”认为，“中华民国”的“领土”范围仅及于台湾、澎湖、金门、马祖、绿岛、兰屿等其他附属岛屿，而不及于大陆以及蒙古国，因此，职司大陆事务的台湾地区行政机构“大陆委员会”理应裁撤或并入“外交部”的“亚东太平洋司”，抑或通过修改“外交部组织法”单独成立一个“中国司”，同理，职司蒙古、西藏的“蒙藏委员会”也应予裁撤，随之，“大陆委员会”和“蒙藏委员会”独立编列的预算也应由“台湾地区立法机构予以全部删除。[①]

此外，在1993年3月4日的台湾地区“司法委员会”“法制委员会”和“内政委员会”联席会议中，台湾地区立法机构在审查“两岸人民关系条例修正案”时，就是否应将该蒙古国纳入“两岸人民关系条例施行细则”的适用范围这一问题，与台湾地区行政机构“大陆委员会”发生严重分歧，致使审查工作无法顺利进行。[②] 台湾地区行政机构认为，“中华民国”

① 参见“释字第328号解释”“陈婉真等十八人声请书”。

② 参见“释字第328号解释”“陈婉真等十八人声请书”。

的“领土”范围包括大陆以及蒙古国，以陈婉真为代表的十八位“立法委员”则认为上述两地分属于中华人民共和国和蒙古国的领土范围，并主张对“两岸人民关系条例施行细则”及其母法进行相关的“法律”修改和废止工作。[①]

立法、行政两机关对台湾地区“宪制性文件”第四条“中华民国领土，依其固有之疆域，非经国民大会之决议，不得变更之”中有关“领土”和“固有疆域”的认知差别，已严重影响到立法、行政机关的职权行使。依据“司法院大法官审理案件法”第五条第一项“中央或地方机关，于其行使职权，适用宪法发生疑义，或因行使职权与其他机关之职权，发生适用宪法之争议”的规定，陈婉真等十八名“立法委员”针对外蒙古以及大陆是否为“中华民国”“领土”的问题，向台湾地区司法机构“大法官”声请解释台湾地区“宪制性文件”第四条中所规定的“固有疆域”含义。

因此，本案的系争点在于：台湾地区“宪制性文件”第四条中“固有疆域”的具体含义是什么，是否包括外蒙古以及大陆。

【解释要点】

“大法官”针对本案作成“释字第328号解释”，说明台湾地区“宪制性文件”第四条对“中华民国”“领土”的规定舍弃列举方式而采概括规定，并设立变更程序上的限制，是基于政治以及历史因素的考虑，并以“政治问题不审查”为由，拒绝对“固有疆域”的含义和范围予以界定和解释。

根据“解释文”及“理由书”，“大法官”首先认为，台湾地区“宪制性文件”第四条“中华民国领土，依其固有之疆域，非经国民大会之议决，不得变更之”的规定，对“领土”采取了“依其固有之疆域”的概括规定

① 参见“释字第328号解释”“陈婉真等十八人声请书”。

而非列举方式，并设立了“领土”变更程序上的限制，“有其政治上及历史上之理由”，肯定了其合理性。[①]其次，“大法官”在“理由书”中进一步说明:“国家领土之范围如何界定，纯属政治问题；其界定之行为，学理上称之为统治行为，依权力分立之宪政原则，不受司法审查。”[②]也就是说，关于“国家领土”范围的问题，从性质上属于政治问题，这类问题的界定，属于学理上的“统治行为”，依照权力分立和权力制衡的宪政原则，不属于司法审查的范围。最后，“大法官”得出结论:“固有疆域”的含义因涉及“领土”范围的界定，属于重大政治问题，当然不应由司法机关予以解释。[③]

“释字第 328 号解释”首次使用了“政治问题不审查”的新兴解释方法，将“固有疆域”和“领土”等问题归于政治问题，依据权力分立的宪政原则拒绝对其进行“宪法解释”。一方面，本案在解释方法上，开创了台湾地区将“政治问题不审查”原则适用于“宪法解释”的司法实践的先河，使得“政治问题不审查”成为“大法官”面临政治敏感问题时自我保护的盾牌，对后来的“释字第 329 号解释”“释字第 419 号解释”等案件影响颇深。另一方面，在两岸关系上，本案以“政治问题不审查”为由拒绝了对“固有疆域”的解释和界定，肯定了“固有疆域”等问题的政治属性，断绝了“台独”势力企图通过“宪法解释”寻求宪制资源支持的路径，对两岸共同维护一个中国框架提供了一定的助益。

【理论评析】

“释字第 328 号解释”产生于台湾的特殊历史时期，“大法官”首次引用政治问题原则，以“政治问题不审查”为由拒绝解释“声请人”“固有

① 参见“释字第 328 号解释”“解释文”。

② “释字第 328 号解释”“理由书”。

③ 参见“释字第 328 号解释”“理由书”。

疆域”的声请，成为本号“解释”最大的亮点。“政治问题不审查”起源于美国的政治问题原则，进而被引入台湾地区司法实践中。下文首先拟对美国违宪审查实践中的政治问题原则进行简要叙述，其次分析这一理论进入台湾地区司法实践中引发的争议，最后结合本号“解释”的特殊背景，分析“大法官”运用这一原则的基本路径。

（一）“政治问题不审查”的理论渊源：美国的政治问题原则

“政治问题不审查”，亦称政治问题原则（political questions doctrine），起源于美国违宪审查的司法实践。1803 年，在马伯里诉麦迪逊案[①]中，当时美国联邦最高法院首席大法官约翰·马歇尔首先提出“政治问题”这一概念。马歇尔大法官在判决书中指出，本质上属于政治性的问题，亦即宪法或法律规定交由行政部门处理的问题，诸如外交官的行为，绝非法院所能审查，本案中，总统指挥其所任命官员的决定即属此类问题。[②]最终，最高法院宣布马伯里的起诉依据——1789 年美国《司法法》第十三条的规定因违宪无效而拒绝适用，并未采用马歇尔所提及的政治问题的论点。马伯里诉麦迪逊案不仅成功创设了美国的司法审查制度，更首次提出了“政治性的问题”的概念。这一由释宪者提出但并未在宪法上明文规定的概念，最初是指司法不应过问应由行政部门裁量决定的问题，但本案并没有为政

---

① Marbury v. Madison 1 Cranch(5 U.S.)137,2L.Ed.60.(1803). 该案的主要案情为：美国第二任总统约翰·亚当斯在其任期（1797—1801 年）的最后一天（即 1801 年 3 月 3 日）午夜，突击任命了四十二位治安法官，但因疏忽和忙乱有 17 份委任令在国务卿约翰·马歇尔（同时兼任首席大法官）卸任之前没能及时发送出去；继任的总统托马斯·杰斐逊让国务卿詹姆斯·麦迪逊将这 17 份委任状统统扣发。威廉·马伯里即是被亚当斯总统提名、参议院批准任命为治安法官，而没有得到委任状的十七人之一。马伯里等三人在久等委任状不到并得知是为麦迪逊扣发之后，向美国联邦最高法院提起诉讼，请求最高法院发出法庭命令，命令麦迪逊寄出委任状。参见祝捷：《外国宪法》，武汉大学出版社 2010 年版，第 38 页。

② See Marbury v. Madison 1 Cranch (5 U.S.) 137, 2L.Ed.60.(1803).

治问题原则立下宪法惯例。[①]

真正确立政治问题原则的案件当属1849年的路德诉波顿案。[②]1849年，美国罗得岛州一些州民不满州政府的政策，自行宣布制宪，组建新政府，并与原政府互指违法。[③]美国政府应原有政府请求出兵镇压。被逮捕的新政府人员马丁·路德（Martin Luther）作为原告对州政府的公权力行为提起诉讼。联邦最高法院首席大法官汤尼（Taney），以政治问题为由，拒绝对于该系争案件为实质的法律判断。[④]最高法院认为，什么是宪法第四条所称的共和政体是一个政治问题，应由行政或立法部门认定，而不应当由司法加以决定，因为总统出兵行为已认定原有政府合法，且具有终局性质，法院缺乏认定何为共和政体的标准，且对原有政府的认定会影响到原有政府之前行为的效力，首开美国联邦最高法院适用政治问题理论作为判决基础之先河。[⑤]事实上，在本案中，最高法院原本可以依据宪法原理，阐释人权与《戒严法》的关系，以及人民有无权力否认现行宪法的效力而自行制定宪法，[⑥]但联邦最高法院没有这样做，而是提出了系争问题属于政治问题而拒绝审查，使本案成为政治问题理论的经典案例。

此后，政治问题原则屡次出现在美国20世纪的一系列宪法判例中。1912年，联邦最高法院在太平洋国家电话公司诉俄勒冈州一案中，以之属

① 参见李念祖:《美国宪法上“政治问题”理论与释字第三二八号解释》,载《律师通讯》第177期。

② Luther v.Borden, 48 U.S.1(1849).

③ 参见陈新民:《菲律宾司法审查制度》,载“财团法人国家政策研究基金会”编印:《国政研究报告》,“宪政”（研）091-046号，2002年9月2日。

④ 参见陈新民:《菲律宾司法审查制度》,载“财团法人国家政策研究基金会”编印:《国政研究报告》,“宪政”（研）091-046号，2002年9月2日。

⑤ See Laurence H. Tribe, The Constitutional Structure of American Government——Separation and Division of Powers, Foundation Press (1978).pp.73.

⑥ 参见陈新民:《菲律宾司法审查制度》,载“财团法人国家政策研究基金会”编印:《国政研究报告》,“宪政”（研）091-046号，2002年9月2日。

于政治问题为由拒绝认定俄勒冈州创设的一项税法是否违宪。[①]1939年，在科尔曼诉米勒案中，最高法院以政治问题为由拒绝认定国会1924年所提的有关保护童工的提案是否已经逾越时效而非由州议会所得决议。[②]1946年，科尔格罗夫诉格林一案中，最高法院认定选区划定问题属于政治问题，应由国会决定。[③]

1962年，在贝克诉卡尔案[④]以及后来的一系列案件中，最高法院改变见解，认为选区划定问题关系一人一票的选举权平等，属于人权问题，法院不能因涉及政治即认定为政治问题，并基于权力分立的原则尝试归纳出会被法院认定为属于政治问题的六种情形：(1)宪法明文规定乃属其他政治机构之职权；(2)法院明显的欠缺解决该案件的标准或能力；(3)明显不属于司法裁量范畴的政策型案件；(4)法院若独立承审该案件，难免伤及对其他国家机关应有的尊重；(5)情况特别，需要无保留地支持的既定的政治决定；(6)不同的政府部门若作成结论不一的决定即有引起难堪之虞的问题。[⑤]至此，对于何种情形属于政治问题，美国联邦最高法院才作出一个较为清楚的概念界定，对后来政治问题的认定影响深远。

1969年，在鲍威尔诉麦考马克一案中，美国联邦最高法院认定，国会决议否定议员当选资格的问题涉及政治事项，但并非政治问题，最高院可以审查。[⑥]1973年，在吉利根诉摩根案中，最高法院认定军事命令训练方式为政治问题。[⑦]1974年，在美国诉尼克松一案中认定，最高法院认

① See Pacific States Tel & Tel.Co.v.Oregan. 223 U.S.118(1912).

② See Coleman v.Miller. 307 U.S.433(1939).

③ See Colegrove v.Green. 328 U.S.549(1946).

④ Baker v. Carr. 369 U.S.186(1962).

⑤ 参见陈新民：《菲律宾司法审查制度》，载"财团法人国家政策研究基金会"编印：《国政研究报告》，"宪政"（研）091-046号，2002年9月2日。李念祖：《美国宪法上"政治问题"理论与释字第三二八号解释》，载《律师通讯》第177期。

⑥ See Powell v. Mccormack. 395 U.S.486(1969).

⑦ See Gilligan v.Morgan. 413 U. S. 1(1973).

为，参议院审议弹劾案的程序为政治问题，但总统主张豁免权非属政治问题。[①]1979年，在德沃特诉卡特一案中，最高法院认定总统能否单独宣告条约失效问题属于政治问题，非由法院所得决定。[②]此外，美国最高法院以及联邦下级法院惯常以政治问题为由，拒绝认定战争行为合法性的问题。[③]

由此可见，美国的政治问题原则作为司法自制理论的重要组成部分，系以权力分立的宪政原则为基础，主张某些本质上具有政治性的宪法案件，亦即宪法或法律规定交由行政部门处理的问题，不得由司法机关加以裁判或解释，也就是说，并非所有的宪法争议都由司法机关加以裁决或解释。[④]根据美国欧文·切梅林斯基（Erwin Chemerinsky）教授的观点，政治问题是指“某些宪法上的争议，即使在其他司法管辖要件均具备时，司法机关亦不得以解释者”。[⑤]政治问题原则并不能从表面理解为具有政治性的争议均不得解释，案件是否具有政治性，并不能作为政治问题的判断标准。[⑥]正如1962年，美国联邦最高法院在贝克诉卡尔案件判决中指出的那样，政治问题原则并非“政治性案件”原则。政治问题是以权力分立为基础，对司法权范围的界定，表明司法权处理宪法问题的权限是有界限的，其产生根源在于宪法的效力范围与司法的违宪审查范围之间的落差。[⑦]

那么，哪些问题属于政治问题？即政治问题的适用范围是什么？根据美国联邦最高法院在贝克诉卡尔案件中归纳的属于政治问题的六种情形，

---

① See U.S.v.Nixon. 418 U.S.683(1974).

② See Goldwater v.Carter. 444 U.S.996(1979).

③ 参见李念祖:《美国宪法上“政治问题”理论与释字第三二八号解释》,载《律师通讯》第177期。

④ 参见廖元豪:《从政治问题理论论两岸关系宪法定位之司法性》，载《政大法学评论》第81期。

⑤ See Erwin Chemerinsky, Federal Jurisdiction , Aspen Publishers (2d ed.1994) ,pp.142.

⑥ 参见廖国宏:《论“政治问题”大法官不予审理原则》,台湾大学三民主义研究所1999年硕士论文，第29—32页。

⑦ 参见廖元豪:《从政治问题理论论两岸关系宪法定位之司法性》，载《政人法学评论》第81期。

第一种情形正如在马伯里诉麦迪逊一案所揭示的，依宪法规定属于政府等其他部门职权范围内的问题，此类问题当然不属于司法机关的解释范围；第二、三种情形基于一种功能性的考虑，法院欠缺解释标准或能力或明显不属于司法机关的政策性考虑，司法机关也无法进行解释；后三种情形则是司法自我抑制的产物，以示对政府部门的尊重和对政治决定的支持。① 总体来说，政治问题的适用范围，是不宜由司法机关负责解释或执行的宪法规定的领域。

关于政治问题的范围，尽管美国联邦最高法院已归纳出六种情形，但由于很难明确地列举出具体的案件类型，这种归纳在实践中仍然具有很强的模糊性和不确定性，其相当一部分的认定权归属于法院，法院可酌情进行自由裁量，政治案件的认定越来越扑朔迷离。因此，有学者认为，自从1962 年美国联邦法院公布的贝克诉卡尔一案后，美国联邦法院仅在 1973 年的吉利根诉摩根案中承认过一次。② 也有学者认为，1974 年的美国诉尼克松一案也属于以政治问题为由不予审理的案件。③

政治问题的标准的不明确与理论的不完善使得这一原则在实践中饱受争议。正如许多宪法原则虽具有高度不确定性，但仍在实践中发挥着重大的指导作用一样，政治问题原则适用范围在一定程度上的模糊性并没有影响政治问题原则在司法实践中的运用。政治问题原则后来被法国、德国、英国、日本等民主国家广泛效仿，尽管各国的具体称谓及意涵略有差异，但核心思想大同小异，均包含“某些政府部门的公权力行为，司法不宜或不得介入，以维护国家权力的运作统治秩序”④ 的含义。

---

① See Laurence H. Tribe, The Constitutional Structure of American Government——Separation and Division of Powers,Foundation Press (1978).pp.71—72.

② 参见陈新民:《菲律宾司法审查制度》,载“财团法人国家政策研究基金会”编印:《国政研究报告》,“宪政”(研)091-046 号，2002 年 9 月 2 日。

③ 参见廖元豪:《从政治问题理论论两岸关系宪法定位之司法性》，载《政大法学评论》第 81 期。

④ 陈沧海:《违宪审查与政治问题之审查界限》，载《国教新知》第 52 卷第 4 期。

(二)政治问题原则在台湾:理论的引入与分歧

政治问题理论传入台湾后,尤其在“释字第328号解释”中“大法官”首次引用政治问题理论拒绝解释“固有疆域”一案颁布后,关于台湾是否有政治问题适用余地,学界引起了热议。总体来说,争议主要围绕以下几个方面进行:

第一,政治问题原则在台湾的适用是否违背台湾地区司法机构解释台湾地区“宪制性文件”的义务。反对的学者以台湾地区“宪制性文件”第七十八条和第一百七十三条台湾地区司法机构有解释“宪制性文件”和“宪法争议”的权力与义务为依据,否认政治问题理论在台湾的适用;[①]但有学者指出,司法机关“释宪权”只有在权力分立的体制下才能成立,且归为政治问题拒绝解释也是一种解释结果,并不违背台湾地区“宪制性文件”中的解释义务。[②]

第二,台湾实行的抽象的司法审查方式是否影响政治问题理论的适用。反对的学者认为,台湾的司法审查采用的是抽象审查方式,即“疑义解释”,不同于美国争讼式的附带审查方式,台湾没有美国审查具体案件的司法土壤,因此政治问题理论没有适用余地;[③]但支持者认为,无论是“具体”还是“抽象”的“违宪审查”制度,根本不影响政治问题理论的适用,二者至多在“声请人”是否适格和判决效力范围上有所差别,与具体系争案件在实体上是否应由政治机关决定的政治问题无关;[④]更有学者指出,正是因为台湾地区实行抽象审查即“疑义解释”制度,解释利益难以辨认,

① 参见许宗力:《宪法与政治》,载《宪法与法治国行政》,台北:元照出版公司1999年版,第44-45页。

② 参见廖元豪:《从政治问题理论论两岸关系宪法定位之司法性》,载《政大法学评论》第81期。

③ 参见李念祖:《美国宪法上“政治问题”理论与释字第三二八号解释》,载《律师通讯》第177期。

④ 参见汤德宗:《权力分立与违宪审查——大法官抽象释宪权之商榷》(增订二版),载《权力分立新论》,台北:元照出版公司1998年版,第102页。

声请标的难以确定，“声请人”甚至可以直接以抽象的法律问题作为声请标的，原告适格制度难以像在美国一样发挥筛选功能，且台湾相对欠缺其他司法筛选机制，使得政治问题原则尤为必要，政治问题原则对司法介入进行实体上的限制，可以避免“大法官”沦为法律顾问或者立法指导者，防止司法对立法或行政进行不必要的干预。[①]

第三，政治问题理论是否存在固有缺陷。反对的学者认为，政治问题不仅缺乏一贯性的标准，司法者任意创设的痕迹明显，缺乏台湾地区“宪制性文件”中的依据，其理论也存在逻辑上的缺陷，“大法官”以政治问题为借口拒绝解释政府行为是否“合宪”严重违背了马歇尔的政治问题就要被接受为合宪的初衷，极易成为司法者玩政治太极拳的借口；[②] 但支持者认为，政治问题本身就是一个发展的理论，即使在其起源地美国，政治问题的标准也并非固定不变的，但这并不影响其在司法实践中发挥作用，这一理论的创设者的初衷，就是基于权力分立的原则对司法权进行实体上的限制，防止权力过度倾斜，以维持国家权力平衡等等。诸如此类争议，在台湾理论界和实务界均广泛存在，引发着长久的争论。

即使是同样肯定政治问题原则在台湾适用的学者，针对政治问题的内容的理解和界定，也有着不同观点，使得政治问题的概念无论是学说上还是实务上均呈现出一种混乱的状态。整体看来，台湾学界逐渐由单一固定的概念界定转向为类型化甚至动态化的表述。诸如，廖元豪曾指出，政治问题并不是绝对化或类型化的，界定政治问题不宜采取僵硬的类型化途径，而应该基于功能考虑的利益权衡，采取累积或渐近的途径；一个问题，在不同的情况下，被界定为政治问题的机会也不相同。[③] 廖元豪因此系统提

① 参见廖元豪:《从政治问题理论论两岸关系宪法定位之司法性》,载《政大法学评论》第 81 期,第 49-53 页。

② 参见李念祖:《美国宪法上“政治问题”理论与释字第三二八号解释》,载《律师通讯》第 177 期。

③ 参见廖元豪:《从政治问题理论论两岸关系宪法定位之司法性》，载《政大法学评论》第 81 期。

出了确定是否援引政治问题理论的六项考虑因素，分别是社会共识可能性、台湾地区“宪制性文件”规定的明确性、学理探讨的成熟性、解释结果的可预测性、政治行为的先行性以及细部解释的累积性。[①] 又如，刘宏恩依照司法界限的逻辑顺序提出政治问题可以分为三个层次的类型，分别是不受法拘束的单纯的政治行为、来自台湾地区“宪制性文件”原理牵制要求的内在限制以及基于司法者自我考虑、自我筛选的司法自制行为，这三种情形分别体现为司法的外在界限、司法的内在界限和法院的政策考虑，构成了一种有层次的逻辑顺序，再结合对个案以及社会环境等各项背景因素的考虑，可以用来判断一个问题是否属于政治问题。[②] 廖元豪和刘宏恩均构建了相对完整和灵活的政治问题判断体系，使得政治问题的内容走出了固定化的界定模式。

1993年11月26日，台湾地区“大法官”在针对台湾地区“宪制性文件”中的“固有疆域”疑义声请所作出的“释字第328号解释”中，第一次借鉴性地运用了政治问题原则。“中华民国领土，宪法第四条不采列举方式，而为‘依其固有之疆域’之概括规定，并设领土变更之程序，以为限制，有其政治上及历史上之理由。其所称固有疆域范围之界定，为重大之政治问题,不应由行使司法权之释宪机关予以解释。”[③] “大法官”首次以政治问题为由拒绝对“固有疆域”作出实体上的解释。关于政治问题原则在“释字第328号解释”中的适用，台湾学界褒贬不一。如对“大法官”这一行为表示肯定和支持的廖元豪指出，两岸关系的法律定位涉及“国家”的“主权和领土”，当然属于台湾地区“宪制性文件”规范的问题，以前“大法官”未曾直接面对两岸问题，即使有涉及，如“释字第31号解释”“释字第67号解释”和“释字第261号解释”，“大法官”也会尽可

① 参见廖元豪:《从政治问题理论论两岸关系宪法定位之司法性》，载《政大法学评论》第81期。

② 参见刘宏恩:《司法违宪审查与“政治问题”》，载《法律评论》第1315期，2005年2月。

③ “释字第328号解释”“解释文”。

能地限缩争点或以“无声请适格”为由不去触碰两岸定位问题。[①] 此次“释字第 328 号解释”的声请迫使“大法官”直接面对此政治敏感性话题，“大法官”难以再通过正常途径回避，但又自知该问题不宜由司法机关解释，因此只好采用政治问题理论作为新武器，以防司法做不必要的干预；同时，他也承认“释字第 328 号解释”对该理论适用的不足之处在于“理由书”中关于政治问题理论的论述不够充分，比如何为政治问题，该理论的台湾地区“宪制性文件”基础何在，“大法官”均未予以详细说明，从而导致本案对该原则的适用的说服力极为有限。[②]

相反，有的学者则强烈反对“释字第 328 号解释”中政治原则的适用。诸如，陈沧海指出，政治问题理论在“释字第 328 号解释”中的适用，其实质是“大法官”“释宪权”的自我放弃，“违宪审查制度设立的目的，就是使宪法在制定时，未能明确规范，或因历史因素，而必须重新诠释，或因立法以及行政机关误解宪法的意思或违背了宪法的一致性时，得以其法定的权责，依据客观事实作成合宪性的解释。正因为宪法第四条所称的‘固有疆域’未能明示其为何所指，而在现实状态上，又因此而产生宪法的疑义时，大法官自当本于其职权，就何谓‘固有疆域’，作更为具体、明确的解释，以解决争议，实不应以政治问题为由，而回避此项解释”。[③] 此外，李念祖也指出，界定“领土”行为可能涉及台湾地区行政机构、立法机构甚至领导人的缔约行为，“大法官”认定“领土”变更不受司法审查，是指无论其实质内容或相关程序，上述机关均不受司法审查，还是仅指界定“固有疆域”的实体决定不受司法审查，但程序是否“合宪”则仍受司法审查？[④] “大法官解释”含义不够明确，极易引起争议。况且“大法

① 参见廖元豪:《从政治问题理论论两岸关系宪法定位之司法性》，载《政大法学评论》第 81 期。

② 参见廖元豪:《从政治问题理论论两岸关系宪法定位之司法性》，载《政大法学评论》第 81 期。

③ 陈沧海:《违宪审查与政治问题之审查界限》，载《国教新知》第 52 卷第 4 期。

④ 参见李念祖:《美国宪法上“政治问题”理论与释字第三二八号解释》，载《律师通讯》第 177 期。

官”所赖以为据的规范本身就是政治性“法律”，以此为依据区分何者为政治问题，何者为“宪法争议”，在实践上也存在较大困难。[①] 陈爱娥则从功能法的观点出发，指出政治与法律的划分极为困难，这也是为什么政治问题原则的标准模糊、内容不尽合理的根本原因，从而否认了“大法官”以政治问题为由拒绝解释的做法。[②]

此外，亦有学者持较为温和中立的观点。诸如学者刘宏恩指出，政治问题理论引入台湾，不但于实定法上的解释会遇到较少的困难，在“宪政”实务上面临高度政治争议的机会近些年也不断扩大，“大法官”于此时提出政治问题原则确实有其需要，但同时“大法官”也不应有太过于广泛的“宪法疑义解释权”，更不应当给予立法和行政机关弃正常的解决程序于不顾逃避可能的政治责任的时机，否则只会沦为其他机关的“咨询者”或膨胀为“指导者”。[③] 再者，在标准不清、依据不明的背景下让中立的“大法官”对复杂的两岸关系作出法律判断，未免期望过高。因此，“释字第328号解释”的结论正确，但论证过程存在严重瑕疵。[④]

由此可见，政治问题原则的理论和实践在台湾均面临着较大的争议和分歧。“释字第328号解释”正是在这种不成熟的政治法律环境中产生，对台湾地区之后的“宪法解释”和两岸关系的定位产生着潜移默化的影响。

（三）“释字第328号解释”的特殊背景：为何会涉及政治问题原则

台湾学者对政治问题原则不断的争议，不仅源自其理论的不完善及实践中的困境，还与“释字第328号解释”颁布的特殊时代背景相关联。

---

① 参见李念祖:《美国宪法上“政治问题”理论与释字第三二八号解释》,载《律师通讯》第177期。

② 参见陈爱娥:《大法官宪法解释权之界限——由功能法的观点出发》,载《月旦法学杂论》1998年第11期。

③ 参见刘宏恩:《司法违宪审查与“政治问题”》，载《法律评论》第1315期，2005年2月。

④ 参见刘宏恩:《司法违宪审查与“政治问题”》，载《法律评论》第1315期，2005年2月。

1949年，国民党退守台湾后，为了维持“中华民国”的“法统”的正当性，仍然保留了行政机关中的“大陆委员会”“蒙藏委员会”等机构，以期继续维持“中华民国政府”作为中国“中央政府”象征。同时，针对台湾地区不断出现的“宪政”顽疾，台湾当局自20世纪90年初期先后推行了七次“宪政改革”，这七次改革一方面加快了台湾地区民主政治的转型步伐，另一方面，也使得台湾当局代表性逐步得到强化。[①]“制定”于大陆的1946年“中华民国宪法”大部分条文已被冻结，逐渐为“宪制性文件增修条文”所取代，一个以“中华民国”为“国号”、以台湾地区为主要适用范围的台湾“宪制性文件”已经若隐若现。[②]“释字第328号解释”颁布之际，台湾地区“宪政改革”大幕已经拉开，统“独”矛盾进一步凸显，并成为“宪政改革”的核心议题之一，国、民两党甚至其内部也存在争论。[③]在这种政治共识尚未达成、外部争论不止的情形下，以陈婉真为首的等十八名“立法委员”以解释“固有疆域”为由，声请享有高度权威的“大法官”出面对统“独”之争进行定夺，如此做法，既可以诱导“大法官”作出于己方有利的解释，又可以转移可能带来的政治责任。

关于“中华民国”的“固有疆域”问题，国民政府时期颁布的三个宪法文本中均有相关规定。1931年，国民政府颁布的《中华民国训政时期约法》第一条即规定：“中华民国领土为各省及蒙古、西藏。”该部宪法文件采用了概括与列举相结合的规定方式，具体列举蒙古、西藏两省，以着重强调来应对两省的独立风潮，对其他省份则以“各省”概括。1936年的《中华民国宪法草案》(即“五五宪草”)第四条中首次出现“固有之疆域”

① 参见周叶中、祝捷:《台湾地区“宪政改革”研究》，香港社会科学出版社有限公司2007年版，第65-70页。

② 参见周叶中、祝捷:《台湾地区“宪政改革”研究》，香港社会科学出版社有限公司2007年版，第352页。

③ 参见周叶中、祝捷:《台湾地区“宪政改革”研究》，香港社会科学出版社有限公司2007年版，第391页。

的表述：“中华民国领土为江苏、浙江、安徽、江西、湖北、湖南、四川、西康、河北、山东、山西、河南、陕西、甘肃、青海、福建、广东、广西、云南、贵州、辽宁、吉林、黑龙江、热河、察哈尔、绥远、宁夏、新疆、蒙古、西藏等固有之疆域。中华民国领土，非经国民大会议决不得变更。”此部宪法文件改用了列举方式，详尽地列举了包括蒙古、西藏在内的三十个省份。1946年的“中华民国宪法”第四条规定：“中华民国领土，依其固有之疆域，非经国民大会之决议，不得变更之。”该条款在2005年台湾地区第七次“宪政改革”完成后停止适用。在此次“宪政改革”中，“国民大会”被废止，但台湾地区现行“宪制性文件增修条文”第四条第五项仍然保留了“固有疆域”的表述，“固有疆域”的变更程序更加严格化。由于这三个宪法文本具有一定的承续性，1946年的“中华民国宪法”及台湾地区现行“宪制性文件增修条文”中“固有之疆域”的说法显然是继承了“五五宪草”中的表述，其所指内容也应当相同，即均指包括蒙古、西藏在内的三十个省份。虽然1946年国民政府承认外蒙古独立，但由于并未入宪，“固有之疆域”的内容可推测为仍包括外蒙古在内。由此看来，从宪法文本继承的角度看，台湾地区“宪制性文件”中的“固有疆域”应该是包括外蒙古和大陆。

在台湾，关于“中华民国”“固有疆域”的认定，学界亦有诸多看法，较为主流的主要有1912年继承清中国的版图与1946年制宪时的实际领土两种主张，其中，多数台湾学者倾向于后者。[①] 如果以1946年“中华民国”制宪时“固有疆域”的为准，则“中华民国”的“领土”当然包括大陆，但不包括外蒙古（彼时已独立）、香港（彼时已割让给英国）和澳门（彼时为葡萄牙管治），至于是否包括台湾，由于日本在1951年的“旧金山和约”中才正式放弃对台澎的领土主权，因此有国际法上的争议。[②] 台湾著

① 参见陈新民：《中华民国宪法释论》，作者自刊1999年第三版，第99页。

② 参见黄昭元：《固有疆域的范围》，载《月旦法学杂论》2000年第9期。

名国际法学者丘宏达也赞同1946年制宪时的实际领土的主张，但亦明确指出，“中华民国”现在所有的“领土”，绝大多数是没有争议的，存在争议的主要是外蒙古、香港、澳门、台湾与澎湖群岛、唐努乌梁海、琉球、钓鱼岛列屿、江东六十四屯、珍宝岛、南海诸岛等十四地。[①] 除此两种学说之外，还有一种学说以“实效统治”为准来划定“固有疆域”。例如，黄昭元指出，解释“固有疆域”的范围，要同时考虑国际法原则和台湾地区的“宪政改革”。从国际法角度看，领土主张不当然具有法律效力，但领土主权具有法律效力，即使采用1946年制宪时的主张，但由于1949年后，“中华民国”丧失了绝大部分中国领土，“宪法秩序”的事实基础发生了根本变动，1949年以后在台湾地区适用的“宪制性文件”乃至“国号”，都已经不是之前的“中华民国”了，因此，此时的“领土”只包括“中华民国”实际统治的台湾、澎湖和金马等附属岛屿，其他的最多只算是不当然具有法律效力的“领土”主张。[②] 此外，从“宪政改革”的角度看，台湾地区1991年的“宪政改革”也重新确立了“领土”范围的变动，比如“国民政府”终止了“动员戡乱时期临时条款”，并在“宪制性文件增修条文”中承认两岸“未统一”的分裂“国家”状态，“宪制性文件增修条文”确认其并不适用于中国大陆地区，排除大陆人民参选台湾地区公权力机构的政治权利等内容。[③] 因此，此类学者认为，要认定“领土”范围，应当以制宪或修宪当时“国家”实效统治的范围为准，“中华民国”现在的“领土”只包括台澎金马等附属岛屿，不包括大陆以及外蒙古。[④]

与台湾学者不同的是，大陆学者对“领土”的认识比较统一。在大陆的政治环境中，学者普遍坚持“一中宪法”，主张台湾是中华人民共和国

① 参见丘宏达:《现代国际法》，台北：三民书局1998年版，第516–559页。

② 参见黄昭元:《固有疆域的范围》，载《月旦法学杂论》2000年第9期。

③ 参见许宗力:《两岸关系的法律定位——现状与未来发展》,载《宪法与法治国行政》,台北:元照出版公司1999年版，第469—470页。

④ 参见黄昭元:《固有疆域的范围》，载《月旦法学杂论》2000年第9期。

的一部分，1982年宪法的效力不仅在事实上及于大陆，在法理上及于包含台湾在内的全中国，中华人民共和国与台湾之间的关系是中央与地方之间的关系。[①]尽管在"九二共识"的主导下，一个中国的政治含义让位于对一个中国原则的坚持，"中央对地方"的定位模式呈现出逐渐被削弱的趋势，但大陆和台湾之间的关系实质仍是一国内部的政治对立关系。[②]在这种意识下，大陆和台湾同属"一个中国"，中国的领土当然包括大陆，要将台湾从中国分裂出去，是大陆学者坚决反对的。

国民党退守台湾后，为维持"法统"的正当性，坚持"汉贼不两立"的对外政策，在"领土"这一问题上仍延续了以"全国"为轴心的观念，坚持大陆和台湾均为"中华民国"的"领土"范围，并在台湾的历史与地理课本中维持1949年之前对大陆地区的名称及界定。1953年，国民党以外蒙古独立的依据"中苏友好同盟条约"失效为由，主张外蒙古独立已失去效力，因此中国面积仍维持包括台湾在内三十五个省以及海南特别行政区、蒙古与西藏地区在内的1141万8174平方公里。[③]从20世纪70年代末期开始，台湾地区党外势力不断发展壮大，1986年成立的民进党逐渐成为国民党外的第二大党。为了强调台湾的本土性，民进党不仅主张以不享有实际治权为由将外蒙古从"固有疆域"中排除，还开始在"宪政改革"进程中操作重要的政治议题，以期将大陆地区也从"中华民国""版图"中分离出去。

在这种大背景下，以陈婉真为首的大多具有民进党背景的十八名"立法委员"于1993年就"中华民国"的"固有疆域"问题，声请台湾地区"大法官"进行解释，并在"声请书"第三部分公然提出"中国大陆

① 参见周叶中、祝捷：《"一中宪法"和"宪法一中"——两岸根本法之"一中性"的比较研究》，载《两岸关系的法学思考》（增订版），九州出版社2014年版，第103页。

② 参见周叶中、祝捷：《"一中宪法"和"宪法一中"——两岸根本法之"一中性"的比较研究》，载《两岸关系的法学思考》（增订版），九州出版社2014年版，第104页。

③ 参见后东升：《蒋介石对抗战前后蒙古问题的处理》，中央民族大学博士学位论文，2013年6月。

（Mainland China）不属于中华民国之领土”，“‘自由地区’（即台澎金马地区）即为现阶段中华民国领土主权所在”等言论，直指两岸关系底线。[①] 该号声请表面上看是为了解决“大陆委员会”和“蒙藏委员会”的机构预算问题，其实质目的是期望通过“大法官”的“宪法解释”将大陆地区和外蒙古同时分离出去，以转移可能带来的政治风险和责任。享有高度权威的“大法官”对这一明显具有“台独”倾向且极具政党色彩的声请，若选择进行实体解释，不论是否支持“声请人”的主张，均可能陷入党派政争的漩涡，难以自保，且有插手不属于司法事务、僭越立法权和行政权的嫌疑。最终“大法官”冒着被质疑的风险，选择了以政治问题原则为由拒绝解释，甚至详细列出出席会议人员的名单以掩盖“理由书”的简略，从而回避了声请的关键问题，避开了高度政治敏感的两岸关系的雷区。

一直以来，台湾地区在法制层面中对大陆和台湾的政治关系定位并不明确，甚至其中充满着矛盾：一方面，基于各种因素的考虑，台湾当局至今未在台湾地区“宪制性文件”和“法律”中放弃“一中”立场，至少是通过“一国两体”“一国两区”等词语等来描述大陆和台湾政治关系现状；另一方面，台湾当局又通过各种途径，有意识地将大陆与台湾区别对待，试图将大陆与台湾的政治关系“两国化”，以实现“台湾法理独立”。[②] 在这种日趋复杂的状态下，“释字第328号解释”作为少数直接涉及两岸定位的“解释”之一，以政治问题为由拒绝对两岸关系进行定位，不仅使“台独”势力希冀通过“大法官”之口实现“台独”的政治企图落空，在一定程度上阻隔了“释宪台独”的路径，还为后来的“宪法解释”确立了司法先例，甚至影响了两岸关系的走向。

---

① 参见“释字第328号解释”“陈婉真等十八人声请书”。

② 参见祝捷：《两岸关系定位与国际空间——台湾地区参与国际活动问题研究》，九州出版社2013年版，第69页。

（四）“大法官”的逻辑推演：政治问题原则在台湾的首次运用

在“释字第328号解释”“解释文”和“理由书”中，“大法官”从政治和历史角度肯定了台湾地区“宪制性文件”第四条对“中华民国领土”规定的合理性，构建了“政治问题不审查”的理论模型，然后以“固有疆域”属于政治问题为由，将其排除于“宪法解释”的范围。整体来看，本案的逻辑推理较为简单，“大法官”的推演可分为三步：

第一步，“大法官”简陋地构建了“政治问题不审查”的理论模型，简略地解释了“领土”等政治问题不予审查的原因。“大法官”认为，“国家领土之范围如何界定，纯属政治问题；其界定之行为，学理上称之为统治行为”，因而政治问题可以简单地理解为是包含“领土”范围界定在内的等“国家统治行为”，“不审查”的原因则是基于权力分立和权力制衡的宪政原则。①

第二步，“大法官”明确了如果对台湾地区“宪制性文件”第四条“固有疆域”的范围和内容予以解释，必定涉及“领土”范围的界定。“大法官”认为，“其所称之‘固有之疆域’究何所指，若予解释，必涉及领土范围之界定”，②从而将“声请人”声请解释的“固有疆域”和非属“大法官解释”范围的“领土”构建了联系。

第三步，“大法官”将“声请人”声请解释的“固有疆域”问题套入前两部分构建好的“政治问题不审查”的理论中，明确了“固有疆域”因涉及“领土”范围而属于政治问题，因而不在审查范围之内。“大法官”认为，既然“固有疆域”含义和范围的解释必然牵涉对“中华民国”“领土”范围的界定，而“国家领土”之范围如何界定，纯属政治问题，因此，“固有疆域”属于重大的政治问题的范畴，当然不在司法机关的解释范围

① 参见“释字第328号解释”“理由书”。

② “释字第328号解释”“理由书”。

之内。①

为了加强论证的说服力，“大法官”在“解释文”和“理由书”中还特意强调，台湾地区“宪制性文件”第四条的“中华民国领土，依其固有之疆域，非经国民大会之议决，不得变更之”的规定，对“领土”不具体列举而采取概括规定以及设立的“领土”变更程序上的限制“有其政治上及历史上之理由”，既为后面的逻辑推理提供正当的前提，同时也暗示了如果由司法机关来明确界定“领土”的范围，恐怕不符合制宪者当初特殊的政治考虑与设计本意。②

综合来看，“释字第328号解释”作为台湾地区首个制度型的“大法官解释”，主要使用了“政治问题不审查”的司法消极主义的解释方法，并采行“宪法理论+规范分析”的模式，“大法官”在“解释文”和“理由书”中并未触碰问题实质，也并未从正面解释“固有疆域”等政治敏感问题，而是依靠构建的“政治问题不审查”理论对声请予以拒绝，从而回避了对两岸关系的定位。尽管不像“释字第329号解释”“释字第481号解释”等“解释”中直接将两岸关系定位为“一国两区”，但“释字第328号解释”引用政治问题理论的做法确立的司法先例以及流露出来的对两岸关系的态度，在一定的范围内可以影响后来的“大法官”的解释和司法判决，同时以其等同于台湾地区“宪制性文件”的法律效力在一定程度上对“台独”活动起到了一定的限制和约束作用。但是，从另一方面看，在“释字第328号解释”中，“大法官”将定位两岸关系的权力拱手相让，台湾地区领导人、立法机构和行政机构等完全可以据此操纵形成有利于己方的政治政策。③时至今日，“固有疆域”问题依然是台湾岛内部分政治人物炒

---

① 参见“释字第328号解释”“理由书”。

② 参见刘宏恩:《司法违宪审查与“政治问题”》，载《法律评论》第1315期，2005年2月。

③ 参见周叶中、祝捷:《台湾地区“宪政改革”研究》，香港社会科学出版社有限公司2007年版，第391页。

作的一个重要政治话题，而这也正是“释字第 328 号解释”遗留下来的沉疴。①

【延伸思考】

“释字第 328 号解释”确立的“政治问题不审查”的先例对后来的“大法官解释”影响颇深，但自颁布以来一直饱受争议。该号“解释”没有“不同意见书”，但“解释”本身并非毫无问题，以下主要从理论界以及司法实务界对它的质疑中选取三个问题予以分析，以供思考斟酌：

第一，“释字第 328 号解释”中引用政治问题原则拒绝对声请问题予以解释究竟是否属于一种恰当的司法自制行为？起源于美国的政治问题原则是司法自制理论的重要组成部分，强调在权力分立的宪政原则下，某些本质上具有政治性或依法宜交由行政部门处理的问题，司法机关不得插手。基于司法权的中立性和被动性，法院在进行司法审查时，必须考虑司法权力界限，对其他政治部门保持尊重，而不能僭越属于其他部门的权力。“释字第 328 号解释”中首次适用政治问题原则拒绝了解释“固有疆域”含义的声请。政治问题原则在其发源地美国的司法实践中虽有所运用，但并非普遍现象，被公认为适用该原则的案件少之又少，且近几十年更是鲜见。政治问题原则从产生至今一直尚未被美国宪法或法律明文规定或认可，在其他国家诸如德国、法国司法界也一直存在争议。究其原因，大抵是因为政治问题界定标准的模糊性、理论的不完备以及实践的难以操作。“大法官”贸然将一个不尽成熟的理论引入与台湾地区“宪制性文件”具有等同效力的“宪法解释”中，该行径是否经得起考虑？尽管有部分台湾学者赞同“大法官”的做法，认为这是“大法官”在直接面对两岸关系政治定位

① 参见中国评论新闻网：《绿委追问“中华民国”首都，夏立言：在台北》，资料来源：http://bj.crntt.com/doc/1037/5/2/7/103752787.html?coluid=0&kindid=0&docid=103752787，最后访问日期：2018 年 7 月 20 日。

的一种自我保护的新武器，也可以防止司法干预行政，甚至主张政治问题原则可以作为台湾的“大法官解释”声请的筛选机制，为“大法官”的行为正名；[①]但亦有不少学者否定了“大法官”的做法，直指政治问题原则的适用不仅导致“大法官”“释宪权”的丧失，其模糊的标准、不解释的态度以及将解释权拱手让给政治部门的处理态度极易带来更多的争议和隐患。[②]的确，政治问题的范围和标准在“大法官解释”中一直呈现出混沌不清的状态，甚至有双重标准的嫌疑。例如，在“释字第342号解释”中，“大法官”曾明确宣告台湾地区立法机构内部议事程序，属于“国会”的自律规范，不属于“大法官解释”的范畴，然而，在后来的“释字第499号解释”中，“大法官”却以“国民大会”以无记名投通过“修宪案”，违反民主“宪政”的公开透明原则，已构成重大瑕疵为由，宣告该次“修宪”无效，对比两个“解释”，“大法官”显有双重标准，其“宪法解释权”也没有明确的规范标准。[③]既然政治问题标准的不明确在一定程度上为“大法官”回避对两岸关系的明确定性提供了人为的操作空间和活动借口，那政治问题原则存在的合理性和说服力是否要大打折扣？“释字第328号解释”中“大法官”引用政治问题原则拒绝解释的做法也许是迫于无奈，但是否是恰当，恐怕还需要更多的论证。

第二，“释字第328号解释”中“大法官”引用政治问题原则拒绝解释究竟是基于何种考虑？是“大法官”认为该声请依台湾地区“宪制性文件”应由其他部门加以解释，不属于司法审查范围，还是因为界定“固有疆域”和“领土”的行为缺乏司法认定标准，故不予以解释，[④]抑或基于其

① 参见廖元豪:《从政治问题理论论两岸关系宪法定位之司法性》，载《政大法学评论》第81期，第49-53页。

② 参见陈沧海:《违宪审查与政治问题之审查界限》，载《国教新知》第52卷第4期。李念祖:《美国宪法上“政治问题”理论与释字第三二八号解释》，载《律师通讯》第177期。

③ 参见陈沧海:《违宪审查与政治问题之审查界限》，载《国教新知》第52卷第4期。

④ 参见李念祖:《美国宪法上“政治问题”理论与释字第三二八号解释》，载《律师通讯》第177期。

他理由，诸如迫于某种社会政治压力，或是回避高度争议的政治敏感问题，以免触及两岸关系的红线等？“大法官”借用美国宪法上的政治问题理论对声请不予实体上的解释，从而成功避开这一政治上极为敏感的问题，但在“释字第 328 号解释”中，“大法官”并未详细阐述该理论，也没有说明这样做的台湾地区“宪制性文件”中的依据，仅在“理由书”中以一句“国家领土之范围如何界定，纯属政治问题；其界定之行为，学理上称之为统治行为，依权力分立之宪政原则，不受司法审查”[①]简单地一带而过，急于结束该号“解释”，与其他的“宪法解释”中“大法官”的积极发挥的风格显然不同，“大法官”的反常态度令人生疑。熟谙各国法律的“大法官”是在技术层面上欠缺解释能力，还是在某种政治压力下采取的自我保护措施？个中因素，有待深层挖掘。

第三，在台湾地区诸多关于两岸关系的“宪法解释”中，为何只有“释字第 328 号解释”和“释字第 419 号解释”中正式承认并适用政治问题原则？在台湾地区司法机构作成的有关两岸关系的几十个“解释”中，“大法官”对大陆和台湾政治关系定位除了诸如“释字第 261 号解释”“释字第 479 号解释”等少量“解释”中将“台湾”与“国家”画上等号外，其余大部分仍坚持了将大陆和台湾定位为“一国两体”“一国两区”的态度，但像该号“解释”中的“不定位”的拒绝态度，却鲜为少见。[②]由此可见，“大法官”处理涉及两岸关系的政治问题，充当政治争端最后裁决人的情况并不少见，在“释字第 328 号解释”之前的“释字第 76 号解释”和“释字第 261 号解释”中，“大法官”都曾面对过政治问题的诘问，但“大法官”并未以政治问题为由不予审查，仍作出了相关“解释”。[③]“释字

① “释字第 328 号解释”“理由书”。

② 参见祝捷：《两岸关系定位与国际空间——台湾地区参与国际活动问题研究》，九州出版社 2013 年版，第 67 页。

③ 参见周叶中、祝捷：《台湾地区“宪政改革”研究》，香港社会科学出版社有限公司 2007 年版，第 391 页。

第 328 号解释”中首次祭出政治问题，并且仅在“释字第 419 号解释”中进一步解释了何为政治问题，而后却极少适用这一原则。为什么“政治问题不审查”的司法先例确立后没有被“大法官”普遍采行？是“大法官”发现政治问题理论的缺陷后选择弃用还是这一理论只是作为特殊情况下“大法官”被迫直面统“独”议题时的最后的“杀手锏”？在“释字第 328 号解释”和“释字第 419 号解释”之后，“大法官”的态度令人生疑，个中原因，亦值得吾人深思。

除上述问题外，“释字第 328 号解释”中还存在一些其他的争议点，比如，在司法实践中，政治问题的标准究竟该如何把握？在政治问题原则缺陷仍难以完全弥补的今日，是否还有坚持的必要性？以后，“大法官”再次直面两岸关系定位的声请时，可否能再像“释字第 328 号解释”中一样使出政治问题原则的“杀手锏”？这些深层次的问题，此处不再一一讨论。

（本篇作者：宋静，中共湖北省委党校政法教研部教师，武汉大学法学博士）

案评五 “释字第329号解释”：两岸协议性质案

【案情要览】

1987年，台湾当局调整政策，开放了台湾居民赴大陆探亲，并在经济、文化交流方面采取了一些开放措施，海峡两岸近三十年的隔绝状态被打破。[①] 随着两岸民间交流与交往的持续发展，大量亟待两岸共同处理的民事、刑事等事务逐渐衍生，为了解决涉及两岸的突发性事件，两岸曾于1986年、1989年和1990年分别进行了“两航谈判”“奥运谈判”和“金门谈判”，但并没有形成固定的协商主体和机制。[②] 由于两岸间存在“法统之争”，在没有明确政治关系定位的情况下，双方公权力机关无法进行直接接触，因此，接受台湾当局委托并执行公权力职能的民间机构海峡两岸基金会（以下简称“海基会”）和大陆方面的社团法人海峡两岸关系协会（以下简称“海协会”）应运而生，构成了两岸事务性协商机制的主轴。

1992年3月，两会在北京就“文书查证”等事宜因一个中国原则的分歧协商失败，同年12月，两会均表明坚持一个中国原则，达成了“九二

① 参见苏美祥:《近40年来两岸经贸关系发展:多维观察与前景展望》,载《现代台湾研究》2018年第4期。

② 参见武汉大学两岸及港澳法制研究中心编:《海峡两岸协议蓝皮书（2008—2014）》，九州出版社2014年版，第30—34页。

共识”，不久，“文书查证”等事宜协商完成，两会工作的重点开始转向举行汪辜会谈，并进行了预备性磋商。[①]1993年4月27日至29日，在海协会的倡议和推动下，经过海峡两岸的共同努力，备受注目的第一次汪辜会谈在新加坡正式举行。会议第3天（即1993年4月29日）上午，汪道涵会长和辜振甫董事长代表两会正式签署了《两岸公证书使用查证协议》《两岸挂号信函件查询、补偿事宜协议》《两会联系会谈制度协议》及《汪辜会谈共同协议》等四项协议。至此，汪辜会谈顺利结束，两岸关系迈出了历史性的重要一步。两岸四项协议签署后，根据台湾地区“宪制性文件”第三十八条、第五十八条第二项、第六十三条以及台湾地区立法机构曾针对协定的监督权限所作的三次决议，台湾地区立法机构部分“立法委员”要求台湾地区行政机构的“大陆委员会”必须将四项协议送交台湾地区立法机构审议，再度引发立法、行政两部门间有关“条约”审议权的争议。由此，“立法委员”陈建平等八十四人声请“大法官”解释系争条文，以厘清立法与行政两部门间的权力分界。

“声请书”主要围绕台湾当局“外交部”订定的“条约及协定处理准则”是否“违宪”展开，其中第二部分提及汪辜会谈所签署的四项协议，提出“部分朝野立委要求大陆委员会必须将上述四项协议送立法院审议，再度引发有关条约审议权之争议……故声请解释”。[②]“声请书”上共载四个主要声请解释事项，包括“（一）宪法第三十八条、第五十八条第二项、第六十三条及第一百四十一条有关‘条约’一词之内容及范围如何？（二）条约以外之国际书面协定，何者应送立法院审议，何者仅须送立法院备查？（三）前项协定送审查或备查之分类标准如何？其有权认定之机关应为立法院或行政院？（四）外交部订定发布之‘条约及协定处理准则’第七条

① 参见武汉大学两岸及港澳法制研究中心编:《海峡两岸协议蓝皮书（2008—2014）》，九州出版社2014年版，第37—39页。

② “释字第329号解释”“陈建平等八十四人声请书”。

及第九条是否违宪违法，而应属无效”。[①]

因此，本案的系争点在于：汪辜会谈所签订的四项协议是否属于台湾地区“宪制性文件”第三十八条、第五十八条第二项、第六十三条所称的“条约”，即四项协议是否属于国际条约，四项协议是否应当接受台湾立法机构的审议。

【解释要点】

“大法官”针对本案作成“释字第329号解释”，对台湾地区“宪制性文件”中“条约”的范围和内容予以界定，明确了应当送台湾地区立法机构审议的“条约”范围，并宣告系争之汪辜会谈所签订的四项协议并不属于台湾地区“宪制性文件”第三十八条、第五十八条第二项、第六十三条所称的“条约”，否认了其国际条约的性质。“释字第329号解释”有“大法官”张特生提出的“部分不同意见书”、杨与龄提出的“不同意见书”、李志鹏提出的“不同意见书”和李钟声提出的“不同意见书”各一份。

根据多数意见“解释文”及“理由书”，多数“大法官”首先认为，台湾地区“宪制性文件”所称之“条约”系指“中华民国与其他国家或国际组织所缔约之国际书面协定，包括用条约或公约之名称，或用协定等名称而其内容直接涉及国家重要事项或人民之权利义务且具有法律上效力者”，[②]借此明确了台湾地区“宪制性文件”中“条约”一词的内容及范围。其次，“解释文”的后半部分“其中名称为条约或公约或用协定等名称而附有批准条款者，当然应送立法院审议，其余国际书面协定，除经法律授权或事先经立法院同意签订，或其内容与国内法律相同者外，亦应送立法院审议”[③]重点明确了应送台湾地区立法机构审议的“条约”范围及例外情

① “释字第329号解释”“大法官”张特生“不同意见书”。

② “释字第329号解释”多数意见“解释文”。

③ “释字第329号解释”多数意见“解释文”。

形。再次，“大法官”在“理由书”中进一步补充说明，“其无须送立法院审议之国际书面协定，以及其他由主管机关或其授权之机构或团体签订而不属于条约案之协定，应视其性质，由主管机关依订定法规之程序，或一般行政程序处理”，[①]并宣告“声请书”第四项中“外交部”所订立的“条约及协定处理准则”“违宪”，“应依本解释意旨修正之”。[②]最后，“大法官”得出了“台湾地区与大陆地区间订定之协议，因非本解释所称之国际书面协定，应否送请立法院审议，不在本件解释之范围”的结论。[③]

在解释方法方面，“释字第329号解释”“解释文”主要使用了传统的文义解释和论理解释等方法对“条约”一词作了扩大解释，即不仅包括传统国际法意义上的“条约”，还包括所谓“政府间协定”等文件。[④]但显然，本案中解释方法并非重点。“释字第329号解释”并未从正面对汪辜会谈所签订的四项协议予以定性，而是以否定的方式界定了四项两岸协议的“非属国际条约”的法律性质，由此，我们可以推导出“大法官”流露出的承认两岸关系非属于国际关系的态度，这使得“释字第329号解释”成为支持两岸同属一个中国的重要“解释”，从而使部分“台独”分子妄图通过“大法官”定位两岸协议性质突破台湾地区“宪制性文件”对于“两岸同属一个中国”政治定位的企图落空。“释字第329号解释”对于回应两岸协议在台湾地区的法律定位以及两岸政治关系的定位问题均具有里程碑式的意义。

① “释字第329号解释”多数意见“理由书”。

② “释字第329号解释”多数意见“理由书”。

③ “释字第329号解释”多数意见“理由书”。

④ 参见周叶中、祝捷:《我国台湾地区“司法院大法官”解释两岸关系的方法》,载《现代法学》2008年第1期。

【理论评析】

“释字第329号解释”产生于1993年特殊的历史时期，当时海峡两岸由绝对隔离状态开始向交往正常化逐渐过渡，但政治上仍处于对立状态，这一背景赋予了本案除了关于“条约”的范围界定以及审议方式外更多关乎两岸关系定位方面的意义和影响。

（一）两岸交往的正常化与两岸协议的签署

自20世纪70年代以来，随着中华人民共和国国际地位的迅速提升，台湾当局“邦交国”的数量逐年下降，为跳出“外交”困境，台湾当局的“外交”政策也经历了一个不断调整的过程。从蒋经国执政初期的以正式“外交关系”为首的“外交”政策，到1979年中美建交后，台湾当局不得不同时重视正式“外交关系”和与“无邦交国”非官方关系的“实质外交”政策，再到李登辉上台后的“务实外交”思路的转变中，[①]台湾地区的涉外民间机构开始出现，并接受当局的委托承担一部分对外交往的职能。这一时期，台湾的涉外民事机构迅速发展，并成为台湾当局与“无邦交国”开展各层次非政治关系的主要渠道，比如台湾“亚东关系协会”在日本设立的“台北驻日经济文化代表处”以及“北美事务协调委员会”，在美国设立的“驻美国台北经济文化代表处”，即为典型代表。1987年，台湾当局开始在经济、文化等方面对大陆采取开放政策，两岸交往开始由绝对隔离状态逐渐趋于正常化，为了共同应对产生的各种两岸事务，1990年11月21日，台湾当局推动成立海基会，作为台湾当局授权与大陆联系、协商、处理涉台公权力的两岸事务的唯一机构，依照“两岸人民关系条例”的规定，“以受托人自己之名义，与大陆地区相关机关或经其授权之法人、团

① 参见李家泉：《李登辉主政台湾之后》，中国言实出版社1997年版，第5页。

体或其他机构协商签署协议”。[①]1991年12月16日，海协会成立，开始以社会团体法人的身份，促进海峡两岸交往，发展两岸关系。从1992年3月至1993年4月，海协会与台湾海基会进行了多次事务性商谈，并于1992年11月在香港的商谈中首次就“一个中国”问题达成口头共识，即“九二共识”。1993年4月27日，举世瞩目的汪辜会谈在新加坡正式举行，两会领导人于29日签订了《两岸公证书使用查证协议》等四项协议。

两岸四项协议签订后，台湾地区对于两岸协议的法律性质定位产生了重大分歧，争议的焦点主要集中于两岸协议与台湾当局同其他“非邦交国”签署的“协议”的法律性质是否相同。由于“中华民国”与许多国家没有正式“外交关系”，所以只能以民间机构名义相互签署协议或正式协定，或由双方授权机构订立官方协定，但这些协议均列在台湾“外交部”编辑的“中外条约编辑”中，都被认为属于“条约”。[②]这一时期，台湾当局对外交往的主要特点之一就是开始全面采行民间机构模式维持对外交往，与他国间签订了大量的事务性协议，这一特殊背景，极易模糊台湾当局同“无邦交国”签订的“协议”与两岸四项协议的界限和区别。因为无论是从协议的形式上，还是签署协议的主体上看，在“务实外交”的对外政策下，两种协议具有一定的相似性，这也是两岸四项协议在台湾被相当一部分人认为是“条约”的重要原因之一。在台湾地区特殊的政治环境中，与“非邦交国”以民间机构的方式签署的协议，都被认定为是“国际条约”，如果认为台湾当局与“无邦交国”签订的协议和两岸四项协议性质相同，就无异于承认两岸协议“国际条约”的性质，而这对两岸关系的发展极为不利，甚至可能成为“台独”势力操纵的工具。

根据1969年5月23日《维也纳条约法公约》第二条规定：“称‘条约’者，谓国家所缔结而以国际法为准之国际书面协定，不论其载于一

① “两岸人民关系条例”第四条之二第二项。

② 参见丘宏达：《现代国际法》，台北：三民书局1998年版，153-154页。

项单独文书或两项以上相互有关之文书内，亦不论其特定名称为何。”而1986年3月21日《关于国家和国际组织间或国际组织相互间条约法的维也纳公约》第二条规定：“条约指（1）一个或更多国家和一个或更多国际组织间或（2）国际组织相互间以书面缔结并受国际法支配的国际协议，不论其载于一项单独的文书或两项或更多有关文件内，也不论其特定的名称为何。”根据以上两项条约的规定，条约是国际法主体之间以国际法为准则而缔结的确立相互权利和义务的书面协议。[①] 由国际法中条约的基本理论可以推知，两岸协议的法律性质与两岸关系的法理定位存在极大的关联：如果认为两岸协议和台湾当局与“非邦交国”签订的协议一样，同属于国际法主体之间签订的国际条约，那就无异于认同“台独”分子所谓的台湾与大陆“国与国”的关系；如果承认两岸协议的非国际条约的性质，那就是否认了两岸之间“国与国”的关系，也就是间接认同了一个中国原则。在两岸达成“九二共识”仅一年后，陈建平等“立法委员”以不能确定两岸四项协议的法律性质为由，声请“大法官”进行解释，实际上是在试探台湾地区司法机构“大法官”对于两岸关系所持的态度。“大法官”如何解释，不仅对厘清台湾当局立法机构和行政机构的职权界限至关重要，还会对两岸关系的定位产生深远影响。

关于两岸协议甚至两岸关系的定位问题，台湾方面有关法律规范、立法监督实践以及学者论述中均存在一些或明确或隐晦的态度。以下主要从台湾地区的法律规范（以台湾地区“宪制性文件”和“两岸人民关系条例”为例）、立法监督实践和主要学者学说三个方面，探讨其中对两岸问题的定性。

① 参见丘宏达：《现代国际法》，台北：三民书局1998年版，第151页。

（二）台湾地区法律规范中的两岸问题

台湾地区“宪制性文件”第二条规定:“中华民国之主权属于国民全体。”“宪制性文件增修条文”开篇即以“为因应国家统一前之需要”统领全文，正文中多次提及“自由地区”，并在第十一条明确规定“自由地区与大陆地区间人民权利义务关系及其他事务之处理，得以法律为特别之规定”。[①] 由此可知，在台湾地区“宪制性文件增修条文”的话语体系中，“自由地区”和“大陆地区”的存在是因为“国家”尚未统一，“台湾与大陆均为一个分裂国家的组成部分而非两个国家”。

此外，除了本案外，与台湾地区“宪制性文件”具有同等效力的“释字第618号解释”也曾涉及两岸协议的定性问题。在“释字第618号解释”中，“大法官”在解释“两岸人民关系条例”的“合宪性”时，认为该“条例”是“国家统一前的特别规范”，[②] 也就是否定了其国际条约的性质，将两岸关系定位为“一个分裂国家的两个地区”。由于台湾地区“宪制性文件增修条文”“宪法解释”具有与“宪制性文件”同等效力，我们可以推导出台湾地区“宪制性文件”是支持“一个中国”论述的重要法律依据的结论。

1992年7月，台湾当局颁布的“两岸人民关系条例”中第一条、第二条、第五条第二项以及第四十一条第二项均间接涉及了两岸协议的定性问题。其中，第一条说明了该“条例”的目的是“国家统一前，为确保台湾地区安全与民众福祉，规范台湾地区与大陆人民之往来，并处理衍生之法律事件”而制定的，肯定了一个中国原则。第二条明确规定，台湾地区是指“台湾、澎湖、金门、马祖及政府统治权所及之其他地区”，大陆地区

① 参见台湾地区“宪制性文件增修条文”第一条第一项、第二条第一项和第八项、第四条第一项和第五项、第十一条等。

② “释字第618号解释”多数意见“解释文”。

则是指“指台湾地区以外之中华民国领土”。由“两岸人民关系条例”中关于“领土”的规定可以看出，“两岸人民关系条例”将两岸政治关系定位为“一国两区”的基本模式，由此可以推导出两岸协议属“一个中国的两个地区”之间签署的协议，这从签订主体上将两岸协议与台湾地区“宪制性文件”中的“条约”区别开来。根据“两岸人民关系条例”第五条第二项“前项协议，非经主管机关核准，不生效力”，我们可以得知至少在1992年的“两岸人民关系条例”的话语体系中，立法机构并无监督审议两岸协议的权限，两岸协议仅需主管机关即台湾地区行政机构的“大陆委员会”批准后即可生效，这从审议程序上将两岸协议与台湾地区“宪制性文件”中的由立法机构审议的“条约”区别开来。“两岸人民关系条例”第四十一条第二项“大陆地区人民相互间及其与外国人间之民事事件，除本条例另有规定外，适用大陆地区之规定”有限度地承认了大陆地区民事法律的效力，否认了台湾与大陆“国与国”的关系。因此，“两岸人民关系条例”从规范上为两岸四项协议的非国际条约的定性提供了法理依据，由此可以推导出两岸关系并非“国与国”之间的关系，从而间接承认了两岸同属一个中国。

由此可见，台湾地区“宪制性文件”及其“增修条文”“宪法解释”与“两岸人民关系条例”等法律规范中关于两岸关系的定位较为明确，即承认两岸同属于一个中国，两岸协议并非国与国之间的协议，但由于其中缺乏更加具体明确的程序性规定，台湾地区对两岸协议的立法监督实践中仍存在很大的争议。

（三）台湾地区立法监督实践中的两岸协议

由于两岸协议的跨法域性和私协议性，两岸协议在签署后转化为两岸各自法域内法律体系的一部分前面临着两岸公权力机关尤其是台湾地区立法机关的监督。[1]在台湾地区的立法监督实践中，分歧不仅存在于两岸协议性质的定性方面，立法机构是否拥有两岸协议的监督权限、立法机构的监督权限范围等方面也存在较大的争议。其中，支持台湾地区立法机构监督两岸协议的认为，两岸关系具有高度敏感性，难免涉及“主权”认定，影响深远，台湾地区立法机构依据台湾地区“宪制性文件”第六十三条以及“两岸人民关系条例”第五条和第九十五条当然享有审议两岸协议的权力；反对两岸协议立法监督的则认为，立法介入两岸事务有侵犯台湾地区领导人缔约职权嫌疑，且违背立法、行政拆分立的“宪法”原则。[2]然而，无论是依据台湾地区“宪制性文件”和“两岸人民关系条例”，还是“释字第329号解释”和“释字第520号解释”，均无法排除台湾地区立法机构对两岸协议的监督权。在1993年立法和行政机构产生了两岸协议审议权限争议之后，为了使两岸协议处理程序法制化，台湾地区行政机构曾于1997年和1999年向台湾地区立法机构提出“台湾地区与大陆地区订立协议处理条例草案”，但由于立法与行政机构对草案主要条款争议过大，两次均未通过，台湾地区对两岸协议的立法监督仍然处于实践困境。

在立法监督实践中，行政机关与立法机关对两岸协议性质的认识仍难以统一。根据“两岸人民关系条例”，当两岸协议内容涉及“修法”或新订立“法律”时，需由台湾地区行政机构核转台湾地区立法机构审议通过方可生效；否则由台湾地区行政机构核定后，送台湾地区立法机构备查即可生效。[3]可见，从原则上看，“两岸人民关系条例”中关于台湾立法机构协议监督权的立场是明确的，即与台湾现行“法律”相冲突或属于“法律”保留事项的，才需送立法机构审议；否则，仅需备查。[4]由于“核定”与

---

① 参见周叶中、段磊:《论两岸协议的接受》，载《法学评论》2014年第4期。

② 参见林正义:《“立法院”监督两岸协议的机制》,载《台湾民主季刊》第六卷第一期,2009年3月。

③ 参见“两岸人民关系条例”第五条第二项。

④ 参见季烨:《台湾立法机构审议两岸服务贸易协议的实践评析》,载《台湾研究集刊》,2014年第2期。

“审议”才具有实质性的审查意义，且在实践操作中，“法律保留”的弹性较大，通常来讲，在立法权与行政权的分配与抗衡中，行政部门为最大限度地规避立法监督，除少数极为明显的涉及“修法”的议案外，一般倾向于认为两岸协议无涉及“修法”或者“人民权利义务”，从而将其视同行政命令；即使碍于事实承认协议涉及“修法”，不得不接受立法部门的审议监督时，行政部门也更乐意使用“推定同意”的方式以绕过立法机关可能进行的冗长的审议程序，2008年12月在台湾地区通过立法监督的两岸协议《海峡两岸海运协议》即属此类情况。[①]立法机关为了争取更多的监督权，则更倾向于将两岸协议视为“法律保留”事项。如2013年6月的《海峡两岸服务贸易协议》在签署后，台湾立法机构曾“先声夺人”作出党团协商结论，要求两岸服贸协议的文本和特定承诺表均应接受立法机构的逐条或逐项审查、表决，但台湾行政机构仍然于2013年6月29日以核定并送立法机构备查的方式处理了该协议。[②]

此外，在不同的政党利益导向下，国民党和民进党对两岸协议在立法机关的具体审议程序也存在不同的认知。一般说来，国民党通常认为两岸协议属于内政事务，当然不是国际条约；民进党则认为两岸协议属于“外交”事务，应该以“准条约”的方式处理，两种认知和立场都肯定了台湾地区立法机构的监督权。[③]就具体的审议程序是“二读”还是“三读”、能否跨越“委员会审查”阶段和是否“逐条表决”等方面，两党纷争不断。[④]究其根源，“二读”还是“三读”以及具体的审查方式对于两岸协议的生

① 参见周叶中、段磊：《论两岸协议的接受》，载《法学评论》2014年第4期。

② 参见季烨：《台湾立法机构审议两岸服务贸易协议的实践评析》，载《台湾研究集刊》，2014年第2期。

③ 参见台湾地区“行政院研究发展考核委员会”编印：《两岸协议推动过程——行政与立法机关权限及角色之研究》，2010年6月，第106页。

④ 参见周叶中、段磊：《论两岸协议的接受》，载《法学评论》2014年第4期。

效时间具有至关重要的影响。[①] 比如，2010 年两岸签署《海峡两岸经济合作框架协议》后，台湾岛内围绕该协议的审议程序再起分歧。“立法院职权行使法”第七条规定：“立法院依宪法第六十三条规定所议决之议案（法律案、预算案、戒严案、大赦案、宣战案、媾和案、条约案及国家其他重要之事项），除法律案、预算案应经三读会议决外，其余均经二读会议决之。”以国民党为首的泛蓝阵营为了适用“二读”程序，避免逐条审查，促进协议尽快通过，坚持将两岸协议比照台湾地区“宪制性文件”第六十三条的“条约案”；而以民进党为首的泛绿阵营则将其比照“法律案”坚持“三读”程序，以强化立法机关的监督，阻止两岸协议的顺利通过。[②] 最终，占台湾地区立法机构多数席位的泛蓝阵营获胜，采取了类似“条约案”的“二读”程序审议通过 ECFA。综合来看，在台湾地区立法监督的政治实践中，关于两岸协议的定性呈现出一种模糊甚至混乱的状态，政党往往依赖于其在立法机构中的多数席位来争取于己方有利的“解释”，关于两岸协议的定性也成为不同党派之间乃至不同部门之间政治利益的角逐场，这种实践困境使得两岸协议的立法监督的法制化的重要性进一步凸显。

（四）台湾地区主要学者学说

台湾一些学者也曾对两岸协议的法律性质问题进行过相关论述。与大陆学者普遍维护一个中国框架不同的是，台湾学者往往更强调两岸协议中台湾与大陆地位的对等性。比如，台湾学者姜皇池认为，“释字第 329 号解释”“仅明白排除两岸协议并非宪法所称之条约（国际书面协定），但并不当然代表该号解释认定两岸协议不是‘广义条约’”，因而倾向于“国际

① 参见季烨：《台湾立法机构审议两岸服务贸易协议的实践评析》，载《台湾研究集刊》，2014 年第 2 期。

② 参见周叶中、段磊：《两岸协议实施机制研究》，九州出版社 2015 年版，第 176—181 页。

条约说”。[①] 又如，台湾学者曾建元、林启骅认为，虽然两岸都没有以国际关系处理双方关系，但应比照“国际条约”，此为“准国际条约论”。[②] 再如，台湾学者苏永钦提出的“两岸协议说”，认为两岸协议具有其特殊性质，应当自成一体。[③] 此外，具有大陆学术背景的台湾律师戴世瑛还提出了“分阶段定位说”，即按照两岸协议存在场域的差别对协议给予不同的定性。[④]

不论是台湾学者，还是一些有特定目的的政治人物，在界定两岸协议的法律性质时，往往难以逃脱“立场定位”的范式，即基于一定的政治立场，先为理论研究预设一定结果，然后再运用理论构建的研究方法来获取基于政治立场而预设的结果。[⑤] 因此，其观点在很大程度上容易受到政治立场的影响。包括近几年两岸签署的《海峡两岸经济合作框架协议》和《海峡两岸服务贸易协议》，台湾学者乃至各方政治势力对于其法理定位依然处于不断的争论之中，究其实质，这种分歧所体现的并非单单是台湾理论界和政坛对法学理论或是法律规范的不同看法，而是以利益为导向的不同党派集团对两岸政治关系定位的不同立场和态度。关于两岸协议的法律性质，无论是台湾地区的立法监督实践还是理论界，均存在诸多争议和分歧，这种分歧掩盖了不同的政治利益的角逐，甚至为“台独”势力所利用。

此外，“台独”势力还将目光投向台湾地区的“宪政改革”，企图从中寻求有利的“宪制性”资源。从1990年至今，台湾地区已经进行了七

① 参见姜黄池:《论ECFA应适用条约审查程序》,载《新世纪智库论坛》第51期;周叶中、段磊:《论两岸协议的法理定位》，载《江汉论坛》2014年第8期。

② 参见曾建元、林启骅:《ECFA时代的两岸协议与法理法治》,载《中华行政学报》2011年第6期。

③ 参见苏永钦:《ECFA应当怎么审?》，载《中国时报》2010年7月1日，资料来源: http://www.np.org.tw/modules/tadnews/index.php?nsn=125，最后访问日期: 2018年7月23日。

④ 参见戴世瑛:《论两岸协议的法律定位》,《检察新论》第14期。

⑤ 参见祝捷:《两岸关系定位与国际空间——台湾地区参与国际活动问题研究》,九州出版社2013年版，第5页。

次“宪政改革”，1946年的“中华民国宪法”中的大部分条款已经被七个“宪制性文件增修条文”冻结，“台独”势力在“宪政改革”这一合法外衣的庇护下，隐蔽地从“宪政改革”中寻求“台独”的正当性与合法性基础，“制宪台独”“修宪台独”与“释宪台独”成为“台独”分子在“宪政改革”中从事“台独”活动常用的三种形式。[①] 由于“制宪台独”“修宪台独”面临较大的困难，具有高度隐蔽性的“释宪台独”成为“台独”分子新的选择。台湾地区“宪制性文件”及其“增修条文”中存在诸多模糊词句，因而“台独”分子会故意涉及一些敏感案件诱导台湾地区司法机构作出“台独”类型的“解释”。[②] “释字第329号解释”即属于这一类型。陈建平等八十四名“立法委员”，以汪辜会谈所达成的四项协议是否属于“条约”为起因，声请台湾地区司法机构“释宪”，其表面看是为解决立法机构与行政机构的“条约”审议权限纠纷，其实质是企图在声请“释宪”的合法外衣的掩护下试探享有高度权威的台湾地区司法机构对于两岸关系的态度，以期从中寻求有利解释。

值得庆幸的是，“大法官”并未落入“声请人”的政治圈套之中。在“释字第329号解释”多数意见“解释文”及“理由书”中，“大法官”详尽地解释“条约”的具体范围以及审议机关，并宣布与此冲突的“外交部”所订立的“条约及协定处理准则”应予以修改，最后以否定的方式对四项协议进行定性，即不属于“国际条约”，将四项协议排除于该号“解释”范围之外。[③] “大法官”并没有从正面来解释四项协议“是什么”，而是从反面界定了“不是什么”，既在一定程度上避开了“台独”分子所设计的雷区，又坚持了两岸关系并非国与国之间的关系，重申了台湾与大陆同属

① 参见周叶中、祝捷:《台湾地区“宪政改革研究”》，香港社会科学出版社有限公司2007年版，第352页、第368页。

② 参见周叶中、祝捷:《台湾地区“宪政改革研究”》，香港社会科学出版社有限公司2007年版，第368页、第382页。

③ 参见“释字第329号解释”多数意见“解释文”和“理由书”。

一个中国的事实，也使“台独”分子企图通过“释宪”的方式进行分裂活动的妄想落空。

（五）多数“大法官”的逻辑推演及四份“不同意见书”

在“释字第329号解释”多数意见“解释文”和“理由书”中，“大法官”先解释了台湾地区“宪制性文件”中“条约”的范围、内容、审议机关以及例外情形，然后按构建的上述理论模型，宣告系争之汪辜会谈所签订的四项协议并不属于台湾地区“宪制性文件”中的“条约”。“大法官”的推演共分为三步：

第一步，“大法官”阐述了台湾地区“宪制性文件”所称“条约”的具体内容和范围，构建了广义的“条约”的体系。多数“大法官”依据台湾地区“宪制性文件”中涉及“条约”一词的条文，参考国际法的基本原理，以扩大解释的方法解释了台湾地区“宪制性文件”中的“条约”内容及范围，即不仅包括“中华民国与其他国家或国际组织所缔约之国际书面协定”，还包括“用条约或公约之名称，或用协定等名称而其内容直接涉及国家重要事项或人民之权利义务且具有法律上效力者”，构建了广义上的“条约”体系。①

第二步，“大法官”依据所构建的广义的“条约”的体系，确认不同类型的“条约”的审议机关，即哪些“条约”需要送台湾地区立法机构审议，哪些仅需主管机关或按一般行政程序处理。依照第一步中的广义的“条约”的体系，“大法官”宣告“其中名称为条约或公约或用协定等名称而附有批准条款者，当然应送立法院审议，其余国际书面协定，除经法律授权或事先经立法院同意签订，或其内容与国内法律相同者外，亦应送立法院审议”，“其无须送立法院审议之国际书面协定，以及其他由主管机关

① 参见“释字第329号解释”多数意见“解释文”。

或其授权之机构或团体签订而不属于条约案之协定，应视其性质，由主管机关依订定法规之程序，或一般行政程序处理”，确认了完整的“条约”审议规则。[①]

第三步，“大法官”认定“声请书”中的两岸四项协议不属于广义的“条约”的体系，因而不适用所确立的“条约”的审议规则。“大法官”以四项协议系属“台湾地区与大陆地区间签订之协议”为由，认定其不属于广义的“条约”的体系，因而当然不适用第二步所确立的“条约”的审议规则，不在本案解释的范围。

由此可见，多数“大法官”通过以上三个步骤的逻辑推演，确认了两岸四项协议的性质不属于国际条约，从而将其排除于本案解释的范围之外。

关于本案，共有四份“不同意见书”。“大法官”张特生的一部“不同意见书”认为，就“声请书”上的第一个关于“条约”一词的内容及范围问题，“解释文”存在三大问题：第一，“解释文”中对“条约”的内容界定中附加的“直接涉及国家重要事项或人民之权利义务”等条件与台湾地区“宪制性文件”意旨及“国家法”原理相悖，且“重要事项”难以认定。[②]第二，“解释文”中提及“其内容与国内法律相同者”不必送台湾地区立法机构审议，既有忽略“国家”和台湾地区立法机构同意权的嫌疑，又容易造成内容与“国内法律”不完全相同的“条约”的漏审。[③]第三，“条约”的缔结者需具有国际法主体地位，然而“理由书”中的“其他由主管机关或其授予之机构或团体签订而不属于条约案的协定无需送审”和前段的经授权的任何“我国”及外国团体所缔结的协定均视为有“条约”的效力前后矛盾。[④]就“声请书”上的后三个问题，张特生“大法官”采用

① “释字第 329 号解释”多数意见“解释文”和“理由书”。

② 参见“释字第 329 号解释”“大法官”张特生“不同意见书”。

③ 参见“释字第 329 号解释”“大法官”张特生“不同意见书”。

④ 参见“释字第 329 号解释”“大法官”张特生“不同意见书”。

了“政治问题不审查”和结果取向的新型解释方法，认为后三个问题涉及高度政治性，介入过多反而损害司法的立场与尊严，不宜解释，且台湾地区立法机构与行政机构职权之争和“条约及协定处理准则”是否为“违宪”已有相关法律依据，司法机关没有以“释宪”方式解决的必要。[①]故张、陈两位“大法官”主张，凡符合台湾地区“宪制性文件”意旨的国际书面协定，不论名称为何，均应送台湾地区立法机构审议，其他问题则由立法和行政两机关协商决定或依台湾地区“宪制性文件”第五十七条第二、三项所规定的程序解决。[②]张氏参考了“释字第 328 号解释”的先例，以“政治问题不审查”为由，将四项协议排除在解释之外。

另一位持有不同意见的“大法官”杨与龄主张，司法机关受理声请案件，应先审查声请程序是否合法。本件声请“既未提经立法院院会讨论，亦非由声请释宪案未获通过之少数立法委员提出，又非合并于相牵连之合法受理案件办理”,[③]因此“大法官”只能依法作出程序上的解释。“解释文”实体上的解释不仅有悖于保护少数党“议员”“释宪声请权”的法制意旨，其对“外交部”所订的“条约及协定处理准则”的解释，“实乃是以行政命令抵触宪法为解释对象，自欠妥洽，亦应删除”。[④]由此可见，“大法官”杨与龄从声请程序上也将四项协议排除在实体解释之外。

“大法官”李志鹏并未对四项协议的定性发表异议，但其主要采用了传统的文义解释、论理解释、体系解释和新型的“宪法解释宪法”等方法认定本号“解释”中有三处“违宪”：首先，“解释文”中“事先经立法院同意签订”的条约无须送台湾地区立法机构审查的解释违反了台湾地区“宪制性文件”第三十九条、第五十八条第二项及第六十三条等规定。[⑤]其

① 参见“释字第 329 号解释”“大法官”张特生“不同意见书”。

② 参见“释字第 329 号解释”“大法官”张特生“不同意见书”。

③ “释字第 329 号解释”“大法官”杨与龄“不同意见书”。

④ “释字第 329 号解释”“大法官”杨与龄“不同意见书”。

⑤ 参见“释字第 329 号解释”“大法官”李志鹏“不同意见书”。

次，依据台湾地区“宪制性文件”第三十九条，仅台湾地区领导人及其授权的全权代表可以代表“中华民国”缔结“条约”，但“理由书”中的缔结主体还包括“主管机关授权之团体及机构”，显然“违宪”。[①]最后，“立法委员”请求解释的客体，仅限于台湾地区“宪制性文件”和“法律”，不包括行政命令，因此，多数意见“理由书”中对“外交部”所订的“条约及协定处理准则”的解释违法。[②]

“大法官”李钟声主要使用了“政治问题不审查”和结果取向解释的方法，主张本件“解释”不仅违背了美国、日本、德国等一般宪政国家实施释宪制不受理政治问题的通例和先前的“释字第328号解释”的先例，而且有舍弃台湾地区“宪制性文件”明文规定的解决“宪政”权限争议的正当程序而去声请司法审查权作“违宪”解释的嫌疑。李氏认为“解释文”中对“协定的内容”、台湾地区立法机构事先同意签订协定等解释并不明确，容易产生争议，且严重违背先前的“释字第328号解释”，本案攸关“宪政”争议的政治问题，如果解释，后果堪虞。[③]“大法官”李钟声的解释方法与“大法官”张特生对“声请书”后三个问题的解释有异曲同工之处。

综合来看，“释字第329号解释”主要采取了“宪法理论+规范分析”的模式，多数意见“解释文”中并未触碰四项协议性质的实质问题，而是运用国际法理论构建了关于“条约”的理论，结合台湾地区“宪制性文件”相关条文以及其他“法律”，从而否定了四项协议的国际条约性质，[④]至于四项协议具体该如何审议并未过多提及。此后，台湾“法务部”的“大陆法规委员会”作出决议指出，两岸协议的定性应依其协议内容而论，协议

① 参见“释字第329号解释”“大法官”李志鹏“不同意见书”。

② 参见“释字第329号解释”“大法官”李志鹏“不同意见书”。

③ 参见“释字第329号解释”“大法官”李钟声“不同意见书”。

④ 参见周叶中、祝捷:《我国台湾地区“司法院大法官”解释两岸关系的方法》,载《现代法学》2008年第1期。

内容如与人民权利义务有关，“或依宪法第六十三条规定属‘国家重要事项’，经立法院审议通过者，为相当于‘准条约’；其余人民权利义务无关者，经主管机关许可，为相当于‘准行政协议’”。[①] 这样，关于两岸四项协议的定性和审议机关的争议暂时告一段落。

“释字第 329 号解释”作为最早的一批制度型“宪法解释”，既继承了最早的“释字第 328 号解释”所确立的“政治问题不审查”的重要原则，还开启了通过“宪法解释”影响两岸关系定位的模式，也为后来的“释字第 467 号解释”“释字第 481 号解释”等制度型“解释”奠定了基础。此外，“释字第 329 号解释”对两岸关系产生了巨大影响，它不仅击碎了“台独”分子妄图从“大法官”之口寻求“台独”法律依据的美梦，还宣告了两岸协议并非国际条约，台湾与大陆非国与国的关系，从而重申了一个中国原则和底线。由于“释字第 329 号解释”具有与台湾地区“宪制性文件”同等的法律效力，它也将对之后的“宪法解释”以及台湾政治活动产生法律上的约束力。

【延伸思考】

“释字第 329 号解释”对两岸关系产生了重大影响，但并非毫无问题。本案有四份“不同意见书”，“大法官”张特生、杨与龄、李志鹏以及李钟声都针多数意见中的观点提出了质疑，台湾学理界也有诸多不同看法，下面主要从中提取三个核心问题，以供思考斟酌：

第一，为什么“大法官”选择用否定的方式界定两岸协议的属性？这是否反映出“大法官”的一种回避态度？在本案中，“大法官”并没有直面两岸协议的问题，也没有明确两岸协议究竟是什么性质，而是采用了一种更迂回、更保守的方式给了两岸协议一个否定性解释，即否定了两岸协

① 《海基与海协两会签署协议法律效力确定》，载台湾《中国时报》1993 年 7 月 10 日。

议属于“国际书面协定”，至于两岸协议是什么不再深入解释，既给司法保留了回旋余地，也给台湾地区立法与行政部门乃至两岸的公权力机关留下了思考的空间。其实，“大法官”这种回避甚至抗拒政治敏感问题的解释态度在台湾的“宪法解释”中并非个例，在比“释字第329号解释”颁布稍早的“释字第328号解释”中，这种态度表现得尤为明显，对“声请人”所声请的“固有疆域”问题，“大法官”以其“为重大之政治问题，不应由行使司法权之释宪机关予以解释”为由，拒绝解释。在之前的权利型案件诸如“释字第242号解释”“释字第265号解释”以及后来的“释字第475号解释”“释字第479号解释”“释字第497号解释”等“解释”中，“大法官”也尽量以权利话语包装两岸问题。综合来看，台湾地区“大法官”总是试图通过一些解释方法和技巧乃至宪政原则的运用，避免与两岸关系等政治敏感问题正面接触，即使解释也谨言慎行，尽力寻求法律的庇护。“大法官”为什么要采行这种谨慎的态度？是为了遵循“政治问题不审查”保持司法中立的国际通行惯例和“释字第328号解释”先例，保持司法与政治的距离？还是为了避免触及两岸问题的某些“红线”？抑或以退为进，巧妙地达到了既解释又不触犯原则之间的平衡？尽管“大法官”这种做法于两岸关系的正面定性直接帮助不大，但由于“宪法解释”具有与台湾地区“宪制性文件”同等的效力，从“释字第328号解释”“解释文”里有关两岸协议非属“国际书面协定”的话语中可挖掘出的两岸非属国与国的关系的法治资源可以作为“一个中国”的有力佐证，同时，“大法官”在解释中一贯的谨慎态度值得进一步思考。

第二，在“释字第329号解释”的“不同意见书”中，“大法官”张特生与李钟声均认为本案涉及政治问题，不宜进行实质审查。其中，“大法官”张特生认为“声请书”所载的后三个问题因其高度政治性不宜审查，“大法官”李钟声则认为四个问题均为政治问题，在程序上就应当不予受理，将“政治问题不审查”的原则贯彻地更为彻底。那么，究竟什么是

“政治问题不审查”？本案中的“条约”事项是否像“释字第328号解释”中的“领土”事项一样属于政治问题？在“释字第328号解释”中，政治问题原则首次被“大法官”提出并运用于“宪法解释”中，“释字第328号解释”“解释文”中指出，“其所称固有疆域范围之界定，为重大之政治问题，不应由行使司法权之释宪机关予以解释”，以“政治问题不审查”为由将“固有疆域”问题排除在解释之外。[①]“释字第328号解释”开台湾地区“大法官”不审查政治问题之先河，对后来的“宪法解释”影响颇深，但实质上，“释字第328号解释”并未对何为政治问题以及政治问题为何可以不受审查作出进一步说明。[②]在本案中，“大法官”仍未对政治问题予以界定，但提出了不审查政治问题的理由，如“大法官”张特生指出，“大法官虽可就抽象之宪法疑义为解释，然对显然牵涉高度政治性之问题，仍宜自我节制，若介入过多，不惟易致越权之机，且治丝愈棼，可能招怨致尤，有损司法之立场与尊严”；[③]“大法官”李钟声则认为，“此一原则系奠基于分权理论，政府之行政、立法、司法三部门，均为宪法机关，均应自主与互相尊重”。[④]后来的“释字第419号解释”开始对政治问题进行明确的界定，即“按政治问题或类似之概念（如统治行为或政府行为）所指涉之问题，应由宪法上之政治部门（包括行政及立法部门）作政治之判断，而非属可供司法裁决之事项”。[⑤]如果以“释字第419号解释”的解释为准的话，本案中的“条约”问题能否归于不受审查的政治问题的范围？具体来看，本案中的第一个问题关于“条约”内容及范围因涉及台湾地区“宪制性文件”中具体条文的具体适用，或许很难完全归为“政治部门”的

① 参见“释字第328号解释”“解释文”和“理由书”。

② 参见曾建元:《两岸事务与司法控制——司法院大法官议决释字第三二九号解释评释(上)》,载《法令月刊》50卷第2期，1999年2月。

③ “释字第329号解释”“大法官”张特生“不同意见书”。

④ “释字第329号解释”“大法官”李钟声“不同意见书”。

⑤ “释字第419号解释”多数意见“理由书”。

"政治判断"，第二、三个问题涉及立法与行政部门对"条约"以外的国际协定的监督权界限，虽属"宪法上之政治部门"的事项，但因其涉及立法与行政权的划分，也难以完全归为"政治之判断"，因此，如果以"政治问题不审查"为由将第二、三个问题均排除于解释范围之外，恐怕经不起推敲。第四个关于"条约及协定处理准则"是否"违宪"的问题，因其本身行政命令的性质就不属于申请解释的对象，也不必以政治问题予以回避。综合来看，由于"条约"会涉及众多问题，很难一概归为政治问题而拒绝审查，具体问题应当具体分析，个中原因，都值得探讨。

第三，本案涉及台湾地区立法与行政机构之间关于两岸协议的监督权限划分以及立法机构的监督权限度问题。在"释字第329号解释"中，"大法官"通过认定两岸协议非属国际条约，规避了台湾地区立法机构对两岸协议的监督权限问题，但无论是从台湾地区的法律规范、立法监督实践还是法理学界来看，立法机关对两岸协议的监督权限难以被完全否定。那么，立法机关对两岸协议的监督权有无限度要求？比如，台湾地区立法机构享有的是审议权还是备查权？是事前可以参与协商、事中可以参与谈判还是事后仅能进行审查？根据后来台湾"法务部"的"大陆法规委员会"作出的决议，两岸协议的定性应依其协议内容而论，协议内容如与人民权利义务有关，"或依宪法第六十三条规定属'国家重要事项'，经立法院审议通过者，为相当于'准条约'；其余人民权利义务无关者，经主管机关许可，为相当于'准行政协议'"，[①] 台湾地区立法机构仅对"与人民权利义务有关"和属于"国家重要事项"的协议享有事后审议权。尽管有此规定，台湾各界对这一问题仍争论不休。整体说来，台湾地区立法机构对两岸协议的参与采取较为积极的主张，希望对两岸协议能有事前审议权，最好能有参与谈判的空间，但台湾学者诸如廖元豪等人则较多强调事后审议的监督

① 《海基与海协两会签署协议法律效力确定》，载台湾《中国时报》1993年7月10日。

权限。[1]2000年12月，台湾地区立法机构为实时监督两会协商，设置了“两岸事务因应对策小组”，但该小组未发挥功能，加之台湾地区立法机构没有处理两岸事务的专门委员会，导致台湾地区立法机构推动监督行政机构处理两岸事务颇受限制。[2]由于立法机关对两岸协议的监督权限关乎台湾地区的“宪政”体制和三权分立背景下的各方利益，因此，其监督权限的问题亦值得深思。

除上述问题外，“释字第329号解释”中还存在一些其他的争议点，比如，声请“大法官”解释的标的范围是什么？“声请人”需要具备什么资格才算程序合法？海协会和台湾海基会性质仅仅是民间组织吗？两岸协议的审议能否参考两德、两韩等分裂国家的经验？台湾学界已有学者开始重视这些问题并提出部分观点，此处不再一一涉及。

（本篇作者：宋静，中共湖北省委党校政法教研部教师，武汉大学法学博士）

① 参见台湾地区：“行政院研究发展考核委员会”编印：《两岸协议推动过程——行政与立法机关权限及角色之研究》，2010年1月，第60—62页。

② 参见林正义：《立法院监督两岸协议的机制》，载《台湾民主季刊》第六卷第一期，2009年3月。

案评六 “释字第475号解释”:“国债”延缓清偿案

【案情要览】

1949年，国民党统治集团退踞台湾后，对大陆采取了“汉贼不两立”的政治对立政策。1987年，台湾当局调整政策，开放了台湾居民赴大陆探亲，并在经济、文化交流方面采取了一些开放措施，海峡两岸近三十年的隔绝状态被打破。[①] 与此同时，大量亟待两岸共同处理的民事、刑事等事务逐渐衍生。为规范台湾与大陆人民之间的经济、贸易、文化等法律事务，1992年，台湾当局立法机关依据台湾地区“宪制性文件增修条文”第十一条的授权制定并颁布了“两岸人民关系条例”。该条例第六十三条第三项规定:“国家统一前，下列债务不予处理:一、民国三十八年以前在大陆发行尚未清偿之外币债券及民国三十八年黄金短期公债。二、国家行局及收受存款之金融机构在大陆撤退前所有各项债务。”据此，台湾当局延缓了债权人对台湾当局债券的行使。[②]

1997年，台北地方法院在审理1996年的“李佩秋请求兑现无记名证券”一案时，认为“两岸人民关系条例”第六十三条第三项的规定“限制

① 参见苏美祥:《近40年来两岸经贸关系发展:多维观察与前景展望》,载《现代台湾研究》2018年第4期。

② 参见“释字第475号解释”“理由书”。

原告请求国家清偿国库券债务”，不仅侵害了台湾地区“宪制性文件”所保障的财产权这一基本权利，与台湾地区“宪制性文件”第十五条“人民生存权、工作权及财产权，应予保障”中保障人民财产权意旨相抵触，严重违背了法治国家的信赖保护原则和法律理念，还违反了“释字第400号解释”确立的司法惯例以及国际通行惯例，因而不应当适用。[①]随后，台北地方法院法官林瑞斌依据“释字第371号解释”声请“大法官”解释系争条文，并宣告“两岸人民关系条例”的第六十三规定无效。

因此，本案的系争点在于:“两岸人民关系条例”第六十三条第三项所规定的关于1949年以前国民政府在大陆发行的“国库债券”于“国家统一前”不予处理的规定是否“违宪”。

【解释要点】

“大法官”针对本案作成“释字第475号解释”，肯定了债权人债权的合法性，同时指出由于“国家发生重大变故”，立即清偿债务对台湾地区人民显失公平，并宣告了“两岸人民关系条例”系基于“宪制性文件增修条文”的明确授权而制定，并不存在违反台湾地区“宪制性文件”及“宪制性文件增修条文”意旨的情形。

根据“释字第475号解释”“解释文”及“理由书”，“大法官”首先指出，台湾地区“宪制性文件增修条文”系“国民大会”“为因应国家统一前之需要”，依据台湾地区“宪制性文件”第二十七条第一项及第一百七十四条第一项的规定而制定，而“宪制性文件增修条文”第十一条已授权立法机关对台湾与大陆地区间人民权利义务关系“得以法律为特别之规定”，因而，“两岸人民关系条例”的制定有着充分的台湾地区“宪制性文件”依据；其次，“大法官”明确了“政府于中华民国三十八年以前

① 参见“释字第475号解释”“声请书”。

在大陆地区发行之国库债券，系基于当时国家筹措财源之需要，且以包括当时大陆地区之税收及国家资产为清偿之担保”，肯定了债权发行的正当性与合法性；同时，“大法官”亦指出，由于“国家发生重大变故”，“此一债权担保之基础今已变更”，若立即清偿，金额巨大的债务“势必造成台湾地区人民税负之沉重负担”，“显违公平原则”，此为债权必须延缓行使的现实因素；再次，“大法官”提出，台湾地区“宪制性文件”保障人民的自由权利，只有符合台湾地区“宪制性文件”第二十三条规定的要件，立法机关才可以法律形式对人民权利做适当的限制，明确了公权力限制人民自由权利的法定要件；最后，“大法官”指出，“两岸人民关系条例”系立法机关基于“宪制性文件增修条文”第十一条规定的明确授权而制定的特别规定，其第六十三条第三项虽对人民的财产权有所限制，但符合台湾地区“宪制性文件”第二十三条规定限制人民自由权利的要件，因此，“条例”第六十三条第三项并不“违宪”。[①] 总之，不论是从现实因素还是从“法律”的角度考量，延缓债权人对“国家”债权的行使，均具有合理性和正当性。

在解释方法上，“释字第 475 号解释”“解释文”和“理由书”主要使用了历史解释、体系解释和论理解释等传统的解释方法以及结果取向解释的新型解释方法。“大法官”从“国库债券”发行的历史背景出发，肯定了其合法性，并指明若立即清偿金额巨大的债务可能造成的结果，即势必造成台湾地区人民的沉重税负。此外，“大法官”将台湾地区“宪制性文件”“宪制性文件增修条文”和“两岸人民关系条例”构建成一个体系，阐述了其内在逻辑和依据，力证了“两岸人民关系条例”的“合宪性”。作为一个权利型的“宪法解释”，“释字第 475 号解释”“解释文”和“理由书”中多次出现的“为因应国家统一前之需要”“自由地区”“大陆地

① 参见“释字第 475 号解释”“解释文”和“理由书”。

区”“国家发生重大变故”“政府迁台”等表述，明显流露出“大法官”支持两岸同属一个中国的政治态度，“两岸人民关系条例”的“合宪性”也使之成为维护一个中国原则的重要法律规范，因此，“释字第475号解释”对于两岸坚持“九二共识”、维护一个中国框架具有重大意义。

【理论评析】

“释字第475号解释”中最亮眼的是对“国家发生重大变故”理论的运用。“大法官”以“国家发生重大变故”为由，指出“国民政府”于1949年退台前在大陆地区发行的“国债”担保基础已经变更，主张遵循公平原则，依据“国家统一”前的“法律”特别规定，延缓债权人的债权行使。以下主要从“国家发生重大变故”和“国家统一”两大理论方向出发，具体从“国家发生重大变故”理论的创设和运用、内涵和缺陷、“国家统一”目标对本案的积极影响以及“大法官”的逻辑推演四个角度对本号“解释”进行评析。

（一）“国家发生重大变故”理论的创设和运用

与从国外借鉴的政治问题原则不同的是，“国家发生重大变故”理论系台湾地区“大法官”在特殊的政治背景下通过一系列的“大法官解释”自行创设的理论，其创设过程主要体现在1987年台湾地区“戒严”解除前的“释字第31号解释”“释字第85号解释”“释字第117号解释”等一系列“大法官解释”之中，并在后来的“释字第242号解释”“释字第261号解释”“释字第265号解释”和“释字第475号解释”等“解释”中不断得到实践和发展。

“释字第31号解释”颁布于1954年，解决了国民党退台后面临的第一届“立法委员”和“监察委员”能否继续行使职权的棘手问题。“大法官”认为，“惟值国家发生重大变故，事实上不能依法办理次届选举时，若听任立法、监察两院职权之行使陷于停顿，则显与宪法树立五院制度之本旨相违”，并依此作出了第一届“立法委员”和“监察委员”继续行使职权的判决。[①]“释字第31号解释”不仅为国民党政府“法统”延续的正当性背书，还首次提出了“国家发生重大变故”的表达方式，并将之运用于“大法官解释”的论证体系之中，为之后一系列的“宪法解释”树立了司法先例。

1960年，为了解决台湾地区“国大代表”总额的计算标准问题，台湾地区司法机构“大法官”颁布了“释字第85号解释”。根据“国民大会组织法”的规定，须半数以上“国大代表”参加才能召开会议，但由于国民党退台时，一半以上的“国大代表”并未来台，因此“国民大会”会议召开的最低“代表”限额在实践中难以达到。[②]在“释字第85号解释”中，“大法官”承认了“查宪法及法律上所称之国民大会代表总额在国民大会第一次会议及第二次会议时虽均以依法应选出代表之人数为其总额”，但同时指出“自大陆沦陷国家发生重大变故已十余年，一部分代表行动失去自由，不能应召出席会议，其因故出缺者又多无可递补”，主张在“当前情况较之以往既显有重大变迁”之际，“尊重宪法设置国民大会之本旨，以依法选出而能应召在中央政府所在地集会之国民大会代表人数为国民大会代表总额”。[③]“释字第85号解释”是继“释字第31号解释”之后又一次成功运用“国家发生重大变故”理论解决含有两岸政治敏感因素的“大法官解释”难题的典范。

“释字第117号解释”颁布于1966年，是针对“第一届国民大会代表

① 参见“释字第31号解释”“解释文”。

② 参见周叶中、祝捷:《台湾地区“宪政改革”研究》，香港社会科学出版社有限公司2007年版，第386页。

③ “释字第85号解释”“理由书”。

出缺递补补充条例”第三条第一款及第四条中有关限制“国民大会代表”候选人遇缺递补的规定是否“违宪”的问题形成的“大法官解释”。① 在“释字第117号解释”中，“大法官”指出，“第四条所定候补人有此情形者丧失其候补资格，乃因中央政府迁台后，为适应国家之需要而设，与宪法有关条文尚无抵触”。② 本号“解释”中虽然并未直接出现“国家发生重大变故”的表述，但“乃因中央政府迁台后，为适应国家之需要而设”的意涵与“国家发生重大变故”并无本质上的区别，可以说，“释字第117号解释”是对“国家发生重大变故”理论的一次隐形运用。

与“释字第117号解释”案情类似的是颁布于1977年的“释字第150号解释”，它解释了台湾地区行政机构“第一届立法委员遇缺停止递补的规定”是否“违宪”的难题。在“释字第150号解释”中，“大法官”并未直接将“国家发生重大变故”理论纳于论证体系进行推理演绎，但在“解释文”和“理由书”中肯定了先前的“释字第31号解释”以及其中对“国家发生重大变故”理论的运用。同时，“大法官”引入了规范分析的新方法，指出“释字第31号解释”并非变更第一届“中央民意代表”任期的规定，从而增强了“国家发生重大变故”理论的说理性。③

以上四个“大法官解释”为延续“中华民国”的“法统”提供了法律依据，解决了国民党退台后“中央民意机关”的地位问题，同时，“大法官”通过这一系列的“解释”，逐渐创设了“国家发生重大变故”的表达方式，为日后“大法官”触及两岸关系定位提供了论证模式和思路。④ 这一模式在后来的诸多“大法官解释”中也得到了进一步的展现和演绎。

---

① 参见林纪东：《大法官会议宪法解释析论》，台北：五南图书出版社1983年版，第270页。

② “释字第117号解释”“理由书”。

③ 参见周叶中、祝捷：《我国台湾地区“司法院大法官”解释两岸关系的方法》，载《现代法学》2008年第1期。

④ 参见周叶中、祝捷：《台湾地区“宪政改革”研究》，香港社会科学出版社有限公司2007年版，第388页。

此后，到了1989年，权利型的“大法官解释”中也开始引用“国家发生重大变故”理论。例如，“释字第242号解释”以“国家遭遇重大变故”为由，认定1949年后赴台人员在台婚姻与一般重婚事件的不同，宣告其“合法”。该号“解释”将“两岸隔绝”作为解释的依据，默认了两岸事实上的分离状态，与之前的将统一作为主流意识形态的“大法官解释”相比，增加了些许分裂观念。[①]

在两年后的“释字第261号解释”中，“大法官”再一次肯定了“释字第31号解释”中对“国家发生重大变故”这一模式的运用，但同时指出，“为适应当前情势，第一届未定期改选之中央民意代表除事实上已不能行使职权或经常不行使职权者，应即查明解职外，其余应于中华民国八十年十二月三十一日以前终止行使职权”，并应当适时举行选举。[②]也就是说，“释字第261号解释”一方面肯定了之前的“释字第31号解释”对“国家发生重大变故”理论的应用，另一方面已不再将该理论作为解释的理由，反而使用了一个更为模糊的“当前形势”的表述以另外一种方式延续着传统，“国家发生重大变故”理论沦为了被批判和扬弃的对象。[③]

此外，“国家发生重大变故”理论还被“大法官”运用于其他权利型的“大法官解释”之中。例如，“释字第265号解释”将限制大陆人民入境的“法律”解释为“合宪”，“释字第475号解释”则以“国家遭遇重大变故”为由延缓1949年前国民党政府在大陆发行债券的债权人对当局行使债权。诸如此类，此处不再赘述。

“大法官”通过一系列“大法官解释”创设的“国家发生重大变故”理论，践行着“从司法实践中来，到司法实践中去”的认知规律，不仅为

① 参见周叶中、祝捷:《台湾地区“宪政改革”研究》，香港社会科学出版社有限公司2007年版，第388—389页。

② “释字第261号解释”“解释文”。

③ 参见周叶中、祝捷:《我国台湾地区“司法院大法官”解释两岸关系的方法》，载《现代法学》2008年第1期。

后来诸多的“宪法解释”提供了可供借鉴的论证模式和思路，也为日后“大法官”触及两岸关系定位提供了弹性空间。

（二）“国家发生重大变故”理论的内涵和缺陷

由“国家发生重大变故”理论的创设过程可以看出，台湾地区“大法官”在早期的“释字第31号解释”“释字第85号解释”和“释字第117号解释”中并未对这一理论进行详细的阐述和论证。“大法官”似乎认为，“国家发生重大变故”的表达方式已然足够清晰，其正当性显而易见不需要过多的论证，因此，该理论在“宪法解释”具体运用的过程中，“大法官”基本上是直接以“国家发生重大变故”作为论据进行论证，少量地辅以“当前情形”“大陆沦陷”“中央政府迁台后”“为适应国家之需要”等字眼。整体来看，20世纪60年代早期“大法官”对“国家发生重大变故”理论的套用简单机械，论证亦显得苍白无力，究其原因，彼时国民党从大陆败退到台湾不久，面临着制定于大陆、原本预备适用于“全中国”的1946年“中华民国宪法”与退台后“小台湾”窘境之间的法律困境，[①] 负责“宪法解释”的台湾地区司法机构“大法官”自然要承担起这一责任，借助“大法官解释”对“中华民国”“法统”的正当性进行维护。此时，经验积累尚不成熟的“大法官”尚不能娴熟地运用法律语言和解释技巧去处理和包装两岸关系却又被社会政治现实所迫对诸多涉及“法统”的政治问题进行解释，因此，“大法官”简略地创设了“国家发生重大变故”这一便于机械套用和简单论证的新模式也就不足为奇了。

这种状况在20世纪70年代后期得到了改善。随着台湾地区“大法官”处理两岸关系经验的积累，“国家发生重大变故”理论在后来的“释

① 参见周叶中、祝捷:《我国台湾地区“司法院大法官”解释两岸关系的方法》,载《现代法学》2008年第1期。

字第150号解释”“释字第242号解释”“释字第261号解释”“释字第265号解释”和“释字第475号解释”等“解释”中说理性得到了增强，论证也更加充分。“大法官”引入了规范分析的新方法，对涉案的一些台湾地区“宪制性文件”和“法律”条文进行简要分析，同时在一些权利型“大法官解释”中增加了权利型话语的说理和论证。论证相对简单且便于借鉴的“国家发生重大变故”理论在“大法官解释”中得到了多次运用，“其影响甚至波及1990年后的‘大法官解释’，作用范围也不限于‘法统’型解释”。①

“国家发生重大变故”理论依托于国民党退台后最初的几十年的特殊政治背景而产生。在台湾地区的政治话语体系中，“国家”指的是“中华民国”，而“重大变故”则是指代国民党败退到台湾、“中央政府”退台这一历史事件。由“国家发生重大变故”的内涵可以看出，该理论充斥着政治话语而缺少法律意味，几乎是直接将“两岸分治”的社会政治现实作为“大法官解释”中的论证依据，并成为诸多“大法官解释”论证的起点和基础。“国家发生重大变故”理论体现了显著的政治特性，这极大地便利了处于特殊时代背景下的“大法官”在面对政治问题时对该理论顺手拈来、灵活演绎和为我所用。以“释字第160号解释”为标志，“国家发生重大变故”理论在此之前是台湾当局维系“法统”、保持“全中国政府”形象的借口，而在此之后，该理论则蜕变为台湾当局维持两岸分离、区别对待两岸人民的托词。②但另一方面，这种依附于政治的不稳定性也使得“国家发生重大变故”理论在政治浪潮退却时难以逃脱因自身缺陷而终将被取代的宿命。

---

① 周叶中、祝捷:《我国台湾地区“司法院大法官”解释两岸关系的方法》,载《现代法学》2008年第1期。

② 参见周叶中、祝捷:《我国台湾地区“司法院大法官”解释两岸关系的方法》,载《现代法学》2008年第1期。

“国家发生重大变故”理论存在说理不足、适用机械化等问题，但其最主要的缺陷在于该模式没有“宪法”依据。如果说在“戒严”时期，“国家发生重大变故”理论尚能通过所谓的“动员戡乱时期临时条款”勉强推出，在“戒严”解除后，这一仅存的基础已不复存在；再加上台湾当局1990年后推行意图去除统一符号的所谓的“民主化”和“本土化”政策，“国家发生重大变故”的意识逐渐从台湾民众心理褪去，该模式成为一个完全无任何法律依据的“空中楼阁”。[①]不论是“释字第117号解释”中在“国家发生重大变故”理论基础上引入的规范分析的方法，还是“释字第261号解释”中“大法官”对该理论的模糊化处理，抑或后来的“释字第328号解释”对“政治问题不审查”等新兴解释方法的引进，都标志着台湾地区“大法官解释”中“国家发生重大变故”理论逐渐让位于其他更加法律化的规范分析模式。

“释字第475号解释”所运用的核心理论“国家发生重大变故”尽管创设于台湾地区的政治话语体系并充斥着政治意味，但其对“国家”因“重大变故”并导致两岸治权分离这一社会事实的承认，无疑坚持了两岸同属一个中国的立场，只是“一中”的政治含义因政治立场的不同而各有所持。彼时正值20世纪末期台湾地区“宪政改革”的第二阶段，李登辉上台并利用政治权力不断谋求“台独”，台湾的政治环境开始“变天”。[②]在这种紧张的政治局势下，台湾地区“大法官”颁布的“释字第475号解释”摒弃了“台独”立场，仍然坚持了一个中国原则，对稳定台湾地区的政治局势和坚持“九二共识”起到了一定的积极作用，其法律意义已然超越其政治色彩。

---

① 参见周叶中、祝捷：《我国台湾地区“司法院大法官”解释两岸关系的方法》，载《现代法学》2008年第1期。

② 参见周叶中、祝捷：《台湾地区“宪政改革”研究》，香港社会科学出版社有限公司2007年版，第36页。

（三）“国家统一”目标的积极意义

除了“国家发生重大变故”理论，“释字第475号解释”“解释文”和“理由书”中使用的“国家统一”表述也值得进一步分析。该号“解释”的“解释文”和“理由书”为了论证“宪制性文件增修条文”的“合宪性”，首句即使用了“为因应国家统一前之需要”的论述，奠定了该号“解释”支持两岸统一立场的基调。这种表述在台湾地区的法律规范中并非首次出现，台湾地区的“宪制性文件增修条文”的开篇和“两岸人民关系条例”的第一条均明确了以“国家统一”为终极目标，除了“释字第475号解释”外，“释字第467号解释”“释字第497号解释”“释字第618号解释”和“释字第710号解释”等“宪法解释”中也曾多次出现“国家统一”的论述。尽管随着台湾地区的历次“宪政改革”，“大法官”对“国家统一”目标的重视逐渐趋于冷淡，但其在两岸关系上的积极意义不容忽视。

“国家统一”目标的意义不仅止于其支持两岸统一的内涵本身，它对于其他理论也会起到强化和补充的作用。严格来说，在“释字第475号解释”中，“国家发生重大变故”作为一个政治性的概括理论，极易产生歧义。比如，“国家发生重大变故”通常被解释为：由于国民党统治集团在内战中失利，“中央政府”为了保全“国家”的整体利益暂时退居台湾，但大陆和台湾仍然都属于“中华民国”的“领土”范围。这种“中华民国到台湾”的理解坚持了偏统的立场。但“国家发生重大变故”亦可以理解为，由于国民党统治集团在内战中失利，新政权的产生导致“中央政府”丧失了对大陆的实际统治，因此“中央政府”退台并进行一系列“宪政改革”，形成了一个新的“国家”，这种“中华民国在台湾”的解释则体现“独”的立场。此外，“国家发生重大变故”还可能被“台独”势力利用将“中华民国”和“台湾”进行连接，演绎成“中华民国就是台湾”等“台独”理论。[①] 这几种解释的关键之处在于“中华民国”“领土”范围是否包括大陆地区，但“领土”问题恰属于“大法官”拒绝审查和解释的政治问题。[②] 这种不确定性就为“台独”势力利用“释字第475号解释”进行分裂活动提供了借口，也为“大法官”日后翻案支持“释宪台独”、为“法理台独”背书埋下隐患。但如果结合“国家统一”的论述来分析，这个问题迎刃而解。“国家统一”目标的重申显示了明确而坚定的支持两岸统一的立场，意味着“国家统一”是终极目标，也证明了关于“国家发生重大变故”的任何主张分裂的理解方式是行不通的。显然，强调“为因应国家统一前之需要”决定了“释字第475号解释”只能是支持两岸统一的立场，也极大地增强了本号“解释”在两岸关系方面的积极意义。

对于“国家统一”，台湾地区的政治人物和学者有过各种不同的认知和解读。陈水扁执政期间公然宣称“中华民国”是“我们在国家定位的‘最大公约数’”，[③] 并与宋楚瑜达成“扁宋十项共识”，要求“中华民国主权现状必须受到两岸与国际社会的承认与尊重”，否认“国家统一”的目标。[④] 马英九在担任国民党主席以及台湾地区领导人期间，则多次强调遵守台湾地区“宪制性文件”，强调对一个中国原则的坚持，甚至提出“大陆也是中华民国的领土”。[⑤] 两人的言论代表了台湾地区不同政党和势力对“国家

① 参见陈水扁：“中华民国各界庆祝九十三年国庆大会致辞”（2004年），资料来源：http://www.president.gov.tw/php-bin/prez/shownews.php4，最后访问日期：2018年7月23日。参见周叶中、祝捷：《“一中宪法”和“宪法一中——两岸根本法之“一中性”的比较研究”》，载《当代中国政治研究报告》第十辑，社会科学文献出版社2013年版。参见陈明通：《“中华民国第二共和宪法草案”——〈前言与总纲〉论述》，载“财团法人台湾智库”“中华亚太菁英交流协会”：“审议式民主——‘中华民国第二共和宪法草案’研讨会会议手册”，2007年。

② 参见“释字第328号解释”“解释文”和“理由书”。

③ 陈水扁：“总统与新民党主席宋楚瑜会谈后谈话及记者会答问全文”（2005年），资料来源：http://www.president.gov.tw/php-bin/prez/shownews.php4，最后访问日期：2018年7月23日。

④ 转引自曾建元：《一个宪法，各自表述：台湾宪法秩序中的“一个中国架构”》，载《万窍：中华通识教育学刊》第4期，2006年。

⑤ 参见马英九：《大陆是“中华民国”领土》，载《星岛日报》2008年10月8日。

统一”的截然不同的态度。台湾著名史学者胡春惠在研究台湾地区的“宪法史”时主张应坚持“以大陆为中心”的“宪法史”观，坚持台湾是中国的一个省，1946年“宪法”也是因“国家遭遇变故”而仅适用于台湾地区，维护“国家统一”的目标。①台湾学者颜厥安曾指出，“中华民国”已死，只有“中华民国宪法”一息尚存，暗示存在于台湾地区“宪制性文件”中的“中华民国”透过“宪法”的建构作用，成为“台湾”作为“国家”的一种“存在方式”，间接地否认了“中华民国”的“国家统一”目标。②“独”派学者王泰升则系统提出“台湾共同体”论和“外来政权”论，直接否认台湾与大陆地区的联系，认为“国家统一”不过是“国民党鼓吹台湾和大陆是一个称为中国的国家”所致。③尽管各政治人物和学者都努力从己方的立场去解读、掩盖甚至歪曲“国家统一”的目标，但是“国家统一”目标仍然存在很大积极意义。

“释字第475号解释”对后来的“大法官解释”以及两岸关系走向影响深远。在台湾地区的法律体系中，由于“宪法解释”具有和台湾地区“宪制性文件”同等的效力，因而“释字第475号解释”所宣示的坚持“国家统一”的立场在一定程度上对岛内的政治人物的活动以及“台独”势力可以起到一定的约束作用。此外，“释字第475号解释”为后面的“宪法解释”树立了司法先例，其在两岸定位上坚持的统一态度，在后来的“释字第481号解释”“释字第497号解释”“释字第558号解释”和“释字第618号解释”等“解释”中仍可窥得一二。

---

① 参见胡春惠:《民国宪政运动》,台北:正中书局1978年版;胡春惠:《民初的地方主义与联省自治》,中国社会科学出版社2001年版。

② 参见周叶中、祝捷:《“一中宪法”和“宪法一中——两岸根本法之“一中性”的比较研究”》，载《当代中国政治研究报告》第十辑，社会科学文献出版社2013年版。周叶中、祝捷:《论宪法资源在两岸政治关系定位中的运用》，载《法商研究》2013年第5期。颜厥安:《宪政体制与语言的困境》，载颜厥安:《宪邦异式》，台北：元照出版有限公司2005年版，第115页。

③ 王泰升:《台湾法律史概论》，台北：元照出版公司2001年版，第4—12页。

（四）“大法官”的逻辑推演

在“释字第475号解释”“解释文”和“理由书”中，“大法官”从历史背景角度肯定了“国库债券”发行的合法性，同时也指出“国家发生重大变故”的实际情形，并构建了公权力依法限制人民权利的理论体系，然后将“两岸人民关系条例”第六十三条第三项代入到上述理论体系中，论证了“条例”的“合宪性”。整体来看，“大法官”的推演可分为三步：

第一步，“大法官”基于台湾地区“宪制性文件”第二十三条简略构建了公权力依法限制人民权利的理论体系。台湾地区“宪制性文件”第二十三条规定：“以上各条列举之自由权利（包括财产权），除为防止妨害他人自由、避免紧急危难、维持社会秩序，或增进公共利益所必要者外，不得以法律限制之。”“大法官”认为，人民的自由权利当然受台湾地区“宪制性文件”保障；但同时，“基于公共利益之考量及权衡个人私益所受影响”，在符合台湾地区“宪制性文件”第二十三条规定的要件时，立法机关可以“法律”的形式对人民的自由权利作出适当的限制，从而构建了相对简略的公权力依法限制人民自由权利的理论，为后面的论证提供了基础理论。[①]

第二步，“大法官”明确了若“宪法于一定条件下明确授权立法机关制定法律为特别规定时”，且制定的“法律”符合台湾地区“宪制性文件”第二十三条所列举的要件，那么该“法律”就属于“合宪”的“法律”。[②]表面上看，“大法官”将“合宪”的条件限缩得更加严格，即经台湾地区“宪制性文件”明确授权制定的特别规定还要符合台湾地区“宪制性文件”第二十三条所列举的要件，但实际上，“大法官”心知肚明：“两岸人民关系条例”的制定虽有台湾地区“宪制性文件”和“宪制性文件增修条文”

① 参见“释字第475号解释”“理由书”。

② 参见“释字第475号解释”“理由书”。

的明确授权，但其延缓清偿债权的规定严格来说并非完全符合“为防止妨害他人自由、避免紧急危难、维持社会秩序，或增进公共利益”[①]的任一目的。因此，“大法官”以退为进，特意强调“两岸人民关系条例”的制定依据，并对“防止妨害他人自由、避免紧急危难、维持社会秩序，或增进公共利益”[②]的目的模糊处理，放宽了限制公民权利的要件，为下一步的具体论证准备好了易于套入的理论模型。

第三步，“大法官”将“声请人”声请的“两岸人民关系条例”第六十三条第三项对人民权利的限制是否“违宪”的问题套入前两部分构建好的理论体系中，明确了“两岸人民关系条例”系基于台湾地区“宪制性文件”和“宪制性文件增修条文”的明确授权而制定的特别规定，且“条例”第六十三条第三项对人民财产权的限制系因“国家”“情事变更”所要采取的必要手段，符合台湾地区“宪制性文件”第二十三条所规定的要件，从而得出该“条例”并不违背台湾地区“宪制性文件”及“宪制性文件增修条文”的意旨的结论。[③]

为了加强论证的说服力，“大法官”在“理由书”中不仅不惜笔墨地论证“两岸人民关系条例”及其制定依据——“宪制性文件增修条文”的“合宪性”，从法律规范的角度于台湾地区“宪制性文件”“宪制性文件增修条文”和“两岸人民关系条例”之中寻找了债券可以延缓行使的法律依据，还运用了“国家发生重大变故”理论，辅以权利型“大法官解释”中常用的“公平原则”，指出及时清偿债权可能带来的不利的社会后果，分别从理论上和社会现实的角度反对债权的立即清偿，使得“释字第 475 号解释”在法理、情理上均具有较强的说服力，成功解决了 1949 年前国民党政府在大陆地区发行的“国库债券”的债权人债权行使的历史遗留问题。

① “释字第 475 号解释”“理由书”。

② “释字第 475 号解释”“理由书”。

③ 参见“释字第 475 号解释”“解释文”和“理由书”。

综合来看，“释字第475号解释”作为台湾地区早期的有关两岸关系的权利型的“大法官解释”，运用的“国家发生重大变故”理论，是台湾地区司法机构“大法官”早期常用的解释方法之一，对后来“政治问题不审查”等新型解释方法也影响深远。此外，“大法官”辅以“国家统一”的论述，并运用规范分析的方法，增加了论证的说服力。“释字第475号解释”涉及了历史解释、体系解释等传统解释方法和结果取向解释等新兴解释方法，在两岸关系上也有重大意义。“释字第475号解释”在两岸关系定位上坚持的统一态度，对于后来的“大法官解释”以及两岸关系的发展走向，都有一定的积极意义。

【延伸思考】

“释字第475号解释”没有一份“协同意见书”或“不同意见书”，显示了“大法官”在这一问题上立场和态度的一致性。尽管如此，从学理上来看，“释字第475号解释”并非尽善尽美，以下主要就其中三个问题展开深入探讨。

第一，“国家发生重大变故”理论存在着较大的理论缺陷且缺乏法律上的依据，以此作为“宪法解释”中论证的依据是否合适？从上文对“国家发生重大变故”理论的分析可以发现，严格来说，“国家发生重大变故”理论很难称之为一个完整的理论。从其内容上看，“国家发生重大变故”只是简单概述了国民党统治集团退台、两岸分离的社会现实，其本身是一个政治事件，而非法学理论，能否一直作为“大法官”的论证依据尚有待考量；另一方面，台湾地区“戒严”解除后，“动员戡乱时期临时条款”也被废止，“国家发生重大变故”理论唯一的一点法律依据也不复存在，成了一个没有法律根基的理论。“大法官”对这一点似乎并不介意，将该理论运用于“释字第31号解释”“释字第85号解释”“释字第117号解释”“释字第242号解释”“释字第265号解释”和“释字第475号解释”等一系列“大法官解释”之中。考虑到后期“大法官”对“政治问题不审查”等新型解释方法的引入和对该理论的逐渐淡化和废弃，可以推测，“国家发生重大变故”理论也许是“大法官”在早期“大法官解释”技巧和经验匮乏时采用的一种应急之举。尽管如此，将这样一个疑点重重的理论数次运用于与台湾地区“宪制性文件”具有同等法律效力的“宪法解释”中，是否足够谨慎？在“去中国化”呼声越来越高的台湾，“国家发生重大变故”理论基本没有了立足之地，转而被“政治问题不审查”等新型解释方法所取代，但“大法官”曾依此作出的诸多“大法官解释”仍然发挥着法律效力。“大法官”当年造就的这一“法律漏洞”将如何填补？这个问题在将来某一时间也许会重新成为困扰“大法官”的难题。

第二，本案中，“大法官”一致同意延缓债权人对“国家”的债权的行使，这种出奇一致的态度是否基于某种政治因素的考量？“释字第475号解释”并没有其他少数“大法官”的“协同意见书”或者“不同意见书”，表明了“大法官”在“国库债券”的债权延缓行使上的一致态度，这种不谋而合很容易引起猜想：这种一致性是基于“大法官”对“宪法解释”理论论证的高度认同，还是碍于某种政治因素的考量？由“释字第475号解释”的“解释文”和“理由书”中的论证可以看出，如果“大法官”基于对公民财产权的保障而要求台湾当局对债权的立即清偿，“两岸人民关系条例”的合法性与正当性将面临极大的质疑；另一方面，政府的财政负担和岛内人民的税负必然加重，违背公平原则是法律上的考量，经济负担的加重很可能引发岛内的人民的不满情绪和抗议，酿成社会危机，甚至会引发敏感的两岸关系问题的统“独”争议。在“释字第475号解释”颁布前，李登辉已成功上台并连任两届台湾地区领导人，极力鼓吹“台独”，提出“两国论”，两岸关系不断恶化。“大法官”在这一背景下，抵抗住了“台独”势力的政治压力，不谋而合地做出了延缓“国库债券”债权人债权行使的决定，并通过“国家发生重大变故”这一理论维护了两岸同属一个中国的主张，也许很大一部分原因是基于维护岛内局势的稳定和改善恶化的两岸关系的政治考量。其中更多的深层次原因，此处不再挖掘。

第三，“国家发生重大变故”理论对后来的“政治问题不审查”原则影响深远，两个理论之间是否存在某种关系？“国家发生重大变故”理论主要形成于台湾地区20世纪五六十年代的一系列“大法官解释”之中，于七八十年代得到了发展和演绎，直至90年代，“国家发生重大变故”因理论的严重缺陷而逐渐退出“大法官解释”的舞台，而此时，正是“政治问题不审查”理论开始流行之际；又者，尽管后一理论的法律意味增加了不少，理论立场也从政治视角转移至法律推理，但两个理论都是在解决“如何体面地以法律方式处理司法中与国家相关的政治性问题”的难题。由其内涵可知，“国家发生重大变故”理论是从正面解决国民党统治集团退台后初期的司法运作中出现的涉及政治的敏感问题，而“政治问题不审查”原则则是以否定的方式解决进入司法程序的政治性的难题。这很容易使人联想到，“政治问题不审查”原则是否就是“国家发生重大变故”保留了理论的精髓经过法律包装并从否定的视角重新演绎而来的呢？由于“政治问题不审查”原则系从美国的宪政实践中学习引进而来，而“国家发生重大变故”理论是台湾特殊的政治环境中自行创设的本土理论，我们不能一概而论将二者关系定位成继承与被继承的关系，但这并不能成为否认两个理论在内涵或意义上有些许联系的有力证据。产生于不同的法系的“国家发生重大变故”理论以及“政治问题不审查”原则之间究竟存在一种什么样的辩证关系？在“政治问题不审查”原则逐渐成为台湾地区“大法官解释”的新型解释方法的今天，这一问题或许亦值得深思。

（本篇作者：宋静，中共湖北省委党校政法教研部教师，武汉大学法学博士）

案评七 “释字第467、481号解释”：台湾省、“福建省”地位案

【案情要览】

1997年7月21日，台湾地区“宪制性文件增修条文”第九条施行。该条第一项打破了1994年“宪制性文件增修条文”第八条对台湾地区的省、县地方制度自治权限的传统规定，从“中央”与地方关系的角度对省、县进行了七款列举性规定，并指出省、县地方制度应由“法律”规定，不受台湾地区“宪制性文件”第一百零八条第一项第一款、第一百零九条、第一百十二条至第一百十五条及第一百二十二条的限制。该条第二、三项规定了第十届台湾省议会议员及第一届台湾省省长的任期、停选事宜以及停选后台湾省政府的功能、业务与组织的调整“得以法律为特别之规定”。[①]据此，台湾地区内各省仍然保持原有的地方制度层级和地位，但不再有台湾地区“宪制性文件”规定的自治事项，也不具备自主组织权。[②]

1998年4月，第一届台湾省省长和第十届台湾省议会议员任职届满在即，郝龙斌等五十五位“立法委员”依照台湾地区“宪制性文件”规定行使职权，对1994年7月29日台湾地区立法机构按照1992年“宪制性文件增修条文”第十七条（1994年8月1日修正公布的“宪制性文件增修条

① 1997年7月21日修正施行的台湾地区“宪制性文件增修条文”第九条。

② 参见“释字第467号解释”“解释文”。

文”中为第八条）制定的“省县自治法”应如何修改、修改到哪种程度均提出质疑。修改后的1997年“宪制性文件增修条文”第九条第一项对省的地方制度所作的一般规定，虽然明文调整了台湾地区“宪制性文件”原文的部分规定，但没有改变台湾地区“宪制性文件”第一百零八条第二项“前项各款，省于不抵触国家法律内，得制定单行法规”及台湾地区“宪制性文件”第一百一十一条“有全省一致之性质者属于省”的规定，该条第二项、第三项则是专门针对台湾省所设。台湾省议会议员和省长选举虽然停止办理，但1997年“宪制性文件增修条文”已将其定位为“地方”，同时保留省的建制，这已经是“中央”立法对台湾省政府的功能、业务和组织作出调整的特别规定。那么台湾地区立法机构在作出这项特别立法时，是否仍要接受1997年“宪制性文件增修条文”第九条第一项的限制而必须修改“省县自治法”使其在台湾省一体适用？台湾地区立法机构是否能将现行“省县自治法”修改为“台湾省自治法”，仅在台湾省加以适用？现行的“省县自治法”第二条规定省为法人，是否必须修改而不让台湾省继续成为独立承担立法上权利义务关系的公法人？“声请人”产生上述对“宪制性文件增修条文”的疑义，于是依照“司法院大法官审理案件法”第五条第一项第三款规定声请“大法官”作出“宪法解释”。[①] 具体而言，“声请人”请求“大法官”解释1997年“宪制性文件增修条文”第九条第三项的规定“台湾省议会议员及台湾省省长之选举停止办理后，台湾省政府之功能、业务与组织之调整，得以法律为特别规定”中所称的“以法律为特别规定”，是否授权台湾地区立法机构在进行相关特别立法工作时，无须受台湾地区“宪制性文件”第一百零八条第二项和“宪制性文件增修条文”第一项第一款、第二款的限制，不将台湾省规定为独立承担公法上权利义务关系的公法人？[②] 因此，“释字第467号解释”的系争点在于：

① 参见“释字第467号解释”“郝龙斌等五十五人声请书”。

② 参见“释字第467号解释”“郝龙斌等五十五人声请书”。

1997年“宪制性文件增修条文”第九条施行后，省是否仍然属于公法人。

“释字第481号解释”案情与“释字第467号解释”类似。1992年5月28日修正公布的“宪制性文件增修条文”第十七条授权以“法律”订定省县地方制度，同条第一项、第三项规定，省设省议会及省政府，省置省长一人，省议员与省长分别由省民选举。该条文意指事实上能实施自治之省得以特别法针对各地方的实际情况，依上述“法律”规范实施地方自治，不受台湾地区“宪制性文件”相关条文的限制，亦即无须制定适用于“全国”之“省县自治通则”。“省县自治法”于是经台湾地区“宪制性文件”授权而制定。该法第六十四条规定，辖区不完整之省，其议会与政府的组织由台湾地区行政机构另行规定。该条款将辖区特殊的省组织授权台湾地区行政机构以行政命令的方式订定，因考量其辖区的事实情况，尚不存在依台湾地区“宪制性文件”实施省自治的必要。台湾地区行政机构据此所订定的“福建省政府组织规程”规定“福建省”政府设置委员七至十一人，其中一人为主席，由台湾地区行政机构负责人提请台湾地区领导人任命，而不设省议会。①

陈清宝等一百零四位“立法委员”提出声请，主张台湾地区“宪制性文件”中明定省民有其自治权，台湾地区行政机构却片面以“省县自治法”第六十四条中规定的“辖区不完整之省，其议会与政府之组织，由行政院另定之”为由，不予“福建省”设置省议会、民选省长。但是审视该“法律”条文会发现，“省县自治法”第六十四条中只表示组织授权台湾地区行政机构另外制定，并未表示可以不予设置省议会或省长不予民选，因此台湾地区立法机构认为“省县自治法”并不“违宪”，却遭台湾地区行政机构扭曲解释，台湾地区行政机构此举实为违法“违宪”。况且，“福建省政府组织规程”属行政命令的一种，其法律位阶依“中央法规标准法”第

① 参见“释字第481号解释”“理由书”。

十一条的规定为法规命令，位阶低于“法律”，并不得抵触台湾地区“宪制性文件”。此外，依台湾地区“宪制性文件”第七条规定：“中华民国人民，无分男女、宗教、种族、阶级、党派，在法律上一律平等。”第十七条更规定：“人民有选举、罢免、创制及复决之权。”因此，台湾地区行政机构以“福建省政府组织规程”官派省主席，不由“福建省”民众直接选举“省长”，不由选民选举“省议员”，严重剥夺“福建省”民众政治参与权利，使“福建省”民众沦为二等国民，违法“违宪”殆无疑义。台湾地区立法机构认为组织可以调整或精简，但地方自治的体制及职权则不容剥夺，尤其“宪政”体制与“宪法”精神应予维护。① 于是，陈清宝等一百零四位台湾地区立法机构“立法委员”提出声请，请求“大法官”依据台湾地区“宪制性文件”加以诠释，还“福建省”人民一个公道。② 因此，“释字第481号解释”的系争点在于：“福建省政府组织规程”未规定“省长”“省议员”民选，是否违平等原则。

【解释要点】

1998年10月，“大法官”针对郝龙斌等五十五位“立法委员”的声请作成“释字第467号解释”，认为1997年“宪制性文件增修条文”第九条施行后，省仍然属于公法人，只是不再具有台湾地区“宪制性文件”规定的自治事项，也不再具备自主组织权。③ 此外，“释字第467号解释”有“大法官”陈计男提出的“部分协同意见书”、林永谋提出的“部分协同意见书”、孙森焱提出的“协同意见书”、董翔飞和施文森提出的“不同意见书”以及刘铁铮提出的“不同意见书”。

根据“释字第467号解释”的“解释文”和“理由书”，多数“大法

① 参见“释字第481号解释”“陈清宝等一百零四人声请书”。

② 参见“释字第481号解释”“陈清宝等一百零四人声请书”。

③ 参见“释字第467号解释”“解释文”。

官”认为“中央”与地方权限划分是基于台湾地区“宪制性文件”或其特别授权的“法律”加以规范，凡是“宪制性文件”中符合条件的各级地域团体，在1997年“宪制性文件增修条文”第九条施行后，省为地方制度层级的地位仍未丧失，只是不再有“宪制性文件”规定的自治事项，也不具备自主组织权，自此不是地方自治团体性质的公法人。[①]符合“宪制性文件增修条文”意旨制定的各项“法律”，如果未划归“国家”或县市等地方自治团体事项，属于省的权限且得为权利义务的主体者，在此限度内，省具有公法人资格。[②]其次，查明因为台湾地区“宪制性文件”规定分享“国家统治权”行使并符合条件而具有公法人地位的地方自治团体外，其他依公法设立的团体，其成员资格的取得具有强制性，有行使公权力的权能，且得为权利义务主体者，亦有公法人的地位。由此，在“国家”、地方自治团体之外，尚有其他公法人存在。[③]

1999年4月，“大法官”针对陈清宝等一百零四位“立法委员”的声请作成“释字第481号解释”，认为“省县自治法”经台湾地区“宪制性文件”授权而制定，该法第六十四条规定，辖区不完整的省，其议会与政府的组织，由台湾地区行政机构另行规定。台湾地区行政机构据此所订定的“福建省政府组织规程”，未规定由人民选举省长及省议会议员，乃斟酌“福建省”的特殊情况所为的规定，是事实上所必需的，符合母法授权的意旨，与台湾地区“宪制性文件”第七条人民在法律上平等的原则亦无违背。[④]“释字第481号解释”有“大法官”刘铁铮提出的“不同意见书”一份。

根据“释字第481号解释”的“理由书”，多数“大法官”认为“宪

① 参见“释字第467号解释”“解释文”及“理由书”。

② 参见“释字第467号解释”“解释文”。

③ 参见“释字第467号解释”“理由书”。

④ 参见“释字第481号解释”“解释文”。

制性文件增修条文”第十七条授权以“法律”订定省县地方制度，同条第一项、第三项规定，省设省议会及省政府，省置省长一人，省议员与省长分别由省民选举，是指事实上能实施自治之省应受“法律”规范，不受台湾地区“宪制性文件”相关条文的限制，也无须制定适用于“全国”的“省县自治通则”，而应以特别法针对各地方的实际情况，实施地方自治。“省县自治法”经台湾地区“宪制性文件”授权而制定，该法第六十四条规定，辖区不完整之省，其议会与政府的组织，由台湾地区行政机构另行规定。将辖区特殊的省组织授权台湾地区行政机构以行政命令的方式订定，是因为考量其辖区的事实情况，尚无依台湾地区“宪制性文件”实施省自治的必要。台湾地区行政机构据此所订定的“福建省政府组织规程”，规定“福建省”政府设置委员七至十一人，其中一人为主席，由台湾地区行政机构负责人提请台湾地区领导人任命，而不设省议会，是在斟酌“福建省”的事实特殊情况的基础上，符合母法授权意旨。其次，依台湾地区“宪制性文件”第一百二十一条规定，县实行县自治，至于省的自治，台湾地区“宪制性文件”则授权以“法律”规定。而台湾地区“宪制性文件”中的平等原则，是为保障人民在法律上地位的实质平等，并不禁止“法律”依事物的性质，就事实状况的差异而为合理的不同规范。“福建省”目前管辖之范围及人口数目，与原来相比较，已经相去甚远，且其公共事务的繁简程度，与台湾省的状况相比，也难以相提并论。基于此，理应精简组织，以增进行政效率。现行“福建省政府组织规程”不由人民选举省长及省议会议员，是考量事实上的差异而订立的合理规定，对“福建省”人民而言，与台湾地区“宪制性文件”中的原则并无违背之处。[①]

---

① 参见“释字第 481 号解释”“理由书”。

【理论评析】

1997年，台湾地区“宪政改革”以及随后开展的“精省”工程使得省的地位发生实质性变化，[①]由此带来一系列关于省的法律地位的问题。“释字第467号解释”和“释字第481号解释”分别涉及台湾省地位和“福建省”法律地位问题。由于其产生的背景和涉及的法律点极为相似，本部分将予以合并分析，主要探讨“释字第467号解释”和“释字第481号解释”的作成背景及涉及的台湾地区现行的地方自治制度。

（一）“精省工程”：“释字第467号解释”和“释字第481号解释”的作成背景

1997年，台湾地区第四次“宪政改革”结束不久，台湾执政当局就马不停蹄地开始谋划“精省工程”，对台湾地区的地方制度展开了革新工作。根据“精省条例”，台湾地区的“精省工程”可以划分为三个阶段：[②]第一阶段是1998年12月21日到1999年6月底，自第一任也即最后一任台湾省长卸任后，省主席改由台湾地区行政机构派任，成立省政府委员会，在这一时期原来省政府内各个厅、处、局等级别的组织机构暂时维持现状；第二阶段是1999年7月1日到2000年底，这一时期完成省政府功能业务与组织及其员额调整作业，订立“省政府组织规程草案”；第三阶段是2001年1月1日之后，省按照“地方制度法”规定的地方制度进行运作，这一时期的结束，也就意味着台湾地区“精省工程”的结束。

① 参见王英津:《台湾“精省”工程改革及其政治影响刍议》,载《重庆社会主义学院学报》2011年第4期。

② 参见王英津:《台湾“精省”工程改革及其政治影响刍议》,载《重庆社会主义学院学报》2011年第4期。周叶中、祝捷:《台湾地区“宪政改革”研究》，香港社会科学出版社有限公司2007年版，第278—279页。

关于“精省工程”，台湾地区内部有着诸多争议和讨论，岛内各党派都持有不同的意见和立场。其中，国民党对“精省工程”的立场并不明确，态度模棱两可。1997年4月，国民党提出的关于精简省政府功能及其组织的议案中，主要内容涉及三项内容：一是省、县地方制度的规定，内容涵盖省政府组织机构及人员配置与任命、省咨议会的人员配置与任命等；二是关于台湾省议会议员和台湾省省长的任期问题与选举问题的相关事项；三是关于台湾省议会议员及台湾省省长的选举停止办理后，台湾省政府的功能、业务与组织的调整。从国民党提出的议案可以明显地看到国民党当局对“精省工程”的立场：力图促使省的“虚级化”，保留了省组织的部分权力，而不是废除省组织机构，同时还配备有省咨议会等组织辅助省政府日常工作的正常运行。较之于国民党，民进党对“精省工程”的立场更是令人捉摸不透。关于“精省工程”，民进党提出两套方案：一套方案的主要内容是对省一级组织的“虚级化”处理，配套的是“双首长制”，这套方案也被称为为“一零七号案”；另一套方案的主要内容则是提出废除省组织的议案，与之配套的是“总统制”，对于这套方被称之为“一零八号案”。民进党之所以提出两套“精省工程”的方案，其目的很明确，就是为了和国民党展开利益的博弈和交换，针对国民党的举措并结合自身利益而提出的方案。此外，新党也对“精省工程”有着自己的态度和立场，虽然其因国民党和民进党难以达成共识而中途退出，但在其发表的声明中可以看出，新党对废除省组织的态度是非常明确的，即不主张废省。新党认为废省不但会引起法律制度层面上的诸多调整，在两岸关系上也会引发统“独”之争。新党的认识可谓一语道破天机，暴露了“台独”分子废省的深层次目的就是要营造“台湾是台湾人的台湾，而不是哪国一省”的政治氛围。①

① 参见周叶中、祝捷:《台湾地区“宪政改革”研究》，香港社会科学出版社有限公司2007年版，第276页。

关于“精省工程”的诸多争议和提案的讨论，对最后的结果也产生了一定的影响。最终，除采取民进党省政府委员九人的意见外，其余均按照国民党拟定的提案予以通过，主要内容包括：其一，冻结省之自治地位；其二，取消省长选举；其三，省议会改为省咨议会；其四，省政府的功能、业务与组织授权台湾地区立法机构以“法律”定之。[①] 总体而言，台湾地区“精省工程”有其重要意义。地方自治制度改革是台湾地区“宪政改革”的重要议题，而“精省工程”又是台湾地区地方自治制度改革中最为引人注目的关键措施。可以说“精省工程”对台湾地区“宪政改革”的影响力，远远超出了地方自治制度的领域。但是，即便“精省工程”对台湾地区的影响力深远，台湾地区“宪制性文件”也没有真正废除台湾地区省级建制，台湾省、“福建省”在名义上还是存在于台湾地区的法律文本之中。正因如此，台湾地区司法机构“大法官解释”也就成为解决这一问题的最佳法律途径，“释字第 467 号解释”和“释字第 481 号解释”应运而生。

（二）台湾地区现行地方自治制度之台湾省和“福建省”的地位

历经 1997 年“宪政改革”和台湾地区“精省工程”之后，在台湾地区地方自治制度之中，省的地位发生了明显的变化。根据台湾地区“宪制性文件”及其“增修条文”“地方制度法”“精省条例”以及“释字第 467 号解释”和“释字第 481 号解释”的相关规定，台湾地区现行地方自治制度中台湾省和“福建省”的地位大致包括以下三点：

第一，台湾省和“福建省”不是自治法人。关于省是否是自治法人，台湾学界尚存在争议，但在台湾地区“地方制度法”和“释字第 467 号解释”中有比较明确的界定。台湾地区“地方制度法”第二条规定：“省为非

① 参见陈沧海:《宪政改革与政治权力——九七宪改的例证》，台北:五南图书出版有限公司 1999 年版，第 302 页。转引自周叶中、祝捷:《台湾地区“宪政改革”研究》，香港社会科学出版社有限公司 2007 年版，第 277 页。

地方自治团体。”[①]“释字第467号解释”“解释文”中明确写道：“省为地方制度层级之地位仍未丧失，惟不再有宪法规定之自治事项，亦不具备自主组织权，自非地方自治团体性质之公法人。符合上开宪法增修条文意旨制定之各项法律，若未划归国家或县市等地方自治团体之事项，而属省之权限且得为权利义务之主体者，于此限度内，省自得具有公法人资格。”台湾地区“地方制度法”的立场很明确，即省非地方自治团体。而在“释字第467号解释”的“解释文”中，省在一般情况下非地方自治团体性质之公法人，只有在特殊情况下，省才具备公法人的资格。由此可推，台湾省和“福建省”在一般情况下不是自治法人，但如若符合特殊情况，在一定限度内，就享有公法人的资格。

第二，台湾省和“福建省”的省政府是台湾地区行政机构的派出机构。之所以会认为台湾省和“福建省”的省政府是台湾地区行政机构的派出机构，是因为台湾地区现行“宪制性文件增修条文”“精省条例”以及“地方制度法”中均可找到相关条文予以佐证。“宪制性文件增修条文”第九条第一项第一、二款规定：“省设省政府，置委员九人，其中一人为主席，均由行政院院长提请总统任命之。省设省咨议会，置省咨议会议员若干人，由行政院院长提请总统任命之。”[②]台湾地区“地方制度法”第二条明文规定：“省政府为行政院派出机关。”[③]第五条的立法说明栏载明：“省政府及省咨议会为行政院之派出机关。”[④]第十三条明确规定：“省政府组织规程及省咨议会组织规程，均由行政院定之。”[⑤]而台湾地区“精省条例”第二条中则明确规定，台湾省政府为台湾地区行政机构派出机关。[⑥]由上述台湾

① 台湾地区“地方制度法”第二条。

② 台湾地区“宪制性文件增修条文”第九条。

③ 台湾地区“地方制度法”第二条。

④ 参见纪俊臣：《精省与新地方制度》，台北：时英出版社1999年版，第150页。

⑤ 台湾地区“地方制度法”第十三条。

⑥ 参见台湾地区“精省条例”第二条。

地区“宪制性文件增修条文”及相关“法律”的条文规定可发现台湾省和“福建省”的省政府的相关规定，如省主席的提名与任命、省政府的组织规程等等均与台湾地区行政机构有关。从相关条文的内容中，我们不难得出台湾省和“福建省”的省政府是台湾地区行政机构的派出机构这一结论。

第三，台湾省和“福建省”属于监督机构。台湾地区现行“宪制性文件增修条文”第九条规定：“省承行政院之命，监督县自治事项。”[①] 台湾地区“地方制度法”第八条明文指出省政府受台湾地区行政机构指挥监督，办理监督县（市）自治事项、执行省政府行政事务以及其他法令授权或台湾地区行政机构交办事项。[②] 这两个条文所规定之内容传达出的意思已经很明确，即省政府承台湾地区行政机构的命令，办理监督县市一级的自治事项，所以，省作为监督机构，属于台湾地区行政监督的一部分。[③] 基于此，台湾省和“福建省”在台湾地区现行地方自治制度中的另外一个角色是监督机构，但其作为监督机构，前提是承台湾地区行政机构的命令，并没有自己的实权，可见此时的台湾省和“福建省”已经被“虚级化”。

（三）“大法官”的逻辑推演

在“释字第 467 号解释”和“释字第 481 号解释”的“解释文”和“理由书”中，“大法官”运用解释技巧将政治问题法律化，从而化解争议。整体来看，“释字第 467 号解释”和“释字第 481 号解释”的逻辑推演都较为简单，“大法官”展开逻辑推演的步骤大致如下：

在“释字第 467 号解释”中，“大法官”首先列举台湾地区“宪制性文件”中各级地域团体为地方自治团体性质之公法人所应满足的条件，然

① 台湾地区“宪制性文件增修条文”第九条。

② 参见台湾地区“地方制度法”第八条。

③ 参见周叶中、祝捷：《台湾地区“宪政改革”研究》，香港社会科学出版社有限公司 2007 年版，第 282 页。

后列举省、县地方制度不受“宪制性文件”限制所应享有的权力事项，由此列明省非地方自治团体性质之公法人的情况，最后论证了在“国家”、地方自治团体之外，尚有其他公法人存在的情况。“大法官”由此逻辑阐明，省在一般情况下为非地方自治团体性质之公法人，但在特殊限度内，省具有公法人资格。而在“释字第481号解释”中，“大法官”首先分别阐述了台湾地区“宪制性文件增修条文”第八条、“省县自治法”第六十四条的相关规定，指出台湾地区行政机构以这两条规定作为依据订立“福建省政府组织规程”的相关内容。其次从台湾地区“宪制性文件”第一百二十一条的相关规定和台湾地区“宪制性文件”的平等原则着手，结合“福建省”的具体情况展开分析，最后得出结论：“福建省政府组织规程”未规定省长、省议员民选，与“宪制性文件”中的平等原则并不违背。在“理由书”的最后一部分，“大法官”以“释字第481号解释”为标准，主张“宪制性文件增修条文”公布之后，辖区内特殊的省份省级组织的调整均参照本件“解释”。

综合看来，“大法官”在“释字第467号解释”和“释字第481号解释”两件“解释”中简单的逻辑推演，虽未经过长篇幅的论证，但其将政治问题法律化的简单转换，为此后的“大法官解释”留下参考经验，即“大法官”可以用“大法官解释”来平息政治争议。同样运用这一解释技巧的“大法官解释”还有“释字第261号解释”“释字第419号解释”“释字第499号解释”“释字第520号解释”等等。政治问题法律化这一做法也对两岸关系产生了不可撼动的影响。

【延伸思考】

“释字第467号解释”和“释字第481号解释”的作成之时恰逢台湾地区的“精省工程”的起步阶段。考察“释字第467号解释”和“释字第

481号解释”的“解释文”“理由书”“部分协同意见书”“协同意见书”“不同意见书”后可以发现，“释字第467号解释”对于两岸关系的影响并不直接，而“释字第481号解释”对两岸关系的影响更为明确。“释字第481号解释”中存在一份“不同意见书”，这份“不同意见书”对“解释文”和“理由书”中所阐述的内容也提出了质疑。

回顾“释字第481号解释”的相关内容，“大法官”认为“福建省”为“辖区不完整之省”，台湾地区行政机构的做法并没有违背法律上的平等原则。① 在此，“大法官”承认“福建省”是“辖区不完整之省”，相当于承认还有“辖区完整之福建省”，也就意味着承认大陆地区仍属于“中华民国”的“主权”范围，两岸并非“两国”，而是“一国”，虽然这种解释有所偏颇，但在两岸关系定位上能坚持统一态度，该“解释”也具有一定的积极意义。② 与之矛盾的是，在“大法官”刘铁铮的“不同意见书”中又明确指出“福建省”是“自由地区之福建省”。③ “大法官”刘铁铮对“福建省”的定位值得推敲，既然存在“自由地区之福建省”，就可以推论出存在“大陆地区之福建省”。既然“自由地区之福建省”异于大陆地区的福建省，那么“大法官”刘铁铮的主张暗含分裂“福建省”进而分裂中国政治意图的嫌疑。

另一方面，如前所述，“释字第467号解释”和“释字第481号解释”采用的政治问题法律化这一解释技巧对两岸关系产生的影响不言而喻。从宏观角度来说，“台独”分子充分利用“大法官解释”中的解释技巧，借此将具有“台独”内容的解释结果包装在法律仪式和法律辞藻下，使之从

---

① 参见“释字第481号解释”“解释文”。

② 参见周叶中、祝捷:《台湾地区“宪政改革”研究》，香港社会科学出版社有限公司2007年版，第393页。

③ 参见“释字第481号解释”“大法官”刘铁铮“不同意见书”。

外观上具有所谓的正当性。[①]反观目前两岸的政治形势，台湾政坛“政党轮替”已呈现出常态化趋势，其两党制格局与稳定的趋同性两党制不同的是，台湾地区的两党政治体现为对立性的两党制，轮流执政可能伴随着激烈的冲突。国民党和民进党坚持意识形态的强度不同，民进党有着较重的意识形态色彩，将“台独”理念和政策作为价值诉求的重要组成部分，因而在政治动员中更强调对抗性。[②]“大法官”虽然作为台湾地区“宪制性文件”维护者，[③]但其“司法独立性”备受政党政治的影响，作为“公共理性范例”[④]的台湾地区司法机构往往成为执政党寻求合法性支撑的操手，而“大法官解释”就是最直接的表现形式。实际上，经过台湾地区第三次“政党轮替”后，民进党已经在台湾地区实现全面执政，伴随着“大法官解释”解释技巧、解释语言、解释内容的多样化，其通过“大法官解释”蕴藏“台独”理念变得更加容易。结合当前两岸形势，“台独”分裂分子借助“释宪”方式推动“法理台独”的可能性较大，我们要对此提高警惕。

（本篇作者：游志强，福建江夏学院法学院讲师，武汉大学法学博士）

① 参见周叶中、祝捷:《论我国台湾地区“司法院”大法官解释两岸关系的方法》，载《现代法学》2008年第1期。

② 参见陈星:《简论台湾政党政治发展及其趋势》，载《台湾研究》2010年第6期。

③ 参见陈慈阳:《宪法学》，台北：元照出版社2004年版，第724页。

④ [美]约翰·罗尔斯:《政治自由主义》，万俊人译，译林出版社2011年版，第213页。

案评八 “释字第265、497、558号解释”：入境权利限制案

【案情要览】

“释字第265号解释”缘于一起大陆人民被限制入台的案件，该“解释”系“大法官”作出的最早有关大陆人民入台的“解释”。本案申请人叶某于1949年后退居台湾，1987年2月其在大陆的发妻刘素霞申请入台定居。根据“动员戡乱时期国家安全法”（以下简称“国安法”）第三条及其实施细则第十二条第六款的规定，大陆人民申请入台定居必须在“自由地区”连续住满五年，台湾地区“内政部警政署入出境管理局”认为刘氏不符合申请条件，故作出不予许可的决定。叶某不服决定，提起诉愿、再诉愿和行政诉讼，但均遭到驳回。之后，叶某依据台湾地区“宪制性文件”第七条和第十条的规定，认为限制大陆人民入台有违台湾地区“宪制性文件”规定的平等之精神以及居住、迁徙自由之精神，遂声请“大法官”解释系证条文。[①] 因此，本案的系争点在于：“国安法”第三条第二项及其实施细则第十二条第六款关于入台限制的规定是否“违宪”。

“释字第497号解释”也与限制大陆人民入台有关。1994年12月，台湾居民林某代其大陆配偶范某申请来台居留，但范某来台逾期停留一日。依据“两岸人民关系条例”相关规定、“大陆地区人民进入台湾地区许可

① 参见“释字第265号解释”“声请书”。

办法”（以下简称为“大陆人民入台办法”）第十七条、第十八条以及“大陆地区人民在台湾地区定居或居留许可办法”（以下简称为“大陆人民在台定居办法”）第十三条的规定，大陆人民入台停留期间不得逾三个月，“必要时得延期一次”，“停留期间自入境之日起算”，入台之大陆人民逾期停留，治安机关得不经司法程序，“径行强制其出境”，亦不予许可其入台定居或居留的申请，故台湾地区“内政部境管局”对范某作出“1996年不予许可入境”和“原居留申请案不予许可”的行政处分。①“声请人”不服，提起诉愿、再诉愿以及行政诉讼，但均被驳回。1997年4月19日，林某认为“内政部”所订颁的“大陆人民入台办法”“大陆人民在台定居办法”违反“中央法规标准法”第五条、第六条之法律保留原则、平等原则、法律优越原则、比例原则、一事不二罚等公法原则，与台湾地区“宪制性文件”第七条、第十条、第十五条、第二十三条相抵触，应属无效，声请“大法官”解释系证条文。②因此，本案的系争点在于：关于“大陆人民入台办法”“大陆人民在台定居办法”中相关资格要件、许可程序及停留期限等的规定是否“违宪”。

“释字第558号解释”是因台湾人民未经许可入境而引发的“宪法解释”。1996年，台湾人民黄某未经主管机关许可入境，依据台湾地区“国家安全法”第三条第一项的规定，“人民入出境，应向内政部警政署入出境管理局申请许可。未经许可者，不得入出境”，黄某被台北地方法院判决有罪，黄某不服，向台湾高等法院提起上诉。台湾高等法院认为大陆人民并无“中华民国护照”或身份证件，有必要对其入境加以限制，但“国民”有“返国”的基本自由权利，“国安法”所采的“申请许可制”对“国民”“返国权”的限制有违台湾地区“宪制性文件”第十条所规定的居住、迁徙自由，与台湾地区“宪制性文件”保障“国民”“返国权”之基本精

① “释字第497号解释”“声请书”。

② 参见“释字第497号解释”“声请书”。

神相悖。[①] 因此，台湾高等法院就“国家安全法”第三条第一项的规定是否“违宪”申请“大法官”解释系证条文。因此，本案的系争点在于：“国安法”就人民入境须经许可之规定是否“违宪”。

以上三则“大法官解释”案件均与两岸人民入台的问题相关，其不同之处即在于入台主体是台湾人民还是大陆人民。鉴于三则案件高度的相关性，此处将三个“大法官解释”合并进行分析。

【解释要点】

在“释字第265号解释”中，“大法官”认为“国安法”关于入境限制的规定系“维持社会秩序所必要”，并未抵触台湾地区“宪制性文件”，同时指出该法的实施细则第十二条第六款的规定与“国安法”的立法意旨相契合，应随情势发展检讨修正。根据本号“解释”的“解释文”及“理由书”，“大法官”首先肯定人民享有台湾地区“宪制性文件”第十条所规定的居住及迁徙自由，但根据台湾地区“宪制性文件”第二十三条的规定，“为防止妨碍他人自由、避免紧急危难、维持社会秩序或增进公共利益所必要”得以“法律”限制此项自由；其次，“大法官”指出“国安法”系于“动员戡乱时期”制定，其对于人民迁徙自由之限制系“国家遭遇重大变故”时“为维持社会秩序所必要”，并未抵触台湾地区“宪制性文件”；最后，“大法官”提出，“国安法”实施细则第十二条第六款的规定乃为主管机关行使行政裁量权提供参考，并非有此情形“一律不予许可入境”，与“国安法”“确保国家安全、维护社会安定”之立法意旨相符。[②] 在解释方法上，“释字第265号解释”“解释文”和“理由书”主要使用了文义解释、论理解释、体系解释等传统的解释方法和“以法律解释宪法”这一新

① 参见“释字第558号解释”“声请书”。

② 参见“释字第265号解释”“理由书”。

兴解释方法。作为一个权利型“解释”，本号“解释”立基于“国家发生重大变故”这一事实理由，通过台湾地区“宪制性文件”第二十三条“权利限制”条款论证“国安法”及其实施细则对人民迁徙自由的限制具有“合宪性”。

在“释字第497号解释”中，“大法官”认为“两岸人民关系条例”系基于“宪制性文件增修条文”的明确授权而制定，并指出依据条例授权制定的“大陆人民入台办法”以及“大陆人民在台定居办法”符合条例的立法意旨，否定其与台湾地区“宪制性文件”及“宪制性文件增修条文”相乖违的情形。根据“解释文”及“理由书”，首先，本号“解释”延续了“释字第265号解释”中部分论证逻辑，“大法官”肯定人民享有台湾地区“宪制性文件”第十条所保障的居住迁徙自由，但认为可以根据台湾地区“宪制性文件”第二十三条以“法律”限制此项自由。由此，“大法官”点明“两岸人民关系条例”的立法宗旨，并进行了“合宪”解释，即条例乃根据“宪制性文件增修条文”授权“为国家统一前确保台湾地区安全与民众福祉”、规范两岸人民权利义务之“特别立法”；其次，“大法官”认为限制人民的自由权利在遵循台湾地区“宪制性文件”第二十三条规定的法律保留原则时，亦要遵循“明确性原则”，即“授权之目的、范围及内容”符合具体明确的要件。[①] 再次，“大法官”运用规范体系解释方法，[②] 认为“法律”进行“概括授权”时，“应就该项法律整体所表现之关联意义以推知立法者授权之意旨，而非拘泥于特定法条之文字”；最后，“大法官”运用规范分析的方法，论述了“大陆人民入台办法”和“大陆人民在台定居办法”契合“条例”的立法意旨与授权范围，系“维持社会秩序

① 周叶中、祝捷：《台湾地区“宪政改革”研究》，香港社会科学出版社有限公司2007年版，第339页。

② 参见周叶中、祝捷：《我国台湾地区“司法院大法官”解释两岸关系的方法》，载《现代法学》2008年第1期。

或公共利益所必要”。[①] 在解释方法上，“释字第 497 号解释”“解释文”和“理由书”主要使用了文义解释、论理解释、体系解释等传统的解释方法和“以法律解释宪法”这一新兴解释方法，依托台湾地区“宪制性文件”第二十三条和“增修条文”第十一条，并引入比例原则、明确性原则以及法律保留原则，对“内政部”所出台的关于大陆人民入境办法、居留办法作出“合宪”解释。

在“释字第 558 号解释”中，“大法官”认为修正后的“国安法”未区分“国民”在台是否设有住所而有户籍一律要求须申请方许可入境，违反台湾地区“宪制性文件”第二十三条之比例原则。[②] 根据“解释文”和“理由书”，首先，本号“解释”根据台湾地区“宪制性文件”第十条，肯定人民有居住、迁徙自由，由此推演人民享有出入境的权利，认为在台设有住所而有户籍之“国民”得无须许可随时返台；其次，“大法官”认可可以根据台湾地区“宪制性文件”第二十三条之比例原则以“法律”限制人民出入境权利，肯定根据“宪制性文件增修条文”第十一条的授权制定的限制大陆地区人民入台的“法律”的“合宪性”，认为侨居国外的“国民”若未在台设有住所而有户籍，“应适用相关法律之规定（参照‘入出国及移民法’规定）”；[③] 最后，“大法官”对“释字第 265 号解释”未加否定，肯定“国家安全法”在“动员戡乱时期”适用的“合宪性”，但是“国安法”第三条第一项未区分“国民”是否在台设有住所而有户籍即一律非申请不得入境，有违台湾地区“宪制性文件”第二十三条之比例原则，应自“入出国及移民法”的相关规定施行时起，不予适用。[④] 在解释方法上，“释字第 558 号解释”“解释文”和“理由书”主要使用了文义解释、论理

① “释字第 497 号解释”“理由书”。

② 参见“释字第 558 号解释”“解释文”。

③ “释字第 558 号解释”“理由书”。

④ 参见“释字第 558 号解释”“理由书”。

解释、体系解释、历史解释等传统的解释方法，基本上延续了“释字第497号解释”的论证方法，通过对相关台湾地区“宪制性文件”条文进行规范分析并结合“解严”的社会情势，作出“国安法”第三条第一项违反“宪制性文件”之比例原则的解释。

“释字第265号解释”“释字第497号解释”以及“释字第558号解释”均未直接涉及两岸关系的定位问题，也未明显流露出“大法官”对于两岸关系定位的政治态度。虽然这三号“解释”的“理由书”中出现“国家发生重大变故”或“统一前”等字样，表明“释宪”的前提是“两岸同属一个中国（中华民国）”，但“释字第265号解释”和“释字第497号解释”通过对限制大陆人民入台权利“法律”“合宪性”的确认从正面肯定当局对大陆人民与台湾人民的区别对待，“释字第558号解释”通过对不区分户籍所在而对人民“返国权”一概进行限制的“法律”宣告“违宪”，从反面推导出非台湾户籍的大陆人民与台湾人民的差别待遇，解释结果的一致性暗含着对两岸人民区别对待的肯定以及对两岸分离的默认，与之前的将统一作为主流意识形态的“大法官解释”相比，增加了些许偏“独”色彩。[①]

【理论评析】

“释字第265号解释”“释字第497号解释”以及“释字第558号解释”均对两岸人民入台权利作出了限制，这三号“解释”的作成时间相隔十三年，其间时代背景发生重大变化，但是解释结果却具有相当的一致性。以下主要围绕着理论依据的变迁、解释方法的适用、多数意见的逻辑推演以及影响几个方面对这三号“解释”进行研析。

① 参见周叶中、祝捷:《台湾地区“宪政改革”研究》，香港社会科学出版社有限公司2007年版，第389页。

（一）理论依据的变迁：从“国家发生重大变故”到比例原则

“国家发生重大变故”理论系台湾地区“大法官”在特殊的政治现实下通过一系列“宪法解释”自行创设与发展出的理论。该理论以历史原因为两岸分离背书，是“动员戡乱时期”惯用的理论模式，多出现于有关两岸关系的诸如“释字第31号解释”“释字第85号解释”“释字第117号解释”等“法统”型“大法官解释”之中，后也出现于“释字第242号解释”“释字第265号解释”等权利型“大法官解释”之中。

“释字第242号解释”是“国家发生重大变故”理论运用于区别对待两岸人民的“大法官解释”的开端。“大法官”在“解释文”中指出因1949年后大陆赴台人员另娶的“重婚”案件系“国家遭遇重大变故，在夫妻隔离，相聚无期之情况下所发生之重婚事件，与一般重婚事件究有不同”,[①] 故“民法”中关于重婚的规定并不适用于因两岸隔离而造成的重婚案件。“大法官”通过“国家遭遇重大变故”这一政治事实证成将大陆人士与台湾人士、台湾人士与台湾人士的婚姻进行区别对待的解释结果。“释字第265号解释”中“大法官”用以论证在迁徙自由领域区别对待大陆人民和台湾人民的“国安法”及其实施细则的“合宪性”的理论架构与“释字第242号解释”几近相同，再次以“国家发生重大变故”这一历史事由为“两岸分治”背书，默认两岸分离的状态。类似地，“释字第475号解释”延续了“国家发生重大变故”的论证思路。“大法官”指出，“因国家发生重大变故，政府迁台，此一债券担保之基础今已变更，目前由政府立即清偿，势必造成台湾地区人民税负之沉重负担，显违公平原则”，“其（指‘条例’第六十三条第三项）延缓债权人对国家债权之行使，系因情事变更，权衡国家情势所为必要之手段，与宪法尚无抵触”。[②]

① “释字第242号解释”“解释文”。

② “释字第475号解释”“解释文”和“理由书”。

“国家发生重大变故”理论作为区别对待两岸人民这一解释结果的主要论证依据多见于“大法官解释”初期，随着台湾社会法治化程度的提升以及“大法官”“释宪”经验的积累、解释技巧的提高，其用以支撑的主要论证理论发生了转移。这一转移可在“释字第497号解释”中见到些许端倪。该号“解释”的内容虽与“释字第265号解释”大体相当，但其所用的理论架构已发生微妙的转向，形成了对大陆人民权利进行限制的论证理路，即引用1946年“中华民国宪法”的居住、迁徙自由条款，再依第二十三条权利限制条款论证对权利之限制是否与其相违背，对后来的类似“解释”提供论证路径，而台湾地区“宪制性文件”第二十三条正是台湾地区比例原则的法源。从“释字第265号解释”到“释字第497号解释”再到“释字第558号解释”的谱系中能梳理出一条关于比例原则的历史脉络，从而窥探比例原则从隐微影响到正式进驻“大法官解释”，再到内化为“大法官释宪”的固定模式的发展路径。

比例原则起源于德国公法理论，其本质上与平等、正义是相通的，对于平等最简单的诠释是禁止没有正当理由的不平等，没有正当理由即缺乏重要的实质原因，关于重要的实质原因的认定有三个标准：一目的的正当与否；二是否为达成这一目的所必要；三与目的之价值是否成适当比例。[①]台湾学界对比例原则的认识与适用，主要受到德国公法理论与实务发展的影响，也顺应了比例原则全球化的发展潮流，随着案件的积累与经验的总结，“大法官”的解释脉络中的比例原则在一定程度上呈现出本土化的面貌。[②]在涉及限制大陆人民权利的“大法官解释”中比例原则的运用也发展出一套相对稳定的论证模式，“释字第476号解释”更是明确指出比例原则包括“目的正当性”“手段必要性”“限制妥当性”三项子原则。[③]各

① 参见吴庚：《宪法的解释与适用》，台北：三民书局，2004年版，第189页。

② 参见黄舒芃：《比例原则及其阶层化操作》，载《“中研院”法学期刊》2016年第19期.

③ 参见“释字第476号解释”“理由书”。

种严苛法令对无台湾户籍之人（主要包括外国人、无国籍人、大陆人民和无户籍的台湾人）权利的限制都很容易通过比例原则的检验而被承认为“合宪”。①

台湾学界一般认为，台湾地区“宪制性文件”第二十三条②是比例原则的法源，可以借此审查立法对基本权利的限制是否“合宪”，亦可审查“区别对待”是否合理。但第二十三条并未出现“比例原则”这一明确称谓，也无具体的衡量基准。台湾学者一般认为“大法官”所采用的“所必要”的表述方式可视为比例原则在“释宪”实务中的应用。③“释字第 265 号解释”虽然多是从“国家发生重大变故”这一历史理由和“社会秩序”这一现实要素论证限制大陆人民入境的“合宪性”，但仍有一些从规范角度进行佐证的表述。如该号“解释”表明“为防止妨碍他人自由、避免紧急危难、维持社会秩序或增进公共利益所必要者”，④得以“法律”限制人民入境之权利，从权利限制层面概括复述了台湾地区“宪制性文件”第二十三条的规范意旨，但缺少了关于规范的细部描述，亦难发现比例原则对权利限制进行再限制的精神，仅能从“所必要”这三个字隐约看到比例原则的影子。不同于之前的“大法官解释”，“释字第 497 号解释”开创了新的论证模式，根据台湾地区“宪制性文件”第二十三条“权利限制条款”和“增修条文”第十一条的“两岸条款”，运用规范分析方法，以比例原则和法律保留原则为依托，对“内政部”出台的限制大陆人民入境的办法

---

① 参见廖元豪:《“外人”的人身自由与正当程序——析论“大法官“释字 708”与“710”号解释》，载《月旦法学杂志》2014 年第 5 期。

② 台湾地区“宪制性文件”第二十三条规定:“以上各条列举之自由权利，除为防止妨碍他人自由、避免紧急危难、维持社会秩序或增进公共利益所必要者，不得以法律限制之。”

③ 参见林石猛:《行政诉讼类型之理论与实务》，学林文化事业有限公司 2004 年版，第 604 页。

④ “释字第 265 号解释”“理由书”。

作成“合宪”解释。[①]虽然“解释文”和“理由书”中只有“所必要”的表述而无比例原则的明确表述，但比例原则的精神已大有体现。“释字第558号解释”沿用了“释字第497号解释”开创的方法。“大法官”认为“国安法”及其实施细则“未区分国民是否于台湾地区设有住所而有户籍，一律非经许可不得入境”的规定“违反宪法第二十三条规定之比例原则”，明确地将台湾地区“宪制性文件”二十三条定义为比例原则条款，并以这一台湾地区“宪制性文件”中的原则认定不分户籍“平等”地限制所有人入境的“法律”“违宪”，即从反面推导出应当对两岸人民入境进行区别对待，亦即以比例原则论证对限制无户籍的大陆人民入台的“合宪性”。同样地，“释字第618号解释”运用比例原则针对“两岸人民关系条例”中的限制大陆人民“应考试服公职权”的部分条款作了“合宪”解释，“大法官”在“解释”中沿用“释字第558号解释”的论证进路，在担任公职的权利方面以“忠诚度”为标准区分大陆人民与台湾人民，认为此限制“符合宪法第二十三条规定比例原则之要求”，在“两岸处于分治与对立且政治、经济与社会体制存在巨大本质差异”情况下，“对其与其他台湾地区人民予以区别对待，亦属合理”。[②]

依据台湾地区至今坚持的1946年“中华民国宪法”，大陆人民仍属1946年“中华民国宪法”规定的“国民”。[③]虽然部分台湾学者认为大陆人民“可归属于有别于一般外国人之特别或特殊身份的外国人”，但多数学者认为大陆人民是“中华民国国民”。[④]受制于两岸尚未统一的政治现实以

① 参见周叶中、祝捷:《台湾地区“宪政改革”研究》，香港社会科学出版社有限公司2007年版，第394页。

② “释字第618号解释”“解释文”和“理由书”。

③ 参见祝捷:《论大陆人民在台湾地区的法律地位——以“释字第710号解释”为中心》，载《台湾研究集刊》2014年，第2期。

④ 李震山:《多元、宽容与人权保障》，台北:元照出版公司2005年，第9页。参见祝捷:《论大陆人民在台湾地区的法律地位——以“释字第710号解释”为中心》，载《台湾研究集刊》2014年，第2期。

及台湾当局长期不利的两岸政策，大陆人民在台事实上并未享有与台湾人民相同的法律地位，“大法官”通过“释字第265号解释”“释字第497号解释”“释字第558号解释”一致作成限制大陆人民入台这一解释结果即是区别对待两岸人民的证明。“大法官”在这三号“解释”中将大陆人民和台湾人民区别对待，将大陆视为异于台湾的另一区域，视大陆人民为异于台湾人民的另一群体，[①]但达致这一解释结果的理论依据却发生了重大的转向，主要表现为从政治层面转向法律层面，前者以“国家遭遇重大变故”理论为主，并无“宪法”规范意义上的依据，后者则是从1946年“中华民国宪法”第二十三条推导出的比例原则，将区别对待两岸人民的规定解释为“合宪”。在“国家遭遇重大变故”的观念逐渐从台湾民众心理褪色时，后一种论证路径将成为日后“大法官”的主要选择。[②]这三号“解释”虽未涉及两岸关系的直接定位，但是将两岸关系作为案件背景映射于“宪法解释”之中，“大法官”在“解释”中对“两岸分治”事实的确认增加了些许偏“独”的色彩在其中，理论依据从政治层面向法律层面的转变便于“台独”势力以更加隐蔽的方式将“台独”思想渗入其中，以法律语言裹挟“分裂”的私心。

从支撑理论的流变这一面向上来看，解释两岸关系的理论从早期“国家发生重大变故”的政治模式到“宪法理论”和“宪法规范”的法律模式的转向虽是法治化的表征，但也存在着诸多流弊。“大法官”试图以相对中立的法律辞藻，来塑造自身“中立”的形象，避免社会对其意识形态与政治倾向上的指摘，降低自身的政治风险。“大法官”所依据的理论体系从政治语言逐渐过渡到普适性的“宪法理论”，纯法学语言逐渐成为“大

① 参见周叶中、祝捷:《台湾地区“宪政改革”研究》，香港社会科学出版社有限公司2007年版，第390页。

② 参见周叶中、祝捷:《台湾地区“宪政改革”研究》，香港社会科学出版社有限公司2007年版，第396页。

法官”解释两岸关系的主旋律，这一变化在增加所作“大法官解释”说服力的同时亦增大了以更加隐蔽的方式裹挟“台独”的风险，即“隐性台独”的风险，“大法官”更加便于从各式理论中“挑选”出合适的法学学说为区别对待两岸人民的解释结果背书。同时，相对稳固的法律模式也为以后类似的涉及大陆人民权利的“释宪案”提供理论上的预测与指引，形成论证区别对待两岸人民这一解释结果的相对稳定的理论框架。

（二）解释方法的恒定：“以法律解释宪法”方法的引入与适用

“以法律解释宪法”即“符合法律的宪法解释”，[①]是“大法官”在有关大陆人民权利的“释宪”实务中常用到的解释方法，运用这一方法往往达致区别对待两岸人民的解释结果，即所谓“以法律解释宪法”与区别对待之间乃系方法论与解释结果的关系。“以法律解释宪法”的一般逻辑是：“大法官”先以“宪制性文件增修条文”第十一条的“两岸条款”叙明“两岸人民关系条例”系授权制定，具有“合宪性”，进而将1946年“中华民国宪法”的有关迁徙、居住自由的条款结合第二十三条权利限制条款（即比例原则条款），推导出“条例”可对大陆人民入境权利进行限制，再论证系争法令是否符合“条例”的立法意旨，是否违背比例原则（权利限制原则），最终得到系争法令“合宪性”与否的结论。该逻辑表面上清晰明确但实则是将关于两岸关系的特别立法“条例”置于台湾地区“宪制性文件”之上，以“条例”的内容来释明台湾地区“宪制性文件”第二十三条的“所必要者”，[②]以“条例”的立法意旨来判定法令的“合宪性”，这无疑损害了台湾地区“宪制性文件”的最高权威，违背了法效力阶层的一般法理，也有悖于“大法官释宪”制度的原初目的。

① 吴庚：《宪法的解释与适用》，台北：三民书局2004年版，第596页。

② 参见周叶中、祝捷：《我国台湾地区“司法院大法官”解释两岸关系的方法》，载《现代法学》2008年第1期。

“以法律解释宪法”在“释字第265号解释”“释字第497号解释”“释字第558号解释”这三号涉及大陆人民入境限制的“解释”中体现得尤为明显，在此将一一叙明。在“释字第265号解释”中，鉴于“两岸人民关系条例”于彼时并未出台，“大法官”以“国安法”解释台湾地区“宪制性文件”，指出“国安法”的实施细则第十二条第六款之规定与“国安法”的立法意旨相契合，应随情势发展检讨修正，并未“违宪”。[①]“释字第497号解释”亦是采用了这一解释方法，只不过是以“条例”解释台湾地区“宪制性文件”，尽量将系争法令解释为“合宪”，即作了“合宪”解释。[②]在“释字第558号解释”中，“大法官”认为“条例”系基于“宪制性文件增修条文”的明确授权而制定的“特别立法”，具有“合宪性”，并指出依据“条例”授权制定的“大陆人民入台办法”以及“大陆人民在台定居办法”符合“条例”的立法意旨，系“维持社会秩序或公共利益所必要”，[③]否定其与台湾地区“宪制性文件”相乖违的情形。类似地，“释字第558号解释”延续了“释字第497号解释”的部分论证思路，在“释字第558号解释”中，多数“大法官”以“入出国及移民法”第五条之规定为据，认定“国家安全法”第三条“违宪”，以“入出国及移民法”解释台湾地区“宪制性文件”内容，认为“国安法”第三条第一项未区分“国民”是否在台设有住所而有户籍即一律非申请不得入境的内容“违宪”。[④]“大法官”董翔飞所作的“不同意见书”亦提出，多数意见采用“‘甲法律与乙法律规定不符而违宪’的以法律解释法律的释宪方法”，即以“国家安全法”第三条有关人民入境之限制规定未比照“入出国及移民法”第五条之但书规定为由而判定“违宪”。[⑤]

---

① 参见“释字第265号解释”“理由书”。

② 参见吴庚:《宪法的解释与适用》，台北：三民书局2004年版，第596页。

③ “释字第497号解释”“理由书”。

④ 参见“释字第558号解释”“理由书”。

⑤ 参见“释字第558号解释”“大法官”董翔飞“不同意见书”。

“以法律解释宪法”的解释方法是一种自下而上的解释，以高位阶的台湾地区“宪制性文件”去迁就低位阶的“法律”，以相关“法律”之内容揣度台湾地区“宪制性文件”的本意，这无异于一种对“台湾地区“宪制性文件”的架空。随着解释方法的多元化，“宪法解释”进入“方法越多、秩序越少”的困境。[①]“宪法解释方法的多元给了释宪者较多的游移空间，成为包装解释结果正当性的工具，方法之间的共通性使得方法的选择变成语言技术的转换。”[②]解释方法沦为政治决断和意识形态恣意的工具，“以法律解释宪法”的解释方法即是明证：通过此种方法对系争法令作出“合宪”抑或是“违宪”的解释，用语言技术的转换包装“区别对待”的结果。合于“宪法”的“法律”解释是允许的，合于“法律”的“宪法解释”则存在逻辑上的问题。[③]为避免解释方法沦为政治决断和意识形态恣意的工具，有学者提出“宪法解释宪法”的解释方法，即“释宪”者在解释台湾地区“宪制性文件”时，从“宪制性文件”文本为限，“宪制性文件”未规定的应由人民或立法机关通过“修宪”、立法予以补足，防止“释宪者”借“释宪”之名、行“制宪”之实。[④]宪法在一国法秩序内具有最高效力，以宪法本身来诠释宪法，具有较高的权威性和说服力。但遗憾的是，台湾地区“释宪”实务中几乎未能依此方法解释台湾地区“宪制性文

① 参见祝捷：《走出“方法越多秩序越少”的困境——宪法解释方法论之批判与重构》，第二届东亚公法学现状与发展趋势国际研讨会论文集，中南财经大学编，2007年。

② 祝捷：《走出“方法越多秩序越少”的困境——宪法解释方法论之批判与重构》，第二届东亚公法学现状与发展趋势国际研讨会论文集，中南财经大学编，2007年。参见张嘉尹：《宪法解释、宪法理论与结果考量》，刘孔中、陈新民编：《宪法解释之理论与实务（第三辑）》，“中央研究院”中山人文社会科学研究所，第200页。

③ 参见吴庚：《宪法的解释与适用》，台北：三民书局2004年版，第596页。

④ 参见周叶中、祝捷：《我国台湾地区“司法院大法官”解释两岸关系的方法》，载《现代法学》2008年第1期。参见吴庚：《宪法的解释与适用》，台北：三民书局2004年版，第577页以下。

件”或作出“统一解释”。[①]对“大法官”所作的关于两岸关系的“解释”进行梳理，可以发现，“宪法解释宪法”的解释方法并未采用于多数意见中，仅存在于部分法官发布的“不同意见书”中。较早提出来的这一方法的是“大法官”姚瑞光在“释字第150号解释”中所作的“不同意见书”。姚指出，“大法官会议解释宪法之事项，以宪法条文或与宪法有同效力之条文有规定者为限”，“宪法条文无规定之事项，自不生‘适用宪法发生疑义’问题”，“亦不生‘法律或命令有无抵触宪法’或‘省自治法、县自治法、省法规及县规章有无抵触宪法’之问题”。[②]“大法官”董翔飞在“释字第558号解释”的“不同意见书”提出，“释宪者行使释宪，不从宪法层次寻找方向”，“其法理容有未当”。[③]

于解释方法的选用这一面向上而言，“以法律解释宪法”这一形式上看似“中立”的法学方法存在着隐蔽的危险性与自身的逻辑漏洞。为了达致某一解释结果而选用某些解释方法，有悖于宪法解释的一般逻辑。方法的繁荣背后潜藏着方法虚无的风险，解释方法容易沦为结果取向的工具，而成为可有可无的东西，解释方法的价值意义被掏空，正如美国原旨主义的捍卫者惠廷顿所言，“如果我们因为那些方法能产生我们所喜好的结果而对它们产生偏爱有加的话，那么其功用的发挥，就是一种政治意识形态，而不是一种法律的解释方法”。[④]如前所述，“以法律解释宪法”系以“法律”规定判定“宪法”意旨的方法，有架空“宪法”损害“宪法”权威之

① “宪法解释宪法”的解释方法曾经运用于在不涉及两岸关系的“大法官解释”中，如“释字第499号解释”从台湾地区“宪制性文件”文本出发对“自由民主之宪政秩序”进行诠释，“释字第546号解释”依托台湾地区“宪制性文件”第八十六条来诠释第十八条之考试权，借此区分考试权与服公职权。

② “释字第150号解释”“大法官”姚瑞光“不同意见书”。

③ “释字第558号解释”“大法官”董翔飞“不同意见书”。

④ 基思·E.惠廷顿:《宪法解释:文本含义，原初意图与司法审查》，杜强强、刘国、柳建龙译，中国人民大学出版社2006年版，第6页。参见祝捷:《走出“方法越多秩序越少”的困境——宪法解释方法论之批判与重构》，第二届东亚公法学现状与发展趋势国际研讨会论文集，中南财经政法大学编，2007年。

嫌，在台湾当前仍适用以“一中”为前提的1946年“中华民国宪法”的情况下，这一解释方法若如被滥用，势必会降低台湾地区“宪制性文件”的“一中”性，而增加“分裂”“分治”的因素于其中，形式上中立的法学解释方法容易沦为“台独”势力包裹其“台独”目的的“合法”外衣。

（三）多数“大法官”的逻辑推演、少数意见及其影响

在“释字第225号解释”“释字第497号解释”以及“释字第558号解释”的“解释文”和“理由书”中，“大法官”实际上通过各种或政治或法律的理论，运用“以法律解释宪法”的解释方法，作成限制大陆人民入境权利的解释结论。“释字第225号解释”采用了“权利条款结合权利限制条款”模式，鉴于该号“解释”系在“宪政改革”前作出，加上论述部分较少，其参考价值有限，“释字第497号解释”与“释字第558号解释”的论证逻辑并无二致，因此下文主要针对论述“释字第497号解释”“释字第558号解释”中多数意见的“大法官”的推演进行分析，其具体步骤共分为三步：

第一步，“大法官”依据台湾地区“宪制性文件”的第十条和第二十三条建构起“权利条款与比例原则条款（权利限制条款）”的论证模型，由此指出可以以“法律”限制人民的居住、迁徙自由。无论是“释字第497号解释”“理由书”还是“释字第558号解释”“理由书”开篇架构这一模型，为后文的具体论述奠基。

第二步，在第一步架构的基础上，结合“宪制性文件增修条文”第十一条的“授权条款”推导出授权制定的限制大陆人民入境权利“法律”的“合宪性”。这点在“释字第497号解释”中体现为确认区别对待两岸人民的“特别立法”——“两岸人民关系条例”的“合宪性”，在“释字第558号解释”则体现为确认以有无台湾户籍和住所为基准区别对待人民

的相关“法律”（参照“入出国及移民法”）的“合宪性”。

第三步，“大法官”运用“以法律解释宪法”的解释方法，结合第二步推演出的结论，作出系争法令“合宪”与否的判定。在“释字第497号解释”中，“大法官”以“条例”规定解释台湾地区“宪制性文件”第二十三条“所必要”之内容，认为“内政部”出台的限制人民入境的“办法”符合“条例”意旨，具有“合宪性”。类似地，在“释字第558号解释”中，“大法官”以“入出国及移民法”解释台湾地区“宪制性文件”，依托台湾地区“宪制性文件”第二十三条的比例原则作出“国安法”相关条款“违宪”的结论。

在两号“解释”中，“大法官”通过以上三个步骤的逻辑推演，依托台湾地区“宪制性文件”第二十三条，运用“以法律解释宪法”的方法，作出了系争条文“合宪”与否的判定，完成了区别对待两岸人民的整套论证。其中，法学理论的运用、法律规范的分析以及解释方法的采取，无一不增强了论证的说服力，区别对待的解释目的在法律语言的包装下显得隐蔽而危险。

针对“释字第558号解释”，“大法官”刘铁铮和董翔飞分别提出“不同意见书”各一份。其中，“大法官”刘铁铮指出：第一，人民有台湾地区“宪制性文件”第十条规定的居住、迁徙之自由包括入出境之权利，依据比例原则，可由“法律”限制该项自由，但“国安法”第三条对在台有户籍人民入出境的限制违背比例原则，应宣告无效；第二，“入出国及移民法”以是否有台湾户籍作为区分入出境限制与否的标准，符合社会现实和“国家安全”的需要，并未“违宪”，刘氏认为有户籍之人民入境并无任何限制；第三，依据后法优于前法原则，“国安法”对于有户籍之人民入出境之限制已无适用空间，但多数意见仍以在台是否有住所和户籍作为判定“国安法”是否“违宪”之标准，无异于认同“国安法”对在台无住所但有户籍之人民入出境进行限制的“合宪性”，由此造成法律适用上的争议：是适用“国安法”中不“违宪”之部分还是适用“入出国及移民法”的相关规定但增加“住所”要件抑或一切不变（适用新法同时不增加“住所”要件）。[①] 从整体上看，刘氏对以住所为标准判断人民入出境是否采取许可制提出异议，其认为多数意见造成了“入出国及移民法”的适用困境和是否增加住所要件的困惑，这是人权保障上的倒退，是“大法官”对立法权的侵害。[②]“大法官”董翔飞也提出一部“不同意见书”，主要从实体内容和解释方法两个方面向多数意见提出异议：一方面，董氏认为根据台湾地区“宪制性文件”第二十三条人民自由权利可以由“法律”进行限制，驳斥了多数意见依托“人民为国家构成要素”一语作出的“国家不得将国民排斥于国家疆域之外。于台湾地区设有住所而有户籍之国民得随时返回本国，无待许可”的结论，认为其与“释字第265号解释”相矛盾，并从“国安法”的立法目的和规范文本两方面出发，指出“国安法”符合台湾地区“宪制性文件”第二十三条之比例原则。[③] 另一方面，董氏指出多数意见以“入出国及移民法”相关条款去指摘同立法位阶之“国家安全法”“违宪”，系“以法律解释法律，有违释宪机制，于传统惯例亦有未合”，况且“入出国及移民法”以户籍作为区别入境限制与否的标准是否符合比例原则尚有争议。[④]“释宪者”应当从“宪法”层次寻找方向，此种以“甲法律与乙法律规定不符而违宪”的解释方法存在法理的不当。[⑤]

“释字第265号解释”“释字第497号解释”以及“释字第558号解释”通过对大陆人民入境权利系列案件的反复审理，基本形成区别对待大陆人民与台湾地区人民、大陆人民是异于台湾人民的群体这一“释宪”共识，将会带来深远的影响。在区别对待这一解释结果上，三号“解释”存

① 参见“释字第558号解释”“大法官”刘铁铮“不同意见书”。

② 参见“释字第558号解释”“大法官”刘铁铮“不同意见书”。

③ “释字第558号解释”“大法官”董翔飞“不同意见书”。

④ “释字第558号解释”“大法官”董翔飞“不同意见书”。

⑤ “释字第558号解释”“大法官”董翔飞“不同意见书”。

在相当多的共性，通过判定系争法令“合宪”或“违宪”，达致差别对待两岸人民的结果，为大陆人民在台权利的实现设置重重障碍，试图维持两岸分离的格局。“大法官解释”作为一种“宪法解释”是台湾岛内法秩序内部的法源之一，对立法、行政、司法都具有普遍的约束力。行政机关和立法机关今后在作出有关大陆人民入境权利的决定时都需要遵循这三号“解释”，而这三号“解释”中所体现出的区别对待两岸人民的意旨无疑会加深两岸的政治隔阂，撕裂两岸人民的联系。另外，“大法官”将已有“解释”中关于两岸定位的部分逐渐发展，借由司法造法累积成一套合理的体系。[①]“大法官解释”通过经验的积累已逐渐形成处理限制大陆人民入境权利一类案件的稳固模式：将台湾地区“宪制性文件增修条文”第十一条与“宪制性文件”第二十三条相结合，以比例原则为依托，运用“以法律解释宪法”的方法，证成对大陆人民权利限制的结果。这一脉络在后来的诸多权利型的“大法官解释”中提供可资借鉴的论证模式，也为“释宪台独”的渗透提供隐蔽、稳定的法律外壳。

综合来看，“释字第265号解释”“释字第497号解释”以及“释字第558号解释”都是“大法官”作出的涉及人民入境权利的重要“宪法解释”，其间相距十几年，解释理论发生了从政治层面向法律层面的变迁，“以法律解释宪法”的解释方法也贯穿其中，区别对待两岸人民的解释结论始终如一，为各色“台独”势力进行“隐性台独”提供了法律辞藻的粉饰，对大陆人民权利保障和两岸关系和平发展也将产生不可避免地消极影响。

【延伸思考】

“释字第265号解释”“释字第497号解释”以及“释字第558号解释”

① 参见廖元豪:《论政治问题理论:论两岸关系宪法定位之可司法性》,载《政大法学评论》2002年第71期。

均以或政治或法律理论为依托，综合运用多种解释方法，达成限制大陆人民入境权利的解释结果，看似完整严密的论证中也隐藏着理论的缺漏和逻辑的断裂。“释字第558号解释”有两份“不同意见书”，这正反映出解释内容不无争议。以下主要选取三个相关问题予以分析，以供思考斟酌。

第一，在涉及两岸关系的“大法官解释”中，为什么“宪法解释宪法”的解释方法从未在多数意见中运用，却多见于学者论述或“大法官”的“不同意见书”中？“宪法解释宪法”是从宪法层次出发寻求宪法条文的真意，虽然严守宪法本身的规定，但是囿于宪法文本的抽象性与制宪时的妥协性，其操作性大打折扣，容易陷入无解的境地。同时，这一解释方法对宪法的逻辑性与体系性也提出了较高的要求。但现今台湾地区“宪制性文件”的大部分条款被“宪制性文件增修条文”所冻结，且不论其原本的自洽性程度为何，冻结后的台湾地区“宪制性文件”是否具有完备的体系性，是否能从“宪制性文件”文本中推导出某一“宪制性文件”条文的含义，这一点尚存疑。另外，“行宪”之初，中国即陷入内战，1949年后“大法官释宪”制度随着“中华民国政府体制”来到台湾，[①] 其间也发展出不同的解释方法与论证技术。原于大陆地区制定的1946年“中华民国宪法”与其实效范围之间存在的“大宪法”与“小台湾”之间的张力释放在涉及大陆人民权利的“释宪”案中。重视文本考据的解释方法，很难使得台湾地区“宪制性文件”条文适用于敏感性极高的涉及大陆人民权利的“释宪”案，多数“大法官”采用“以法律解释宪法”这一相对超脱于现行“宪制性文件”的方法，通过“释宪”来弥合“大宪法”与“小台湾”之间的缝隙，实现“宪法”的变迁，虽有法官“立宪”之嫌，也是时局使然，但是这一做法是否妥当，恐怕需要更多的论证。

第二，这三号“解释”的作出时间间隔十三年，其间时局流变、社会

① “大法官解释”只有前两号“解释”是在大陆地区作出，从台湾地区司法机构“释字第3号解释”开始迄今皆是在台湾地区作出。

转型，区别对待两岸人民的解释结果始终如一，这是“大法官”对在先前“解释”的参考、遵循还是基于某种政治考量？在台湾地区，“大法官”所作的“宪法解释”具有等同于台湾地区“宪制性文件”的效力，会对立法机关、行政机关、司法机关的行为产生普遍的约束力，也会对后来的“大法官解释”产生影响。“大法官”董翔飞在“释字第558号解释”的“不同意见书”中以多数意见与“释字第265号解释”相矛盾作为提出质疑的理由，[①] 这正反映出后来“大法官解释”需要对先前“解释”进行参照甚至遵守，以维护“大法官释宪”的权威，但这一遵照并非绝对的硬性规定，如“释字第710号解释”在人身自由和迁徙自由领域改变以往采取的“区别对待”准则，对两岸人民平等对待。[②] 这三号“解释”的结果的一致性在多大程度上是对在先前“解释”的遵循、延续，这一点值得进一步深思。另外，在台湾地区，执政当局掌握“大法官”的选任权，往往趋向于选择具有一致政治取向的人选，“大法官”解释台湾地区“宪制性文件”时不可避免政治对司法的影响。这三号“解释”的作出背景横跨李登辉和陈水扁时代，李登辉和陈水扁在任期间分别鼓吹“两国论”和“一边一国论”，谋求“台独”，造成两岸关系长达十几年的持续紧张。这一紧张态势也对“大法官释宪”造成了影响，“大法官”并非是处于政治真空中的裁判者，其与政治长期维持着若即若离的吊诡关系。[③] 在涉及两岸关系的“释宪”案，为了规避政治风险，“大法官”往往与执政当局保持相当的一致性，“对于殊为敏感的两岸关系而言，解释两岸关系是一项危险系数极高

---

① 参见“释字第558号解释”“大法官”董翔飞“不同意见书”。

② 参见祝捷:《平等原则检视下的大陆居民在台湾地区的权利保障问题——以台湾地区“司法院”“大法官解释”为对象》，载《法学评论》2015年第3期。

③ 参见宋静:《从“区别对待”到比例原则:台湾地区涉大陆人民法律地位“大法官解释”逻辑路径研究》，载《台海研究》2017年第1期。

的活动，其意义远超出解释活动本身”。[①]“大法官”为了维持其形式上“中立”的形象，虽然作出了依附于执政当局的解释结论，但却运用了相当多的解释技巧，要么以权利话语和法律语言包装其论证过程和解释结果，要么以“政治问题不审查”原则回避争议。

第三，“大法官”虽然运用比例原则对“区别对待”进行正当性论证，但“区别对待”本身是否是一种“原籍歧视”？所谓的原籍歧视系指政府法令措施以人民的“原国籍”或“祖籍”为划分标准，决定是否给予不利待遇，多是针对文化或经济上处于弱势地位的少数族群。有学者指出“法律”若针对大陆地区人民给予比台湾地区人民以及“外国人”更不利的待遇，这就是一种“原籍歧视”。从本质上而言，“原籍歧视”是一种区别对待，那么秉持区别对待的“法律”本身是否是“原籍歧视”呢？对于这一问题的判断一般由独立客观的“违宪”审查机关进行判断，在岛内这一职权由台湾地区司法机构“大法官”行使。在美好的预设中，在法治国原则下，确保人民权利实现之法院，必须是公平无私、超然中立的，而非受恣意支配的。[②]相较于威权时期，民主化时期台湾“大法官”的角色功能的确发生了显著改变，由政府的维护者向人民的守护人转向，“大法官”的权威也在这一转型中不断增加。但是从“释字第265号解释”“释字第497号解释”以及“释字第558号解释”来看，“大法官”多对区别对待两岸人民的“法律”作出“合宪”解释，在前两号“解释”中表现为对“国安法”及其实施细则的肯定，在后一号“解释”中表现为对以“户籍”为区分标准的“入出国及移民法”的认同。这种“合宪”解释的作出除了政治现实的压力外，还可能立基于对自身权力正当性的怀疑，即在面对具有强

① 周叶中、祝捷：《我国台湾地区“司法院大法官”解释两岸关系的方法》，载《现代法学》2008年第1期。

② 参见小林直树，《宪法讲义（改订版）》（下），1973年，667页。

大民意基础的立法机关的不自信，陷入一种所谓的“抗多数困境”。[①]但不论其原因为何，这种“合宪”解释的结果仍是在迁徙自由领域对两岸人民的区别，是否是一种“原籍歧视”，值得进一步斟酌思考。

除上述问题外，这三号中还存在一些其他的争议点，比如，“释字第558号解释”中增加住所要件是否造成法律适用的难题，由此对大陆人民权利有何影响？“宪法解释宪法”的解释方法在涉及两岸人民关系的“释宪”案中是否毫无适用空间？这些问题，囿于篇幅所限，此处不再一一讨论。

（本篇作者：熊林曼，北京航空航天大学法学院博士生，曾任武汉大学两岸及港澳法制研究中心研究助理）

---

① 参见张嘉尹:《司法院大法官释宪制度的历史发展与宪法基础》,廖福特主编《宪法解释之理论与实务》(第八辑),台北:“中央研究院”法律学研究所,2014年,第168—169页。

案评九　“释字第618号解释”：入台大陆居民担任公职案

【案情要览】

本“解释”缘起于台北高等行政法院第三庭受理的“2002年度诉字第2864号‘台湾地区人民与大陆地区人民关系条例’”案。该案原告谢某梅原为大陆居民，1991年与台湾地区居民结婚，1996年获准入台居留，1998年获准定居台湾并设户籍登记于台北县。[①]谢某梅于2001年参加台湾地区公务人员初等考试，笔试及格获录取，经台湾地区行政机构“人事行政局”分发至台北市士林区社子小学占书记职缺，并于实务训练期满后由台湾地区考试机构核发考试及格证书，取得委任第一职等任用资格。[②]2002年3月，台北市政府人事处根据2000年12月修正公布的“两岸人民关系条例”第二十一条第一项前段的规定，以谢某梅原为大陆居民，在台湾地区设籍未满十年，不得担任军公教或公营事业机关人员为由，拒绝对其办理派代送审作业并进而令其离职。[③]谢某梅不服而向台北市政府提起诉愿，诉愿遭驳回后，遂向台北高等行政法院提起行政诉讼。案件审理过程中，台北高等行政法院第三庭认为“两岸人民关系条例”第二十一条第一项前

① 本案案情具体可参见“释字第618号解释”“声请书”。

② 根据台湾地区“公务人员任用法”第五条的规定，委任第一职等为台湾地区公务人员的最低职等。

③ 参见“释字第618号解释”“声请书”。

段有违台湾地区“宪制性文件”第二十三条比例原则及第七条平等原则之规定，遂依“释字第371号解释”之意旨向台湾地区司法机构声请“释宪”。①

因此，本案的系争点在于：“两岸人民关系条例”第二十一条第一项前段关于“大陆地区人民经许可进入台湾地区者，除法律另有规定外，非在台湾地区设有户籍满十年，不得登记为公职候选人、担任公教或公营事业机关(构)人员及组织政党”的规定，是否违反台湾地区“宪制性文件”第十八条赋予人民的担任公职之权利和台湾地区“宪制性文件”第七条所确立之平等原则。

【解释要点】

台湾地区司法机构于2006年11月针对本案作成“释字第618号解释”，“大法官”在本案中指出：“两岸人民关系条例”系争条文对入台大陆居民担任公职之资格所作的额外限制具有正当的目的和依据，且其手段仍在必要及合理的范围内，属于合理的区别对待，并不违背台湾地区“宪制性文件”第七条之平等原则、第二十三条之比例原则以及“宪制性文件增修条文”第十一条之意旨。该“解释”并未附具“不同意见书”或“协同意见书”，说明其论证过程和结论得到了参与本案的全部十一位“大法官”的一致认同。②

根据本号“解释”及其“理由书”，“大法官”认定“两岸人民关系条

① 此外，台北高等行政法院第三庭还以“行政诉讼法”第二百五十二条关于台湾地区“最高行政法院”法官始有权声请“释宪”的规定违背“释字第371号解释”意旨为由，声请台湾地区司法机构宣告该规定“违宪”，但“释字第618号解释”对这一部分声请未予受理，且其与两岸关系之关联不大，故本文对此不再作详细论述。

② 根据台湾地区第六个“宪制性文件增修条文”第五条第三项的规定，2003年由陈水扁提名的十五名“大法官”中，八人的任期为四年，其余七人的任期为八年，以期建立每四年更换一半的权力制衡机制，但这一机制最终未能实现。

例”系争条文“合宪”的具体步骤可以概括为：第一，台湾地区“宪制性文件”第十八条赋予人民的担任公职的权利受到台湾地区“宪制性文件”第七条所明定之平等原则的保障，但台湾地区“宪制性文件”第七条之平等是指实质平等而非形式平等，立法机关可以斟酌事物性质之差异而为合理的区别对待，只要符合台湾地区“宪制性文件”第二十三条规定的比例原则即可；第二，由于两岸关系事务涉及政治、经济、社会等多方面的复杂因素，应当给予立法机关以充分的决策空间，故对立法机关就该类事务所作出的决定，司法机关在依比例原则进行审查时，应采取宽松的审查基准，除非其具有明显之重大瑕疵，“释宪”机关即应予以尊重；第三，公务人员职务之行使，应积极考虑“国家”整体利益，采取一切有利于“国家”之行为与决策，亦即应当履行“忠诚义务”，鉴于两岸处于分离与对立之状态，且政治、经济与社会等体制具有重大之本质差异，为了确保“台湾地区安全、民众福祉暨维护自由民主之宪政秩序”，而对入台大陆居民担任公职之资格设定额外限制，其目的洵属合理，符合比例原则中的目的正当性要求；第四，由于原设籍大陆之人民，对“自由民主宪政体制”的认识与其他台湾地区人民有所差异，故其培养对“自由民主宪政体制”的认识、融入台湾社会并普遍获得台湾人民对其所行使公权力之信赖，需有较长的适应期间，由此，系证条文对入台担任公务人员之资格施加在台湾设籍十年的时间限制，其手段仍在必要及合理之范围内，符合比例原则中手段与目的的合理关联性要求。综合上述理由，“大法官”认定“两岸人民关系条例”系争条文“尚无明显而重大之瑕疵”，并不违反台湾地区“宪制性文件”第二十三条之比例原则，也不违反“宪制性文件”第七条之平等原则。

本号“解释”涉及两岸关系政治对立的现实状况与台湾地区“宪制性文件”规定的平等的人民基本权利之间的矛盾，属于典型的“权利型解释”。[①] 为了掩饰其内在的政治目的和价值预设，“大法官”严格运用了所谓“纯粹”法学方法，刻意将其对两岸关系的基本态度包装于严格的法学辞藻之下。“大法官”先以“实质平等”理论导出限制入台大陆居民基本权利的台湾地区“宪制性文件”中的依据，继而以公务人员对“国家”负有“忠诚义务”，而“两岸目前仍处于分治与对立之状态，且政治、经济与社会等体制具有重大之本质差异”，原设籍大陆地区人民“对自由民主宪政体制认识与其他台湾地区人民容有差异”为由，认定系争条文符合比例原则。[②] 这样的论证过程表面上严谨而客观，但仍难掩其预设结论的刻意操作。

【理论评析】

在“释字第618号解释”中，“大法官”再次肯定了“两岸人民关系条例”适用于“国家统一前”的立法意图，在文字上尚未公然突破一个中国原则，但其明确且直接地使用了“区别对待”的表述，并以两岸意识形态对立作为区别对待的理由，甚至公然表达出了对入台大陆居民之忠诚度的怀疑，显然巩固并深化了两岸之间的隔阂，对两岸人民的交流起到了阻碍作用。下文将从本号“解释”所处之时代背景、所采之宽松的审查密度、对“区别对待”的具体审查、“大法官”的逻辑推演以及对两岸关系的影响几个方面，对其加以详细阐释。

（一）“司法轮替”与“扁氏台独”：本号“解释”作出的背景

“司法院组织法”第五条第一项规定“大法官”“须超出党派以外，独

① 对“大法官解释”模式的分类，参见周叶中、祝捷：《我国台湾地区“司法院大法官”解释两岸关系的方法》，载《现代法学》，2008年第1期。

② “释字第618号解释”“解释文”。

立行使职权，不受任何干涉”。“大法官”在司法实践中亦热衷于标榜“司法中立”。然而，“超脱党派以外”不等于“超脱政治运行”，实际上，台湾地区司法机构不仅在岛内的政治生态中发挥着重要的作用，其本身也有着虽然隐蔽但不容忽视的政治色彩。一方面，“大法官”因其特殊的提名方式难免受到现实的政治气候的左右，另一方面，“大法官”自身的政治倾向，尤其是统“独”立场，对其司法活动的影响亦不容小觑。正因如此，乃有学者将多数“大法官”政治立场的更迭称概括为“司法轮替”。①

2003年，台湾地区司法机构第六届“大法官”任期届满，陈水扁得以一次性提名十五名“大法官”，这是“宪政改革”后台湾地区的第一次显性的“司法轮替”。②不过，由于台湾地区司法机构较强的专业性和独立性，又兼当时民进党未能掌握台湾地区立法机构多数席位，所以这十五名“大法官”仍以在政治上较为保守的司法界耆宿和学术界精英为主，明显具有偏“独”立场的只有城仲模、许宗力、林子仪、赖英照等人。在该度“司法轮替”以前，台湾地区司法机构已通过一系列“大法官解释”形成了区别对待大陆人民与台湾人民的所谓“区别对待”准则，1999年的“释字第497号解释”被视为“区别对待”两岸人民在司法上的直接渊源。而在该度“司法轮替”后前长达三年的时间内，台湾地区司法机构并没有作出任何一份与两岸关系直接相关的“大法官解释”，直至2006年11月本号“解释”出台。在这三年中，并非没有与两岸关系相关之“释宪”声请，事实上，本号“解释”的“释宪声请书”早在2003年12月1日（亦即该度“司法轮替”后两个月）就已递送台湾地区司法机构。台湾地区司法机构之所以迁延三年方始作出本号“解释”，一方面固然是因为严格而烦琐的

① 参见祝捷：《“司法轮替”隐藏“法理台独”隐忧》，载《台声》，2016年第5期。

② 实际上，台湾地区司法机构的政治立场及“大法官解释”在两岸关系中所起作用早在1990年“宪改”肇始之际就已然发生变动，不过这种变动与显性的人员变更并无直接关联。可参见周叶中、祝捷：《我国台湾地区“大法官”解释两岸关系的方法》，载《现代法学》，2008年第1期。

程序所限以及出于对论证严谨性的追求，另一方面也难以排除其在时机选择上的考虑。这就需要考察本号“解释”出台前后台湾地区的政治气候。

陈水扁上台后不久，就因为执政水平低下以及严重的腐败问题而令台湾民众深感失望与不满，支持率迅速下跌。2004 年侥幸连任后，陈水扁不得不改变策略回归基本盘，拥抱深绿势力，试图以激进的“台独”举措重新换取选民的支持。2006 年正是扁氏抛出的“实施新宪法时间表”中“公投制宪”的时间。虽然催生新“宪法”的企图归于失败，但扁氏仍在 2006 年终止了明显带有一个中国印记的“国家统一委员会”和“国家统一纲领”，所谓“台湾正名运动”也于当年步入高峰。在“扁氏台独”肆意横行的 2004 年至 2006 年里，岛内的“台独”氛围也愈演愈浓，台湾的主体性得到前所未有的强化。在号称“司法独立”的台湾政治生态环境中，虽然很难找到直接证据能够证明本号“解释”的作成与扁氏当局推行的“台独”行径有所关联，但至少在客观上，该“解释”起到了与陈水扁当局的“台独”主张相呼应的作用，这也是 2003 年“司法轮替”后的台湾地区司法机构对扁氏当局“台独”政策的默许与纵容。

（二）最宽松的审查基准：本号“解释”中审查密度的选取

台湾地区“宪制性文件”第七条规定：“人民，无分男女、宗教、种族、阶级、党派，在法律上一律平等。”此系台湾地区“平等原则”的法源。然而 1999 年 5 月，台湾地区司法机构作出的“释字第 485 号解释”声称：“宪法第七条平等原则并非指绝对、机械之形式上平等，而系保障人民在法律上地位之实质平等，立法机关基于宪法之价值体系及立法目的，自得斟酌规范事物性质之差异而为合理之区别对待。”① 自此而后，台湾地区司法程序中所引用的“平等原则”，皆是指“实质平等”而言。2005 年 5 月

① “释字第 485 号解释”“解释文”。

颁布的“释字第596号解释”进一步提出，衡判平等原则的核心任务是判断对待两事物之区别是否在合理界限内，其过程可分为三步：第一，判断两事物之间是否具有可比性；第二，查明“区别对待”的“区别”所在；第三，判断这样的“区别”是否合理。而在审查“区别”是否合理时，一般会运用台湾地区“宪制性文件”第二十三条规定的“比例原则”，考虑“区别对待”的目的正当性、手段与目的之合理关联性等因素，以判断“区别”是否逾越合理限度。

由于以上因素中“正当”“合理”的认定充斥着极强的不确定性，且受法官的主观因素的影响极大，故在对其进行审查时，首先需要确定“审查密度”。所谓审查密度，系指法院审查限制基本权利的公权力行为时所采用的宽严尺度，[①] 审查密度的选择，在很大程度上决定着最终的判断结果。根据“大法官”许宗力在“释字第578号解释”中所提的观点，台湾地区的审查密度体系由宽至严可分为三个层级：（1）最宽松审查密度，只要立法者对事实的判断与预测不具公然、明显的错误，或不构成明显恣意，即应予以尊重；（2）中度审查密度，如立法者的事实判断合乎事理、说得过去，即可以予以支持；（3）最严格审查密度，司法者需对立法者判断就须作具体详尽的深入分析，倘无法确信立法者的判断是正确的，就只能宣告系争手段不符比例原则之要求。[②]

在台湾地区的司法实践中，“大法官”主要是以“受限制的权利”和“据以区分人群的标准”两种因素为判断标准来选择查密度：受限制的权利越重要、据以区分人群的标准越具有客观性，所选取的审查密度往往就越严格。在本案中，“受限制的权利”是台湾地区“宪制性文件”第十八条赋予人民的担任公职之权利，不仅涉及生存权和就业权，同时也是十分

① 参见祝捷：《平等原则检视下的大陆居民在台湾地区权利保障问题——以台湾地区“司法院”“大法官解释”为对象》，载《法学评论》，2015年第3期。

② 参见“释字第578号解释”“大法官”许宗力“协同意见书”。

重要的政治性权利，而“据以区分人群的标准”则为人民的原设籍地或者说出生地，是一种先天的、纯客观的标准。因此，在本案中，“大法官”本应以最严格审查密度审查系争条文，至少也应采中度审查密度。[①]对比审查密度理论的起源国，在为数不少的美国同类案件中，由于美国联邦宪法第十四修正案明文规定天生公民及归化公民均为美国公民，故美国法院、学说皆认定以“原国籍”为分类标准的立法和“种族”分类相同，应采取严格审查标准。然而，在本号“解释”中，“大法官”却以两岸事务纷繁复杂、应当给予立法机关充分的决策空间为由，径直采取最宽松审查基准，显然是缺乏说服力的，不排除是台湾地区司法机构受到了政治因素干扰的可能。

（三）“目的正当性”与“合理关联性”：“大法官”对“区别对待”合理性的审查

择定审查密度之后，“大法官”从“目的正当性”和“手段与目的的合理关联性”两方面对系争规定进行了审查。因为彼时，比例原则理论在“大法官解释”中尚未完整建立，在“释字第618号解释”中，“大法官”将比例原则的运用简化为目的是否正当以及限制手段与目的间是否存在关联两个因素。[②]以下将分别运用中度审查密度和最宽松审查密度对这两项因素进行考察，以检验本号“解释”中“大法官”的判断过程是否合理。

在“目的正当性”方面，“大法官”提出，系争条文所作区别对待，“乃系基于公务人员经国家任用后，即与国家发生公法上职务关系及忠诚义务，其职务之行使，涉及国家之公权力，不仅应遵守法令，更应积极考

① 参见吴佳桦:《隐藏不住的偏见——评释字第618号解释》,载《法学新论》,2009年1月刊（总第6期），第101—128页。

② 参见宋静:《从“区别对待”到比例原则:台湾地区涉大陆人民法律地位“大法官解释”逻辑路径研究》，载《台海研究》2017年第1期。

虑国家整体利益，采取一切有利于国家之行为与决策；并鉴于两岸目前仍处于分治与对立之状态，且政治、经济与社会等体制具有重大之本质差异，为确保台湾地区安全、民众福祉暨维护自由民主之宪政秩序，所为之特别规定，其目的洵属合理正当”。[①] 通过这一论证过程，“大法官”传达出了两个层面的态度：首先强调了两岸之间的区别和对立，继而表明了基于这种区别和对立而产生的对原设籍大陆之人民的“忠诚度”的怀疑，即认为径直赋予此类人民担任公职权可能会危害“台湾地区安全、民众福祉暨自由民主之宪政秩序”。故根据本号“解释”，系争条文的立法目的在于确保公职人员能够履行“忠诚义务”，以维护“台湾地区安全、民众福祉暨自由民主之宪政秩序”。[②]

无论是依据中度审查密度还是最宽松审查密度，“目的正当性”都存在说服力不足的漏洞。若依中度审查密度，则此等立法目的实难谓之“合乎事理”。因为所谓“台湾地区安全”“民众福祉”“自由民主之宪政秩序”，都是抽象而空洞的立法语言，“大法官当然必须进一步解释，究竟所谓的‘国家安全’和民众福祉代表什么，否则难免启人疑窦，只要这两个大目的搬上台面，任何法律都合宪”。[③] 也就是说，“在中度审查标准之下，必须要有其他更具体的目的支撑系争立法，否则，任何法律都可藉国家安全、民众福祉之名，行侵害人民权利之实”。[④] 至于所谓公职人员的“忠诚义务”，则并未在系争条文中直接体现，且“大法官”对其所作阐述同样过于空洞，亦不足以被认定为“正当目的”。纵然依最宽松审查密度，认定上述立法目的为“合理”也有牵强之处，因为纵然考虑到两岸政治关系

① “释字第618号解释”“解释文”。

② “释字第618号解释”“解释文”。

③ 吴佳桦:《隐藏不住的偏见——评释字第618号解释》,载《法学新论》,2009年1月刊(总第6期),第101—128页。

④ 吴佳桦:《隐藏不住的偏见——评释字第618号解释》,载《法学新论》,2009年1月刊(总第6期),第101—128页。

的特殊状态，立法者默认原设籍大陆人民担任与政治关联不大的教师职务即为不利于“台湾地区安全、民众福祉暨自由民主之宪政秩序”，这更像是一种透过政治有色眼镜的歧视性态度，涉嫌最宽松审查密度中“明显恣意”，当然难以称得上是“目的正当性”。

在“手段与目的的合理关联性”方面，“大法官”提出，“基于原设籍大陆地区人民设籍台湾地区未满十年者，对自由民主宪政体制认识与其他台湾地区人民容有差异，故对其担任公务人员之资格与其他台湾地区人民予以区别对待，亦属合理”，“实乃考虑原设籍大陆地区人民对自由民主宪政体制认识之差异，及融入台湾社会需经过适应期间，且为使原设籍大陆地区人民于担任公务人员时普遍获得人民对其所行使公权力之信赖，尤需有长时间之培养，须在台湾地区设有户籍满十年，作为担任公务人员之要件，系争规定以十年为期，其手段仍在必要及合理之范围内”。概言之，系争条文之所以对原设籍大陆人民作出设籍台湾未满十年不得担任公职的限制，是为了培养其对“自由民主宪政体制”的认识，并使之获得人民对其所行使公权力之信赖，而对“自由民主宪政体制”的认识和人民的信赖乃是公务人员充分履行“忠诚义务”“采取一切有利于国家之行为与决策”的先决条件。[①]

不管是依据中度审查密度还是最宽松审查密度，“关联合理性”也存在难以令人信服之处。手段与目的之间的合理关联性包括两方面：一是关联性，即“区分人群的标准”与立法目的之间具有实质关联；二是合理性，即对被区别人群权利的限制在程度和范围上确有必要。在本案中，系争条文通过与“国籍法”第十条相结合，将所有台湾籍人民区分为三类：天生的台湾人、原设籍大陆的台湾人、“归化”的外国人或无国籍人，并对后两者的担任公职作了限制。考虑到两岸政治关系的特殊状态，台湾当局原

① “释字第618号解释”“理由书”。

籍所在作为区分人群的标准，尚可以认为其手段与目的之间具有实质关联。然而，“两岸人民关系条例”系争条文对原设籍大陆人民所设限制，远超过“国籍法”第十条对“归化”的外国人或无国籍人所设限制，后者仅列举式地限制了“归化”的外国人或无国籍人担任部分公职的权利，前者则概括式地限制了原设籍大陆人民担任一切公职的权利。难道原设籍大陆人民对台湾的认同尚远不及“归化”的外国人或无国籍人？再者，对原设籍大陆人民担不同类型的公职的权利，系争条文均几乎一刀切地设定了“在台湾设籍十年”的时间限制，[①] 连与政治并无关联的教师等职务也不例外，这显然过于严苛。无论依中度审查密度还是依最宽松审查密度，这样普遍而严苛的权利限制，都应被认定为无必要最起码也是不合理的歧视性待遇，而不应被认为存在“关联合理性”。

（四）本号“解释”的逻辑推演以及对两岸关系的影响

虽然本案涉及入台大陆人民担任公职权和平等权两项基本权利，但显然后者才是本案的核心争议所在。实际上，在本号“解释”中，台湾地区“宪制性文件”第七条关于平等原则之规定，反而吊诡地成为“大法官”据以支持“区别对待”、限制原设籍大陆人民基本权利的台湾地区“宪制性文件”中的依据。“大法官”论证过程可以归纳为如下四个步骤：

第一步，以“实质平等”理论为“区别对待”的存在创造前提。所谓“实质平等”，是与“形式平等”相对而言的，“实质平等”允许“合理的区别对待”。第二步，以最宽松审查密度为系争条文的“合宪”开拓空间。在检验“区别”是否逾越合理限度时，“大法官”以两岸关系事务涉及复杂因素、应给予立法机关充分的决策空间为由，选取了最宽松审查密度，

① 根据台湾地区“两岸人民关系条例”第二十一条第一项，担任情报机关（构）机构或“国防”机关（构）特定职务，需要在台湾设籍二十年。

为系争条文被认定为“合宪”创造了极大空间。第三步，肯定系争条文的目的正当性和手段与目的的合理关联性。“大法官”提出了系争条文的多重立法目的，并认定其均属正当，而系证条文对大陆人民的限制为实现上述目的所必须，符合比例原则中手段与目的的合理关联性要求。第四步，得出系争条文“合宪”的结论。

自1989年6月作出的“释字第242号解释”开始，台湾地区司法机构通过一系列“大法官解释”逐步形成了区别对待大陆居民和台湾居民的“区别对待”准则。该准则使得在台大陆居民的平等权利难以获得有效保障，极大地阻碍了两岸人民的交流与融合，但在本号“解释”之前，该准则仅被适用于“出入境”领域。本号“解释”则使“区别对待”准则的适用范围扩展到“入出境”领域之外的其他基本权利领域，并使其在司法实务中得到深化，将“区别对待”准则推向了高峰。在两岸关系本已趋冷的时代背景下，本号“解释”无疑起到了雪上加霜的作用，进一步加深了两岸人民之间的隔阂。

在更抽象的层面上，本号“解释”可以视为自李登辉时代以后台湾社会中客观存在的歧视、恐惧、敌视大陆人民的公众情绪在司法途径中的反映。部分台湾人因两岸长期对立、隔绝而形成的对大陆人民的错误认识，不仅没有随着两岸恢复往来而消弭，反而在一些负面事件的刺激和某些媒体的渲染之下逐步加深。在李登辉、陈水扁主政期间，出于政治目的而抹黑大陆人民的舆论宣传更是屡见不鲜。受其影响，相当一部分台湾民众对大陆人民带有根深蒂固的歧视与偏见。本案系争条文以及与台湾地区“宪制性文件”具有同等效力的本号“解释”，正是将这种歧视与偏见上升到了“宪制性文件”和“法律”层面。虽然本号“解释”及其“理由书”采用了中立、客观、学术化的语言风格，但“大法官”们对大陆人民的不友善态度是难以掩饰的，其用以论证系争条文所设区别对待的目的正当性和手段与目的之间关联合理性的种种理由，莫不可归结为一种来源已久的原籍歧视。

官方对歧视与偏见的认可，只会更进一步台湾社会对大陆同胞的刻板印象。虽然自20世纪末以来，大陆在军事、经济、文化等领域全方位赶超台湾地区的态势已然不可逆转，两岸之间综合实力的差距迅速扩大，但部分台湾居民的傲慢与偏见并未随之降低，甚至还有提升之势。直到现在，陆配、陆生等来自大陆的社会群体依然时常被标签化、边缘化甚至污名化，始终未能彻底融入台湾社会。“讽刺地是，台湾社会对于与我们语言、文化相近的大陆人极度不友善，但对于日本、美国或欧洲等移民则热情洋溢，并不时透过立法的方式将大陆人贴上劣等的烙印，提醒大陆裔台湾人，你们是低劣的二等公民。”[①]“释字第618号解释”正式这种畸形文化范围下的产物。

幸运的是，随着时间的推移，这种迹象得到一定程度的好转。自2011年11月“释字第692号解释”作出后，“区别对待”准则逐渐被搁置、取代，这不可不谓之台湾地区司法机构在两岸关系上的开明与进步。然而，遗憾的是，两岸人民之间心灵上的隔阂还远未能消除。为实现两岸同胞的心灵契合，我们还有很长的路要走。

【延伸思考】

在前述分析主干之外，本号“解释”还涉及一些值得探究的问题，现从中择取两个，以供读者思索：

第一，“两岸人民关系条例”第二十一条、“国籍法”第十条的区别性规定以及“释字第618号解释”，一边给予两岸人民区别待遇，一边言说“国家统一前”，这究竟是体现了一个中国原则，还是背离了一个中国原则？

① 吴佳桦：《隐藏不住的偏见——评释字第618号解释》，载《法学新论》，2009年1月刊（总第6期），第101—128页。

如前所述，“两岸人民关系条例”第二十一条对原设籍大陆人民担任公职所作限制，远超过“国籍法”第十条对“归化”的外国人或无国籍人所设限制，亦即大陆同胞在台湾所享受的待遇比外国人还有所不如。这对于维护一个中国原则来说，究竟是一件好事还是坏事？本书认为，对这一问题应当作辩证的理解：一方面，这样的差别对待在一定程度上体现了台湾当局对大陆的敌视和对大陆人民的警惕，这层浓郁的政治滤镜的确不利于促进两岸交流的进一步深化和国家的和平统一进程的推进；但另一方面，台湾当局对大陆的警惕和敌视立基于两岸的政治对立，而两岸的政治对立正是中国内战的延续，是两岸之间处于内战中止状态的结果。“释字第618号解释”中仍然沿用了“国家统一前”的表述，加之“两岸人民关系条例”第二十一条乃至该条例的全部内容，都是建立在该“条例”开篇即认可的一个中国原则的基础之上的，因此，我们很难说“两岸人民关系条例”第二十一条与“国籍法”第十条对大陆人民在台担任公职的限制是与一个中国原则完全背离的存在。在一定程度上，“释字第618号解释”强化了对两岸人民的区别待遇，但同时也承认了两岸之间因内战导致的政治对立现实，反而凸显了两岸原本同宗同源的历史渊源。由此，“区别对待”是应当警惕的，但在为入台大陆居民争取正当权益的过程中，更应当警惕台湾当局趁机动摇“两岸人民关系条例”的一个中国基础，避免台湾当局赋予大陆同胞以“外国人待遇”的情形发生。后者对于一个中国原则的破坏力显然更大。

第二，为什么仅部分“大法官”参与作出“大法官解释”的状况在陈水扁后期近乎成为常态？“大法官”员额共有十五人，虽然根据台湾地区“司法院大法官审理案件法”第十四条的规定，只需要现有总额三分之二的“大法官”出席并经出席人三分之二同意，即可通过“大法官解释”，[①]

① 但宣告命令抵触台湾地区“宪制性文件”时，只需出席人过半数同意即可。

但在多数情况下，在职的“大法官”会尽可能地全部出席“大法官解释”的制定过程并在“理由书”下签字，这也是全体“大法官”的集体表态，也是对“释宪”案件的高度重视。[①] 然而在陈水扁执政后期，“大法官”不全体参与“释宪解释”的制作基本成为常态。例如在本“解释”作出时，在任的“大法官”有十三人，[②] 其中在本号“解释”“理由书”下署名的只有十一人，林永谋、许玉秀两位在职“大法官”则未参与本号“解释”的作成。在时间相近的其他“解释”中，“释字第619号解释”和“释字第620号解释”只有十位“大法官”参与，“释字第625号解释”和“释字第626号解释”更是只有九位大法官参与。造成这一现象的原因可能是，陈水扁执政后期“大法官”的数量常存在缺额，[③] 以至于“大法官”为了提高效率不得作出分工，各自仅参与其中的部分案件。这种仅有部分“大法官”参与作出“大法官解释”虽然是合法合规的，但这种欠缺“大法官”之间足够制衡与牵制的出席状况对于作出与两岸关系相关的“大法官解释”究竟是一桩好事还是坏事呢？这恐怕要留给读者自己思考了。

（本篇作者：路忠彦，武汉大学法学硕士，曾任武汉大学两岸及港澳法制研究中心研究助理）

---

① 资料来源：https://www.judicial.gov.tw/constitutionalcourt/p03.asp，最后访问日期：2018年8月30日。

② 2003年，陈水扁一次性提名了十五名“大法官”，但在本号“解释”作成之前，杨仁寿、城仲模两位“大法官”已离职，造成了两个职位空缺。

③ 2007年，陈水扁获得提名八名“大法官”的机会，但由于台湾地区立法机构的阻挠，仅得以任命其中四人，造成了四个职位的空缺。

案评十 “释字第644号解释”：“外独会”设立案

【案情要览】

1992年8月23日，廖中山与陈师孟、张忠栋、林向恺等六十多名台湾学者及政治活动人士基于“在台湾独立建国的行列里，外省人不该缺席”的理念于台北市发起成立了“‘外省人’台湾独立促进会”（Goa-Seng-Lang Association For Taiwan Independence，简称GATI或“外独会”）。作为一个“台湾独立”运动组织，“外独会”以促进不同族群融合，进而达成台湾“独立建国”的理想为宗旨。

1998年11月30日，曾任“外独会”副会长、执行委员的陈师孟以发起人代表身份，检具申请书、章程草案及发起人名册等相关文件向台北市政府社会局申请筹组社会团体“台北市‘外省人’台湾独立促进会”。[①]经审查，台北市政府社会局对“台北市‘外省人’台湾独立促进会”是否属于台湾地区“人民团体法”第四十四条界定的“政治团体”以及宗旨中主张的“支持以和平方式，推动台湾独立建国”是否违反“人民团体法”第二条的规定持有疑义，遂于1999年1月6日向“内政部”请示。[②]同年2月3日，“内政部”答复称，团体名称为“台北市‘外省人’台湾独立促

---

① 参见“释字第644号解释”“声请书”。

② 参见“释字第644号解释”“声请书”。

进会”，宗旨系“支持以和平方式，推动台湾独立建国”，与“人民团体法”第二条规定不符。[①] 据此，台北市政府社会局作出对陈师孟的申请不予许可的决定。陈师孟不服，提起诉愿、再诉愿均遭决定驳回，向台湾地区“最高行政法院”提起的行政诉讼亦被驳回。2001 年 6 月 8 日，陈师孟依据“司法院大法官审理案件法”第五条第一项第二款的规定，认为以“外独会”的宗旨与“人民团体法”第二条相背为由不准设立，有违台湾地区“宪制性文件”第十四条保障人民集会结社自由的意旨，声请“大法官”解释系证条文，宣告“人民团体法”第二条“违宪”。

因此，本案的系争点在于：“人民团体法”第二条主张共产主义、分裂“国土”的社会团体不许可设立的规定是否“违宪”。

【解释要点】

“大法官”针对本案作成“释字第 644 号解释”，指出“人民团体法”第二条与第五十三条前段的规定实质上赋予了主管机关于许可设立人民团体之前审查人民言论内容并以此为不许可设立理由的权力，这显然逾越了必要的程度，违背了台湾地区“宪制性文件”保障人民结社自由与言论自由的意旨，宣布将其废止。[②]

根据“解释文”及“理由书”，“大法官”首先指出，依据“司法院大法官审理案件法”第五条第一项第二款的规定，“大法官”的审查对象不仅包括“声请书”上所指明的“法律”条文，还包括终局裁判援引的“法律”和命令，从而将审理对象扩大到包括“人民团体法”第二条和第五十三条前段在内的“法律”条文，明确了本案的审查对象；其次，“大法官”不惜笔墨列出了人民结社自由的台湾地区“宪制性文件”依据、权

① 参见“释字第 644 号解释”“声请书”。

② 参见“释字第 644 号解释”“解释义”。

利保障宗旨和权利功能等，阐明人民结社自由对于个人、社会以及民主“宪政”的重要意义，并旋即指出相关“法律”对人民结社自由的限制必须严格遵循台湾地区“宪制性文件”第二十三条的比例原则，否则就违背台湾地区“宪制性文件”保障人民结社自由的本旨；再次，“大法官”介绍了“人民团体法”中关于人民团体的相关规定，包括具体三种类型的人民团体、其非营利性质以及“人民团体之组织与活动，不得主张共产主义，或分裂国土”的禁止性规定；最后，“大法官”援引了“释字第509号解释”先例明确了言论自由的重要性，指出“法律”限制言论自由同样要符合比例原则，并指明“人民团体法”第二条与第五十三条前段可以将“主张共产主义，或主张分裂国土”作为不许可设立人民团体要件的规定实质上赋予了主管机关审查言论本身和直接限制人民言论自由权利的职权，显然逾越了台湾地区“宪制性文件”第二十三条的比例原则及保障人民结社权和言论自由的意旨，与“宪制性文件增修条文”规定的政党“违宪”要件和禁止程序不符，因而宣布“人民团体法”第二条和第五十三条前段的规定即日起失效。①

“释字第644号解释”主要运用了“权利条款 + 权利限制原则”的分析模式，使用了文义解释、论理解释和新兴的“宪法解释宪法”等解释方法。该号“解释”废止了“人民团体法”第二条和第五十三条前段的规定，间接确认了“‘外省人’台湾独立促进会”筹组的合法性与正当性。此外，“大法官”通过“宪法解释”推翻了下级法院的判决，准许了主张台湾“独立建国”的“外独会”的筹组，也暗示着“大法官”在两岸关系上由偏统逐渐趋向于偏“独”的态度转变。

① 参见“释字第644号解释”“理由书”。

【理论评析】

在“释字第644号解释”中，多数“大法官”依据台湾地区“宪制性文件”保障人民基本权利的意旨，通过规范分析的方法确认了“人民团体法”第二条和第五十三条前段规定“违宪”。本案的多数意见“解释文”和“理由书”采用权利分析的模式，并未直接涉及两岸关系，却以“宪法解释”的形式间接宣布了“外独会”设立的合法性，使本案成为支持“台独”的重要“大法官解释”。这种解释技巧与解释结果反映了彼时“大法官”对两岸关系的立场和态度，与本号“解释”发布的特殊的历史背景密不可分。以下主要从解释背景、解释技巧、解释后果以及多数“大法官”的逻辑推演及少数意见四个方面对本案进行具体评析。

（一）解释背景：台湾地区对立性的政党政治

“释字第644号解释”发布于2008年，台湾地区司法机构“大法官”一反以往在“大法官解释”中坚持两岸同属一个中国立场的常态，以“宪法解释”的形式默许了主张台湾“独立建国”的“外独会”等人民团体的设立，为两岸关系的走向埋下了隐患。“释字第644号解释”的产生根源于台湾地区特殊的对立性政党政治。根据大陆学者陈星的观点，台湾政坛目前在形式上呈现出两党制的格局，与稳定的趋同性两党制不同的是，台湾地区的政党政治体现为对立性和斗争性，轮流执政经常伴随着激烈的摩擦和冲突，这种对立性的两党制的直接原因是政党认同的两极化：较国民党而言，民进党有着较重的意识形态色彩，将“台独”理念和政策作为价值诉求的重要组成部分，因而在政治动员中更加强调对抗性。[①] 在历次选举中，国民党和民进党为争夺选票过度谋划操作，台湾社会被撕裂为“泛

① 参见陈星:《简论台湾政党政治发展及其趋势》，载《台湾研究》2010年第6期。

蓝”和“泛绿”的两大对立阵营的“双峰社会”，“只问立场、不问是非”的普遍现象使得原有的族群矛盾、南北对立等雪上加霜，加之民进党不断炒作统“独”议题，制造“省籍”矛盾、族群冲突，民众中的对立情绪高涨。[①]这种对立性和斗争性的政党政治导致台湾地区的公权力机关的行政理念和对外政策缺乏相对的稳定性和持续性，经常出现随着执政党和领导人的变动而变动的窘境，这种影响甚至会波及台湾地区司法机构对两岸关系的立场和定位。

此外，“释字第644号解释”的产生与21世纪初期台湾地区的“台独”力量迅速兴起的时代背景密不可分。1949年国民党退台后，宣布“戒严”并开始实行了长达几十年的一党统治，为了维系“法统”的正当性和在台的统治根基，彼时的“台独”和“通共”一样是国民党当局严厉打击的对象。20世纪七八十年代，党外势力逐渐集结和发展，不断冲击着国民党政治体系中的威权体制。80年代后期，随着国民党党务革新、解除“戒严”、解除“党禁”和“报禁”以及终止“戡乱时期”，台湾的政治结构发生了重大变化，国民党对权力的垄断趋于瓦解，台湾社会逐渐进入多元政党和政党竞争时代。[②]其中，由反对国民党的不同党外政治力量集合而形成的民进党自1986年成立后，其支持度就一直在缓慢上升，成为台湾政坛的主要力量之一，逐渐打破了国民党垄断台湾政治资源主导权的局面。[③]为了共同反对国民党非民主的建制，民进党各个派系在制衡和斗争中形成一个民主独立的理论：台湾之所以无法实现民主，原因就是国民党当局坚持“中国法统”；因此只有祛除“中国法统”，台湾才能实现民主；实现“台独”是祛除“中国法统”所需，因而“台独”就是台湾争取民主的重

① 参见张雷:《2004年台湾“总统”选举后的政党政治走向》，载《东北大学学报(社会科学版)》，2004年11月第6卷第6期。

② 参见孙云:《台湾政治转型后政党体制的演变及其发展趋势》，载《台湾研究集刊》2004年第4期。

③ 参见陈星:《简论台湾政党政治发展及其趋势》，载《台湾研究》2010年第6期。

要环节，民主是目的，而“台独”则是实现民主的手段，为部分台湾民众接受。[①] 随着民进党几经调整其大陆政策，从初期的“自决”主张、“台湾地位未定论”到正式提出“台独”主张，但始终没有放弃“独立建国”的思维。[②]2000年，国民党在台湾地区领导人选举中失去执政权，民进党实现了第一次的政党轮替，进一步刺激了“台独”势力的崛起。民进党执政后否认“九二共识”，抛出“一边一国”和“公投制宪”等激进的“台独”言论，尤其是陈水扁上台后更为积极地落实“台独党纲”，将“台湾前途决议文”上升为民进党大陆政策的指导性纲领，极大地刺激了两岸关系的恶化。这种剧烈的政治变动在一定程度上深深影响着台湾地区同一时期的立法、行政、司法等公权力活动，也重新引导着两岸关系的走向。

享有高度权威的“大法官”并非是生活在真空中的裁判者，他们在有形、无形中难免受到源自执政党执政理念和推行政策的压力和影响。民进党上台后，得势的“台独”分子会不断强化“台独”理念并向其他公权力机关的渗透，台湾地区司法机构也会有意或无意地迎合执政党的政策。颁布于2008年的“释字第644号解释”即明显带有政党轮替和“台独”势力崛起的时代印记。“释字第644号解释”废止了“人民团体法”的某些条款，默许了“外独会”等主张“台独”的人民团体的设立，以“宪法解释”的形式为“台独”势力进行分裂活动打开了法律方便之门。可以说，“释字第644号解释”的解释结果是台湾地区斗争性政党政治与2000年以来政党轮替和“台独”势力崛起的特殊历史背景相互作用的产物。

“释字第644号解释”的争点是“人民团体法”第二条和第五十三条前段对主张共产主义、分裂国土的团体设立的禁止性规定是否“违宪”。“人民团体法”的前身是制定于1942年的“非常时期人民团体组织法”，但其第二条和第五十三条前段规定系经1989年的增订和1992年的修正而

① 参见祝捷：《“民主独立”的台湾故事与香港前路》，载《港澳研究》2015年第2期。

② 参见王忍：《民进党大陆政策发展及影响研究》，中央民族大学2012年硕士学位论文。

来。在党外势力崛起和社会运动频发的20世纪八九十年代，为了维护统治的稳固和社会的稳定，国民党急需以法律的手段加强对党外势力和社会团体的控制，因此在面临着以民进党为首的党外势力的巨大的政治压力下仍坚持利用立法机构的多数优势保留了禁止设立主张共产主义和分裂国土的人民团体的规定，以打压追求“台独”的民进党的发展势头。“人民团体法”第二条和第五十三条前段的规定的去留实质是国民党和民进党一场综合实力的较量。“释字第644号解释”的发布不仅宣告了“人民团体法”第二条和第五十三条前段规定的失效，也标志着国民党在台湾地区对立性政党政治中已经丧失了其绝对优势的地位。

（二）解释技巧：以权利话语包裹统“独”意识

“释字第644号解释”“解释文”和“理由书”全文并未直接涉及两岸关系的定位，但却以保障人民基本权利的名义、隐蔽地通过规范分析的论证方法宣布“人民团体法”第二条和第五十三条前段“违宪”，从而赋予了“外独会”等“台独”团体的“合法”地位，为“台独”势力打开了法律的方便之门。这种隐蔽而高超的解释技巧在台湾地区近些年来的“大法官解释”中并非罕见。“大法官”在“宪法解释”中以“中立”“客观”“公正”面目示人，严格遵循法定程序，通过“解释文”“理由书”等文本形式将解释结果用大量华丽、严谨、规范的法律辞藻表现出来，使解释结果充满“说理性”，甚至借此将具有“台独”内容的解释结果包装在法律仪式和法律辞藻下，使之外观上具有所谓的正当性。[①]

以权利话语包裹统“独”意识的解释技巧多出现在权利型的关于两岸关系的“大法官解释”中。早在1989年的“释字第242号解释”中，“大

① 参见周叶中、祝捷:《我国台湾地区“司法院大法官”解释两岸关系的方法》,载《现代法学》2008年第1期。

法官”完全抛弃先前台湾地区司法机构作出的含有“反攻大陆”意旨的先例，认为“惟国家发生重大变故，在夫妻隔离相聚无期之情况下所发生之重婚事件，与一般重婚事件究有不同”，[①]确认了两岸事实分离的状态，借保护赴台人员的“家庭生活及人伦关系”“社会秩序”等自由和权利之名掩盖了已然出现了分裂的倾向。[②]在针对大陆人民出入境限制性规定的“释字第265号解释”中，“大法官”认为“当国家遭遇重大变故，社会秩序之维持与人民迁徙自由发生冲突时，采取此种入境限制，既为维护社会秩序所必要，与宪法并无抵触”，[③]名义上讨论的是迁徙自由，实际上将台湾和大陆分别视为“自由地区”和“沦陷区”，将大陆人民和台湾人民区别对待，并将“限制绝大多数国民之迁徙自由”视为当然，其中已隐含着分裂国家的认知。[④]“释字第475号解释”的起因是“国民政府”1949年前在大陆地区发行的“国债”债权人声请保护自己的财产权，在“解释文”和“理由书”中，“大法官”以“国家发生重大变故”和公平原则为由，宣布“国家统一前”不予受理，一方面承认了“分裂”的差别待遇，[⑤]同时亦坚持了两岸同属一个中国的立场。在“释字第479号解释”中，“大法官”以“结社自由”为名，认为“人民团体之命名权，无论其为成立时之自主决定权或嗣后之更名权，均为宪法第十四条结社自由所保障之范畴”，[⑥]赋予了台湾当局的“去中国化”“台湾正名”等活动以法律依据，为“台独”

① “释字第242号解释”“解释文”。

② 参见黄明瑞:《从二则“反攻大陆”判例的作成与废止论民法上的政治解释》,载《台大法学论丛》第34卷第4期，2005年。周叶中、祝捷《台湾地区“宪政改革”研究》，香港社会科学出版社有限公司2007年版，第389页。

③ “释字第265号解释”“解释文”。

④ 参见廖元豪:《从政治问题理论,论两岸关系宪法定位之可司法性》,载《政大法学评论》第71期。

⑤ 参见廖元豪:《从政治问题理论,论两岸关系宪法定位之可司法性》,载《政大法学评论》第71期。

⑥ “释字第479号解释”“理由书”。

正名活动大开绿灯。[①] 此外，“释字第497号解释”“释字第558号解释”和“释字第618号解释”也均在人民的迁徙自由下隐蔽地对两岸关系予以定位。

以法律辞藻和权利话语包裹两岸关系的定位问题和统“独”意识的解释方法在台湾地区“大法官解释”实践中的兴起，一方面是因为对于“大法官”而言，这种解释技巧着实可以帮助“大法官”在直面两岸关系定位等高度政治敏感性的解释声请时能够克服如何解释的难题而不染上政治的腥臭，是“大法官”在无法获得“政治问题不审查”原则的庇佑时另一天然的保护盾牌，使“大法官解释”看起来更加法律化和专业化，在客观上这种充满了法律保留、比例原则等法律原则的解释技巧对完善台湾地区的“宪法”学科体系、丰富“宪法”解释方法和实践经验也有一定的助益；另一方面，对于“台独”分子而言，这种解释技巧恰恰可以帮助“台独”绕过台湾地区现行的“公投”“制宪”“修宪”等民主机制的高门槛，以极低的声请“大法官”“释宪”的政治成本、以高度隐蔽的政治手段达到“释宪台独”的政治目的。

对于大陆方面而言，“释宪台独”尤其是“大法官”常用的以权利话语包裹统“独”意识的解释技巧应当引起足够的重视。在“制宪台独”和“修宪台独”面临较大困难的今天，“释宪台独”因其隐蔽性而受到“台独”分子新的追捧，[②] 而以权利话语包裹统“独”意识的解释技巧则将统“独”进行了二次包装，其低成本、易操作和高度的隐蔽性的特点很容易为“台独”分子进行分裂活动所利用。大陆方面对“大法官”做出的有关两岸关系的举动应当保持足够的警惕，加强对“大法官解释”解释方法的研究，

---

① 参见周叶中、祝捷:《台湾地区“宪政改革”研究》，香港社会科学出版社有限公司2007年版，第393页。

② 参见周叶中、祝捷:《台湾地区“宪政改革”研究》，香港社会科学出版社有限公司2007年版，第379页。

对那些涉及两岸关系定位的“大法官解释”进行抽丝剥茧的精细分析、逻辑严密的规范分析和细致入微的实证分析，识破“大法官解释”甚至解释技巧中“台独”的伎俩，提高对解释结果的可预测性。①

（三）解释后果：为“台独”势力打开方便之门

在“释字第644号解释”中，“大法官”以“人民团体法”第二条与第五十三条前段的规定赋予了主管机关事前审查人民的政治言论的自由为由认定其“违宪”，宣布将其废止。“大法官”的解释在客观上对保障台湾地区人民的言论自由和结社自由的确起到了一定的积极作用，扫除了国民党“动员戡乱时期”一党专制的法律残留障碍，但同时，“释字第644号解释”也赋予了本案中“外独会”设立的合法性，为其他主张“台独”的社团组织的设立和发展打开了法律方便之门，对两岸关系的和平发展将产生深远的影响。

根据“外独会”的发展历程来看，“外独会”的海外组织“台湾外省子弟台湾独立支援会”早于1992年2月初便由旅美外省子弟在洛杉矶宣布成立，其后开始办理眷村宣讲、成立华语电台等进行宣讲，支援“台独”运动。同年8月，奉行“台湾独立建国”的一些“外省人”（主要包括部分台湾学者、政治活动家以及社会活动人士）着手在台北市发起成立“外独会”，以进一步“促进台湾独立建国”。1998年11月，“外独会”的负责人陈师孟向台北市政府社会局申请筹组，获得时任台北市市长陈水扁的准许。但同年，陈水扁在台北市长的连任选举中意外败给国民党的参选人马英九，马英九上台后，台北市政府社会局将责任抛给“内政部”，“内政部”于1999年2月以该组织违反当时“人民团体法”第二条“不得主张

① 参见周叶中、祝捷:《我国台湾地区“司法院大法官”解释两岸关系的方法》，载《现代法学》2008年第1期。参见廖元豪:《高深莫测，抑或乱中有序？——论闲人大法官载基本权利案件中的“审查基准”》，中研院第四届“宪法解释”之理论与实务研讨会，2006年。

分裂国土”的规定为由作出了不予许可的决定。两年后，2001年6月，陈师盂声请台湾地区司法机构“大法官”“释宪”，在拖延了七年之久后，“外独会”才假“释字第644号解释”之名正式具有了合法性。根据相关资料显示，“外独会”自成立后主要从事一些座谈、研讨、演讲和游行等社会活动，于2005年日趋式微，久未从事政治社会相关的活动，没有会址，没有电话。[①]2008年，台湾地区政党再次轮替，“人民团体组织法”修改，“外独会”亦未依法至“内政部”申请核准设立，成为一个名副其实的“空壳”组织。

“释字第644号解释”并没有让式微的“外独会”起死回生，但在客观上刺激了其他“台独”组织的设立和“台独”势力的发展，助长了“台独”分子的野心。在2008年3月民进党即将下台之际，陈水扁不断鼓吹“法理台独”，力推“两个对等实体”的“分裂国家模式方向发展”的大陆政策，屡次挑衅两岸关系，大搞“去中国化”，两岸关系处于严重对立的状态。2008年3月，国民党在反思再造之后重新执政，开除“台独”分子李登辉，重新回到“九二共识”和一个中国的立场，与此同时，台湾岛内出现了遏制“台独”的新动向，岛内绝大多数民众的“主流民意”仍是“求安定、求和平、求发展”。[②]国民党的重新执政和台湾民众的呼声及时遏制了日益猖獗的“台独”势力，将两岸关系重新纳入和平发展的轨道。

此外，“释字第644号解释”标志着台湾地区“大法官”在两岸关系上的立场和态度的转变。在此之前，尽管“大法官”曾多次作出诸如“释字第31号解释”“释字第85号解释”“释字第117号解释”“释字第150号解释”“释字第242号解释”“释字第261号解释”等关于两岸关系的

---

① 参见“外省人台湾独立促进会大事记”，资料来源：http://www.1949er.org/，最后访问日期：2018年7月23日。参见陈翠莲、黄秀芬：《政治社会化与政治认同之变迁：以“外独会”为例》，载《法政学报》2005年第9期。

② 参见王青青、李松林：《新世纪以来两岸关系的回顾与思考》，载《思想理论教育导刊》2014年第3期。

“大法官解释”，但其中“大法官”的立场和态度基本上是偏向于统一，即使出现一些“独”的苗头和影子，也会以暧昧的言辞或是法律语言谨慎地包装。在“释字第644号解释”中，“大法官”一反以往的谨言慎行，以“人民团体法”第二条与第五十三条前段的规定“违宪”为由，直白了当地赋予了“外独会”等“台独”组织以法律上的合法地位。此次，“大法官”对“台独”组织纵容态度的“尺度”如此之大，或许恰好印证了“释宪台独”的高度可行性以及对两岸关系的极大危害。

（四）多数“大法官”的逻辑推演及少数意见

在“释字第644号解释”多数意见“解释文”和“理由书”中，“大法官”实际上构建了一个限制人民结社权和言论自由的比例原则，然后按构建的上述理论模型，宣告系争之“人民团体法”第二条与第五十三条前段的规定实质上赋予了主管机关审查人民言论本身的职权，直接限制了人民的言论自由，逾越了必要的程度，不符合台湾地区“宪制性文件”规定的比例原则和保障人民权利的意旨。“大法官”的推演共分为三步：

第一步，“大法官”依据台湾地区“宪制性文件”第二十三条构建了限制人民自由权利的比例原则的简单模型，使其得用比例原则检验“人民团体法”第二条与第五十三条前段的规定是否“合宪”。从“释字第644号解释”“理由书”可以看出，“大法官”不惜笔墨地依据台湾地区“宪制性文件”和以往的“大法官解释”详细阐述了人民的结社自由和言论自由的重要意义，引出了台湾地区“宪制性文件”第二十三条规定的比例原则，指出限制人民的结社权和言论自由必须严格遵循比例原则，为后文的具体论证准备了理论基础。

第二步，“大法官”将以“主张共产主义，或主张分裂国土”等政治主张为不许可设立人民团体的要件进行了推导。“大法官”指出，以“主张共产主义，或主张分裂国土”等政治主张为不许可设立人民团体的要件，相当于赋予了主管机关审查言论本身的职权，而这直接限制了人民言论自由的基本权利，亦不利于保障人民的结社权，[①] 从而将“人民团体法”第二条与第五十三条前段的规定转换成直接限制人民的结社权和言论自由的话语。

第三步，“大法官”将第二步推导出的直接限制人民的结社权和言论自由的结论置于第一步所构建的比例原则的模型中进行检验，确定其违背了比例原则。“大法官”认为，如果于申请设立人民团体之始主管机关即可以“主张共产主义或分裂国土”为由而不予许可，无异于仅因“主张共产主义或分裂国土”就禁止设立人民团体，这种对结社权和言论自由的限制显然逾越台湾地区“宪制性文件”所规定的比例原则，也不符合“宪制性文件”保障人民结社权和言论自由的意旨。[②] 因此，“大法官”宣布“人民团体法”第二条与第五十三条前段的规定因“违宪”而即日起失效。

多数“大法官”通过以上三个步骤的逻辑推演，确认了“人民团体法”第二条与第五十三条前段的规定违反了比例原则，宣布其因“违宪”而失效。此外，为了增强论证的说服力，“大法官”还引入了“宪制性文件增修条文”第五条第五项的规定说明人民团体设立后若有危害“国家”存在或“宪政”秩序的目的或行为，经“宪法法庭”作成解散判决后可以禁止，进一步印证了没有事前禁止的必要性，充实了“理由书”的论证力。

关于本案，有“大法官”林子仪、许宗力的“协同意见书”各一份和“大法官”许玉秀的一部“协同、不同意见书”。其中，“大法官”林子仪在其“协同意见书”提出：第一，公民因政治理念筹组团体不仅是其言论自由，也是其结社自由，“人民团体法”第二条与第五十三条前段的规定即是对人民结社自由和言论自由的一种事前限制。第二，这种事前限制是

---

① 参见“释字第 644 号解释”“理由书”。

② 参见“释字第 644 号解释”“理由书”。

否“合宪”，要从两个方面判断，目的是否正当和手段侵害是否最小。“人民团体法”第二条与第五十三条前段的规定是为了落实“宪制性文件增修条文”第五条第五项的防卫性民主原则，维护“国家”的存在和“宪政”秩序，因而目的“合宪”，但其事前审查的方法与防卫性民主并无实质性联系，规定的内容亦不明确，并非达成防卫性民主目的的侵害最小手段，因此这种限制“违宪”。第三，“大法官”林子仪并不认同多数意见中的“若有进一步事实，足以认定其目的或行为有危害中华民国之存在或自由民主宪政秩序时，即得废止其许可”的观点。[①] 林氏指出，这种预防性因应措施不符合宽容的防卫性民主理念，亦不符合比例原则，但由于已成为“宪制性文件增修条文”的内容，其适用应采取最严格的解释，即该项规定仅限于规范政党的目的和行为而不适用于人民团体，但林氏认同多数意见中的“人民团体鼓吹共产主义或分裂国土，依客观事实，于大众受其鼓吹致对中华民国之存在或民主宪政秩序之危害已达明显而立即危险时，非不能以法律明确规定要件与程序，废止成立人民团体之许可”的结论。[②] 整体来看，林氏引入了德国的防卫性民主理念，提出从目的和手段两个方面具体检验限制人民权利是否“合宪”，并对“宪制性文件增修条文”第五条第五项的适用范围提出了异议。

“大法官”许宗力支持多数意见的理由和结论，但对其理由进行了补充。第一，许氏认为，“人民团体法”第二条与第五十三条前段的规定“违宪”不仅是因为其违背了台湾地区“宪制性文件”规定的比例原则，还在于其违反了法律明确性原则。“共产主义”和“分裂国土”均属于政治概念，其内容并非明确、客观可辨的，很可能随执法者的政治偏好和政治情势变迁而改变，很难为一般人民群众理解和预见，背离了法律明确性原则

① 参见“释字第 644 号解释”“大法官”林子仪“协同意见书”。

② 参见“释字第 644 号解释”“大法官”林子仪“协同意见书”。

的要求。第二，“以防卫性民主理论禁止人民团体，欠缺宪法依据”。[①]林氏指出，一方面多数意见对“人民团体法”第五十三条后半段的解读早已超越“声请人”的声请解释范围，另一方面，林氏同“大法官”林子仪一样赞同“宪制性文件增修条文”第五条第五项所揭示的防卫性民主理论只适用于政党管制而不适用于人民团体，为了最大限度地保障人民结社自由与言论自由，对人民团体的目的或行为构成危害的判断标准应采取“明显而立刻危险”一说。[②]

“大法官”许玉秀提出一部“协同、不同意见书”，并重新草拟了“解释文”和“理由书”。其“解释文”较为简洁，仅指出“人民团体法第二条、第五十三条与第二条有关部分，与宪法第十一条保障人民言论自由及第十四条保障人民结社自由的意旨不符，应自本解释公布之日起失其效力”，[③]其“理由书”内容丰富，主要观点包括以下四个方面:第一，从审查范围来看，“人民团体法”第二条及五十三条前段的规定当然属于本案的审查范围，而“人民团体法”第五十三条后段许可废止后的规定与前者存在重大关联，亦属于应受审查的规范。本案声请的“释宪”标的为台湾地区“宪制性文件”所保障的言论自由和结社自由，应适用的“违宪审查”准据为“宪制性文件增修条文”第五条第五项规定意旨、法明确性原则以及比例原则。第二，从审查密度来看，基于言论自由的重要性，政治性言论和结社自由应采取严格审查标准，“人民团体法”第二条和五十三条规定同时限制了言论自由和结社自由，自应采取最严格的审查标准予以审查。第三，从法明确性原则来看，“共产主义”和“分裂国土”均是难以认定的复杂概念，不符合台湾地区“宪制性文件”保障基本权所要求的法明确性原则，且“宪制性文件增修条文”第五条第五项已有关于政党“违宪”

① 参见“释字第644号解释”“大法官”许宗力“协同意见书”。

② 参见“释字第644号解释”“大法官”许宗力“协同意见书”。

③ “释字第644号解释”“大法官”许玉秀一部“协同意见书”、一部“不同意见书”。

的规定，一般性政治团体的功能影响尚不及政党，其限制条件比政党还要苛刻显然不合理。第四，从比例原则来看，“人民团体法”第二条的设限，不符合台湾地区“宪制性文件”第二十三条所规定的“为防止妨碍他人自由、避免紧急危难、维持社会秩序，或增进公共利益”的任何一个目的，欠缺台湾地区“宪制性文件”中的目的正当性，这种限制既非有效，亦非必要，更不符合“原则上不应限制”的台湾地区“宪制性文件”意旨，当然“违宪”，理应废止。

总体看来，“释字第 644 号解释”作为近十年来台湾地区司法机构“大法官”作出的有关两岸关系的重要“大法官解释”之一，采用了“权利条款＋权利限制原则”的论证模式，在解释方法上也体现了文义解释、论理解释、体系解释等传统解释方法以及结果取向解释等新兴解释方法。“释字第 644 号解释”为各色的“台独”组织打开了法律方便之门，成为“释宪台独”的有力佐证，对两岸关系的和平发展也将产生不可忽视的消极影响。

【延伸思考】

“释字第 644 号解释”以“人民团体法”第二条与第五十三条前段的规定赋予了主管机关事前审查人民的政治言论的自由为由，认定其“违宪”并将其废止。本案附有两份“协同意见书”和一部“协同、不同意见书”，但“解释”本身并非毫无问题，以下主要选取三个与本案有关的问题予以分析，以供思考斟酌。

第一，“释字第 644 号解释”发布时距本案的“声请人”提出“释宪”声请已有七年之久，如此反常的久拖不决的行为是否是基于司法外其他因素的考虑？“外独会”负责人陈师孟于 2001 年 6 月向“大法官”提出“释宪”声请，在时隔七年之久的 2008 年 6 月，台湾地区司法机构才发布了本号“解释”。据以往的惯例，“司法部”通常在声请提交的当年或者一两年之内即可作出解释，但本案如此之长的期限实属罕见，不禁引人联想：除了本案“解释”的技术性难题外，这七年究竟发生了什么使得本案久拖不决？2000年正是台湾政坛第一次政党轮替之时，民进党利用执政地位，否定“九二共识”，鼓吹“一边一国”论，甚至推行“公投”寻求“法理台独”，导致两岸关系处于严重对立的状态，随后，岛内出现了一些反“台独”的呼声，加之大陆方面调整对台政策，推进两岸党际交流，出台《反分裂国家法》，这一时间两岸关系出现松动和局部突破，但“台独”势力仍处于优势地位。2008年3月，岛内实现第二次政党轮替，国民党再次上台，重回“一个中国”立场。短短八年之内，台湾政坛出现了两次剧烈的政治变动，两岸政策不断摇摆，这在客观上或许给“大法官”解释有关两岸关系的声请带来困扰和忧虑。由于台湾地区特殊的体制，台湾地区司法机构在岛内享有高度权威并显现出“贵族性”，但这并不意味着“大法官”能完全摆脱政治的影响。从最初的声请事件起因至“解释”发布历时十六年之久，这与同一时期岛内的特殊政治变动或许有着千丝万缕的联系。

第二，“释字第644号解释”是一个明显背离一个中国原则、支持“台独”的“宪法解释”，“大法官”选择了这种立场却又用华丽的法律辞藻和权利话语精心包装，是出于一种什么样的考量？本案中，“大法官”的立场倾向十分明显，支持赋予“台独”组织设立的合法性，对两岸关系的态度明显偏向于“独”，但在这种政治立场之上，却洋洋洒洒、不惜笔墨地花大力气论证公民言论自由和结社权的重要性以及比例原则、防卫性民主、法律明确性原则等法律概念，完全没有正面触及两岸的统与“独”，俨然是一个有关公民权利而非两岸关系的“解释”。“大法官”的这种行径一方面在客观上意味着“大法官”解释技巧和解释方法日益趋于法律化、专业化和成熟化，改变了国民党退台初期的“大法官解释”理论简陋、论证不足甚至直接将“国家发生重大变故”这种社会政治事件作为论证基础的窘境，但另一方面，这是否是面对某种政治压力的一种自我保护？台湾地区司法机构在台湾地区享有高度权威，各政党和政治人物对“大法官解释”能保持尊重，即使不满亦均表示尊重或接受“释宪”结果，但“大法官”的“释宪”却多有趋炎附势、推卸责任甚至荒腔走板之处。[①]在“释字第644号解释”中，“大法官”是否有以保障公民权利之名有意地迎合执政当局者的政策的嫌疑或是寻求在法律的保护之下有限地涉及两岸关系以防止不必要的麻烦上身的考虑？个中问题，值得进一步深思。

第三，“释字第644号解释”更多地被关注的是刺激“台独”势力活动和对两岸关系和平发展的消极作用，在保障民众的言论自由和结社自由乃至共产主义的发展方面，本案是否具有某些积极意义？“释字第644号解释”因其“台独”倾向而屡受统派学者的诟病，但平心而论，本号“解释”在其他方面并非一无是处。“释字第644号解释”废止了“人民团体法”第二条与第五十三条赋予主管机关事前审查人民的政治言论的自由的规定，客观上有利于人民言论自由的实现，对社会团体的设立限制进一步放宽，树立了岛内言论与结社自由发展的新里程碑。对人民团体设立的“主张共产主义”的禁止性规定随着“主张分裂国土”一同被取消，意味着台湾地区“党禁”障碍残留的扫除和政治禁忌的进一步突破，客观上会加速岛内的民主深化进程。其实，在1998年，台湾地区司法机构“大法官会议”曾作出过一个与“释字第644号解释”相类似的裁定，“大法官”提出“集会游行法”中授权主管者事前审查时不得裁定“主张共产主义或分裂国土”的规定“违宪”。如果说，十年前“大法官”充分赋予了游行示威者自由，摘除了可能存在的“违法”标签，那十年后，“大法官”又通过“释字第644号解释”以等同于台湾地区“宪制性文件”效力的“宪法解释”宣告了台湾岛内自此可以成立共产主义政党，并从台湾地区“宪

① 参见周叶中、祝捷:《台湾地区“宪政改革”研究》，香港社会科学出版社有限公司2007年版，第385页。参见苏永钦:《没有方法的解释只是一个政治决定》，载《月旦法学杂志》第136期，2006年版。

制性文件”的高度瓦解了“台独”政党成立的政治壁垒，对彻底清除当局者对人民基本权利的限制起到了一定的积极作用。[①]“大法官”的一系列“宪法解释”尤其是权利型的有关两岸关系的司“大法官解释”不仅影响着两岸关系的走向，在客观上对台湾民众的基本权利和自由的保障也会起到一定的促进作用。

除上述问题外，“释字第644号解释”中还存在一些其他问题值得进一步分析，比如，该号“解释”允许了“台独”组织的设立，这对“中华民国”所坚持的“法统”将会产生什么样的影响？从长远的角度来看，对“中华民国”的存废又会起到什么样的作用？这些深层次的问题，此处不再一一讨论。

（本篇作者：宋静，中共湖北省委党校政法教研部教师，武汉大学法学博士）

① 参见沈宇哲:《中华民国扫除党禁最后一道障碍》,资料来源:http://blog.ifeng.com/article/1534312-6.html，最后访问日期：2018年7月23日。

案评十一 “释字第692号解释”：台湾人民子女大陆就学免税案

【案情要览】

台湾地区“所得税法”第十七条第一项第一款第二目（以下简称“‘所得税法’系争条文”）规定：“按前三条规定计得之个人综合所得总额，减除下列免税额及扣除额后之余额，为个人之综合所得净额：一、免税额：纳税义务人按规定减除其本人、配偶及合于下列规定扶养亲属之免税额；……（二）纳税义务人之子女……满二十岁以上，而因在校就学……受纳税义务人扶养者。”台湾地区“财政部”1994年7月发布的“台财税第831602325号函释”（以下简称“相关‘函释’”）为“在校就学”这一条件的认定确立了标准，称：“学生完成注册手续，入学资格经学校报主管教育行政机关核备并领有学生证者，即具‘正式学籍’，并依学校行事历至校上课者或其学籍在学年度内为有效之在校肄业学生为‘在校就学’。”该机构次年11月发布的“台财税第841657896号函释”（以下简称“系争‘函释’”）规定：“现阶段台湾地区人民年满二十岁，就读学历未经教育部认可之大陆地区学校，纳税义务人于办理综合所得税结算申报时，不得列报扶养亲属免税额。”

本案“声请人”简某胜在办理2003年度及2004年度综合所得税结算

申报时，以其女简某忍[①]在北京大学就学，故依上述“所得税法”系争条文的规定列报扶养满20岁以上子女免税额74000元新台币，均被台湾地区“财政部”台湾省北区“国税局”所属中和稽征所依系争“函释”，以北京大学学历当时未经“教育部”认可为由予以剔除，并遭补征应纳税额。简某胜不服，两次申请复查、提起行政诉愿，均遭驳回，遂向台北高等行政法院提起两次行政诉讼。台北高等行政法院认为，系争“函释”系税捐主管机关“财政部”基于法定权责所为之解释，解释内容纯属事实认定问题，并未就年满20岁在校就学者得列为扶养亲属之规定为任何限制，未逾越“所得税法”立法之本旨，行政机关办理相关案件自得援用，且“声请人”不能举证证明其女简某忍无谋生能力，故两次判决驳回原告简某胜之诉。简某胜不服原判，分别上诉后又均被台湾地区“最高行政法院”以上诉不合法驳回，遂于2007年和2008年先后向台湾地区司法机构声请“大法官解释”，两案被台湾地区司法机构裁定合并审理。

“声请人”认为，系争“函释”以“教育部”认可学历与否作为“所得税法”系争条文规定的“在校就学”这一列报免税额条件的认定依据，是对该规定的片面解释与限制，有违立法本意和“所得税法”基本精神，与台湾地区“宪制性文件”第一百七十二条相抵触。“声请人”还主张，仅因其子女在大陆学校就学而使之丧失税收减免的利益，有违台湾地区“宪制性文件”第七条规定的平等原则。[②]

因此，本案的系争点在于：系争“函释”中，“现阶段台湾地区人民年满二十岁，就读学历未经教育部认可之大陆地区学校，纳税义务人于办理综合所得税结算申报时，不得列报扶养亲属免税额”的规定，是否对

① 根据台湾地区司法机构提供的“释字第692号解释”抄本，“声请人”在“声请书”中称其在北京大学读书的女儿为“简某思”，但台北高等行政法院2006年度“简字第00576号判决”等四份裁判文书均称之为“简某忍”，其间恐别有缘故。此处暂以四份裁判文书为准，称之为“简某忍”。

② 参见“释字第692号解释”“声请书”。“声请人”并主张相关“函释”违背平等原则，但这一主张并非争议核心，“释字第692号解释”及其“理由书”亦未做讨论，此处从略。

“所得税法”系争条文的适用作了不合理限制，从而违背“所得税法”立法意旨和台湾地区“宪制性文件”第七条规定的平等原则。

【解释要点】

“大法官”于2011年11月针对本案作成“释字第692号解释”，认定系争“函释”限缩了“所得税法”系争条文的适用，增加了本不存在的租税义务，违反了台湾地区“宪制性文件”第十九条确立的租税法律主义原则，遂宣告其自该“解释”公布之日起不再援用。该“解释”除多数意见外，并有“大法官”黄茂荣、陈新民、罗昌发出具的“协同意见书”各一份以及“大法官”汤德宗出具的“不同意见书”一份。

“释字第692号解释”的“解释文”及“理由书”包含以下要点：首先，多数“大法官”明确了台湾地区“宪制性文件”第十九条确立的“租税法律主义”的含义，即租税的主体、客体、客体对主体之归属、税基、税率、纳税方法及纳税期间等构成要件应当以“法律”明文规定为限，“主管机关本于法定职权就相关法律所为之阐释，自应秉持宪法原则及相关法律之立法意旨，遵守一般法律解释方法而为之；如逾越法律解释之范围，而增加法律所无之租税义务，则非宪法第十九条规定之租税法律主义所许”。[①] 其次，多数“大法官”认为，“所得税法”系争条文并未将“在校就学”限制为在台湾地区就学，只是因为客观上的障碍，无法比照在台湾地区求学的情形认定在大陆就学的台湾人民子女是否属于“在校就学”，而需根据“所得税法”的立法意旨另行确立认定标准。再次，多数“大法官”进而提出，“所得税法”系争条文的立法意旨在于维护重视子女教育的美德，照顾纳税义务人因之而降低的承担租税的经济能力，故对在大陆求学的台湾人民子女，只要其确有就学之事实，且所就读者为当地政府权

① “释字第692号解释”“理由书”。

责机关所认可的正式学校，具有正式学籍，就应当认定为“在校就学”，此即所谓“实质就学论”。复次，多数意见进一步称，“教育部”对大陆学校学历的认可与“所得税法”系争条文中“在校就学”的认定在性质和目的上有显著区别，二者并无正当合理的关联，不应以大陆学校学历是否被认可作为认定成年子女是否“在校就学”的标准。最后，“大法官”得出结论：系争“函释”径以“教育部”对大陆学校学历的认可作为“在校就学”的认定标准，违背“所得税法”的立法意旨，逾越了法律解释的范围，限制了人民依法享有的减除扶养亲属免税额的权利，增加了“法律”所无的租税义务，违反台湾地区“宪制性文件”第十九条确立的租税法律主义，应自该“解释”公布之日起不再适用。

“释字第692号解释”属于权利型“解释”，[①]“大法官”在“解释文”及“理由书”中表现出就事论事、谨小慎微的态度，竭力回避对两岸关系定位的讨论，围绕台湾地区人民申请减除扶养亲属免税额的权利，根据台湾地区“宪制性文件”第十九条确立的租税法律主义原则，通过对“所得税法”系争条文进行目的解释，判定系争“函释”不再适用。该“解释”所采用的解释方法与“释字第479号解释”采取的“权利条款+权利限制原则”模式约略近似，只不过其依据由台湾地区“宪制性文件”第二十三条变成了第十九条。[②]但与“释字第479号解释”为“去中国化”创造条件不同的是，“释字第692号解释”严格的法律辞藻之中，实际上隐含着两岸关系和缓背景下多数“大法官”对两岸交流所抱持的善意，该“解释”对两岸进一步开展教育合作有着深远的积极意义。

---

① 关于“大法官解释”的模式分类，参见周叶中、祝捷：《我国台湾地区“司法院大法官”解释两岸关系的方法》，载《现代法学》，2008年第1期。

② 关于台湾地区司法机构“大法官”所采用的解释模式的分类，参见周叶中、祝捷：《我国台湾地区“司法院大法官”解释两岸关系的方法》，载《现代法学》，2008年第1期。

【理论评析】

从“大法官解释”对两岸关系的意义和影响这一角度出发，无论是租税法律主义原则还是台湾地区人民减除扶养亲属免税额的权利，均非本书讨论的重点。下文将主要从两岸教育交流发展进程的视角，分析“释字第692号解释”的时代背景、理论争议及其产生的后果，并分析“解释文”和“理由书”回避适用平等原则的原因以及该原则在本案中的意义。

（一）“释字第692号解释”的时代背景：两岸教育交流的深入发展

大陆自1979年起开放暨南大学十三个专业，招收港澳台三地学生就读，是为两岸高等教育交流的开端。80年代中期，大陆又开放北京、上海、广东等地高校，招收港澳台三地学生，并为台湾学生提供各种非学历教育。进入90年代以后，台湾学生赴大陆求学形成热潮。[①]然而与此同时，台湾岛内政局正发生着深刻的变化，“国民党台湾化，国民党政权本土化，‘台湾利益优先’的原则成为台湾当局制定政策的主要出发点”。[②]90年代前期，面对日益发展的两岸交流现状，台湾当局的主导思想是在抗拒统一的前提下与大陆进行谨慎接触。“台湾当局的大陆政策毫无前瞻务实的眼光，拿不出一套积极主动的政策，反而畏首畏尾，处处落于民间之后，在形势所逼之下，才尾随其流，被迫调整，并时而又进行‘降温’，极力阻止两岸关系发展。”[③]

从1994年起，台湾当局两岸政策发生全面转向，其在两岸关系问题

① 参见权力：《海峡两岸高等教育交流与合作的发展和思考》，载《统一论坛》，2015年第6期。

② 杨荣华主编：《九十年代两岸关系》，武汉出版社1997年版，第10页。

③ 杨荣华主编：《九十年代两岸关系》，武汉出版社1997年版，第13页。

上不断挑起争端，两岸关系的发展趋势发生重大转折。1994 年 3 月，李登辉与日本作家司马辽太郎的谈话将其意识深处的“台独”媚日的思想暴露无遗。[①] 同月，“千岛湖事件”发生后，台湾当局乘机鼓动舆论，声称大陆为“高危险区”，阻碍台湾民众到大陆进行文化、教育交流。[②] 同年 7 月初，台湾当局召开了第二次“大陆工作会”并发布了“台海两岸关系说明书”。该“说明书”虽然文字上仍坚持统一和一个中国原则，但其蓄意制造“两个中国”或“一中一台”的根本目的已昭然若揭。在这样的时代背景下，1995 年 11 月台湾当局“财政部”作出系争“函释”规定不得针对在大陆就读 [③] 的成年台湾学生列报扶养亲属免税额，具有明显的政治意味，既是台湾当局限制两岸教育交流的具体措施，也是对大陆的敌视与区隔的一种间接宣示。

1999 年李登辉提出“两国论”后以及陈水扁当局主政台湾的八年时间里，两岸关系高度紧张，两岸文化教育交流总体上陷于停滞状态，“释字第 692 号解释”所涉两起案件正是发生于这一时期。不过在这一阶段，大陆对进一步加强两岸教育交流仍持积极态度，两岸先后加入 WTO 对两岸高等教育交流的开展也有一定的促进作用。1998 年，教育部特批开放福建师范大学及福建中医学院于 1999 年以单独招生、单独考试的方式招收台湾学生；2006 年，大陆宣布承认台湾所有高等院校学历，且全程给予台湾学生落地接待政策，深受台湾学子的欢迎。而台湾地区则于 1999 年开始

① 参见文克平：《<生为台湾人的悲哀>是李登辉的“台独”告白》，载《团结》，1994 年第 5 期。

② “千岛湖事件”是 1994 年 3 月 31 日在浙江淳安县千岛湖风景区发生的一起特大杀人抢劫案，共造成包括 24 名台湾游客在内的 32 人死亡。事件发生后，台湾当局和岛内新闻媒体借机大肆炒作，把单纯的刑事案件政治化，鼓吹使两岸关系“降温”，并中止两岸某些交流项目，要求台商全面停止对大陆投资，造成两岸关系紧张。参见王在希：《“千岛湖事件”引起的思考》，载《台声》，1994 年第 6 期；张亦民、杨宁一：《“千岛湖事件”的发生与李登辉“台独”思想大曝光》，载《资料通讯》，1994 年第 10 期。

③ 虽然该“函释”原文表述为“就读学历未经‘教育部’认可之大陆地区学校”，但直到 2011 年“教育部”始开放采认 41 所大陆高校，故“学历未经‘教育部’认可”这一限定条件在当时并不具有实际意义。资料来源：https://depart.moe.edu.tw，最后访问日期：2018 年 7 月 22 日。

招收大陆交换生。[①]

2008年国民党重新执政以后，两岸关系回暖，两岸教育交流不论在深度上还在广度上均取得长足进展。台湾地区立法机构于2010年9月3日修正公布“两岸人民关系条例”第二十二条、“大学法”第二十五条、“专科学校法”第二十六条（即所谓“陆生三法”），并于2011年1月发布“大陆地区学历采认办法”，由“教育部”认可大陆列名“985工程”的41所高等院校的学历。至2016年4月，台湾地区“教育部”认可学历的大陆院校已包括155所大学、高等教育机构以及191所专科学校。[②]经过两岸协商，2011年，大陆同意北京、上海、江苏、浙江、福建、广东等沿海六省市学生可以申请赴台湾就学，并于2013年3月增列辽宁、湖北两省为大陆学生赴台试点省份。[③]这一时期，虽然两岸对于教育交流仍作了一定的保留和限制，[④]但总体上其发展态势是积极而迅速的，这与两岸之间就“九二共识”重新达成一致并以务实的态度谋求合作共赢密不可分。“释字第692号解释”正是产生于这样的背景之下，包含着“大法官”顺应时代潮流而对两岸教育交流乃至两岸融合发展所抱持的积极态度。

（二）“释字第692号解释”的理论争议：以平等原则为核心

本案“声请人”简某胜对系争“函释”的质疑包括两个方面：其一是该“函释”对“所得税法”系争条文作了片面限制，违背“所得税法”的

① 参见权力：《海峡两岸高等教育交流与合作的发展和思考》，载《统一论坛》，2015年第6期。

② 台湾地区“教育部”于2011年1月公告认可大陆列名“985工程”的41所大学，2013年3月扩大为采认111所以“211工程”为主的大学，2014年4月再度公告扩大采认18所音乐、艺术、体育独立及科学研究等专业大学院校与高等教育机构，2016年4月复又扩大采认26所学校，合计为155所；此外，并于2013年5月增列大陆专科学校191所。资料来源：http://depart.moe.edu.tw，最后访问日期：2018年7月22日。

③ 参见权力：《海峡两岸高等教育交流与合作的发展和思考》，载《统一论坛》，2015年第6期。

④ 例如，目前台湾对招收陆生有“阶段性、检讨修正、完整配套”“三限六不”等规定，而大陆亦于2012年，新增了高考达到二本分数线以上学生才得申请赴台的规定。

立法意旨，并违背台湾地区“宪制性文件”第一百七十二条；其二是该“函释”对成年子女在大陆就学的台湾地区居民和成年子女在台湾就学的台湾地区居民作了不合理的区别对待，违反台湾地区“宪制性文件”第七条规定的平等原则。“释字第692号解释”的“解释文”和“理由书”仅就前述第一个层面的质疑进行了解释，并选择依据台湾地区“宪制性文件”第十九条引申出的“租税法律主义”原则宣告系争“函释”不再适用。正如“大法官”陈新民所言，该“解释”“仅指摘这种属于‘法律技术’层面的违宪性”，止步于形式层面，并未触及争议的实质。[①]

事实上，关于平等原则的争论才是本案的核心所在，这是一个无法回避的问题。首先，对于“声请人”在“声请书”中提出的平等权主张，“大法官”不应随意忽略，即使存在权利竞合，也应对其取舍的过程与方式有所说明。[②]其次，倘满足于对涉案“函释”是否符合“所得税法”作形式上的判断，而不对其是否符合平等原则进行实质性的分析，“则可能导致将来只要以立法方式补正此种形式要件，即已满足本院解释的意旨；实质上仍可能以法律的形式继续维持……相同结果”。[③]再次，“所得税法”系争条文确切的立法意旨已无从查考，该“理由书”对该条文立法意旨的阐述实际上出于多数“大法官”的“设想”，而行政行为的复杂性又导致难以判断系争“函释”究竟是对“所得税法”进行了不当限制还是仅仅将之具体化，在这样的条件下径行认定系争“函释”不符合“所得税法”系争条文的立法意旨，其论证过于单薄，说服力也有不足，因而探究系争“函释”是否符合平等原则更显得十分必要。[④]最后，虽然台湾地区“宪制性

① 参见“释字第692号解释”“大法官”陈新民“协同意见书”。

② 参见廖元豪:《我是人，我值得被收养——释字第七一二号解释忽略的“平等权”分析角度》，载《月旦法学杂志》，2015年第4期。

③ “释字第692号解释”“大法官”罗昌发“协同意见书”。

④ 参见“释字第692号解释”“大法官”汤德宗“不同意见书”；吴信华:《释宪案例中“平等原则”的精确思考——释字第692号评析》，载《月旦裁判时报》，2012年第15期。

文件”第七条平等原则的适用对象是“人民”，在本案中就是其成年子女在大陆就学或在台湾就学的台湾居民，但以子女就读学校所在地为群体划分标准对“人民”施以区别对待，也就意味着对不同地方的学校进行区别对待，系争“函释”对成年子女在大陆就学的台湾居民进行权利限制，本质上就是区别对待大陆学校与台湾学校，是台湾当局限制台湾地区学生前往大陆求学的措施。从平等原则的角度来阐释本案，更能显示台湾当局对大陆学校的认可，更能促进两岸教育交流的深化乃至两岸关系的总体发展。

欲从平等原则的角度讨论本案，必须先明确平等原则的含义及其操作规程。对于平等原则，台湾学界历来有“形式平等”与“实质平等”之分。形式平等是指公权力机构必须依法给予人民以平等对待，不得因人民的个体差异而产生不同对待。因为形式平等忽视人与人之间的差别而强求法律对不同个体采取同一态度，往往导致不公平的结果，故台湾地区学者更加重视实质平等。[①]“释字第485号解释”对实质平等的含义作了经典阐释：“宪法第七条平等原则并非指绝对、机械之形式上平等，而系保障人民在法律上地位之实质平等，立法机关基于宪法之价值体系及立法目的，自得斟酌规范事物性质之差异而为合理之区别对待。”[②]“释字第596号解释”则进一步发展出了一套具体的平等原则操作规程。该“解释”认为，平等原则的重点在于禁止逾越合理界限的区别对待，故衡判平等原则的核心任务是判断对待两事物之区别是否在合理界限内。这一判断过程可以归纳为三步：首先判断两事物之间是否具有可比性，继而确认“区别对待”的“区别”何在，最后判断这样的“区别”是否合理。在判断“区别”是否合理时，“大法官”往往会用到台湾地区“宪制性文件”第二十三条规定的比例原则，考量“区别”的目是否正当、手段与目的之间是否有合理关联等

① 参见祝捷：《平等原则检视下的大陆居民在台湾地区权利保障问题——以台湾地区“司法院”“大法官解释”为对象》，载《法学评论》，2015年第3期。

② “释字第485号解释”“解释文”。

因素，进而综合判断“区别”是否逾越合理限度，这个过程又涉及选取审查密度的问题。审查密度又称审查基准，是指法院审查限制基本权利的公权力行为时所采用的宽严不同的尺度，在相当程度上影响着判断结果。[①]依“大法官”许宗力的设想，台湾地区的审查密度体系由宽至严分为三个层级，即最宽松审查密度、中度审查密度和最严格审查密度。实践中，“大法官”主要根据“受限制的权利”和“据以区分人群的标准”两种因素来选择审查密度：受限制的权利越重要、据以区分人群的标准越具有客观性，所选取的审查密度往往就越严格。[②]

从不同的角度分析，本案中既存在大陆学校、台湾学校与其他国家学校之间的平等问题，又存在学历被“教育部”认可的大陆学校和未被认可的大陆学校之间的平等问题，相关“函释”还涉及台湾岛内获“教育部”认可的学校和未获认可的学校之间的平等问题。[③]但从两岸关系的层面上，本案最核心的问题无疑是大陆学校与台湾学校之间的平等问题，即系争“函释”是否对大陆高校与台湾高校作了不合理的区别对待，从而违背平等原则。下面叙述平等原则的判定过程，对围绕这一问题提出的几种主要观点进行梳理，由于这些观点均认可或默认学校之地点并不会造成“在校就学”的本质差异，亦即在大陆高校与台湾高校之间具有“可比性”这一点上并无异议，故此处对此不再赘述。

第一种观点以台北高等行政法院对相关案件所作判决为代表，将相关“函释”规定的“主管教育行政机关”理解为台湾地区“教育部”，否认系

---

① 参见吴庚:《宪法的解释与适用》，台北：三民书局2004年版，第414-419页。

② 参见祝捷:《平等原则检视下的大陆居民在台湾地区权利保障问题——以台湾地区“司法院”“大法官解释”为对象》，载《法学评论》，2015年第3期。

③ 参见吴信华:《释宪案例中“平等原则”的精确思考——释字第692号评析》,载《月旦裁判时报》，2012年第15期。

争“函释”作了区别对待。[①]这种观点认为，不论对台湾地区学校、大陆学校还是其他国家学校，“财政部”均以“有无被教育部认可”作为得否列报抚养亲属免税额的依据，故系争“函释”“内容纯属事实认定问题，并未就年满20岁在校就学者得列为扶养亲属之法律规定，为任何限制”，也就不存在对大陆学校与台湾学校进行区别对待的问题。该观点忽视了台湾地区“教育部”在认可台湾地区学校与认可大陆学校的过程中存在的权限、资源、信息等客观条件的巨大差异，而仅看到形式上二者“均须经教育部认可”这一点，满足于形式平等而忽视了实质平等。

第二种观点以“大法官”汤德宗的“不同意见书”为代表，将相关“函释”中的“主管教育行政机关”理解为“当地政府权责机关”，承认系争“函释”作了区别对待，但认为这种区别对待有其合理依据。汤德宗“大法官”提出，相关“函释”可解读为“限于就读于经当地主管教育行政机关核备，具有正式学籍之学校”，而系争“函释”却不承认大陆主管教育行政机关核备的学校，而将之限制为须经台湾地区主管教育行政机关核备的学校，“两者之间乃有‘差别待遇’”。[②]但他认为，本案所涉及的权利并非基本人权，据以划分人群的标准也非“无可改变之人身特质”，故出于赋予行政机关较大空间以处理错综复杂的两岸关系、尊重行政机关之专业判断等目的考量，应适用“低标”审查系争“函释”所为之区别对待。“低标”又称“合理审查基准”，相当于前述最宽松审查密度，仅要求“手段”与“目的”合理相关。汤德宗进而提出，鉴于两岸之间实际情形的区别和学校品质的差异，台湾地区固不宜一概禁止学生赴大陆就读，但也不宜“无条件地鼓励”学生赴大陆就读，所以在最宽松审查密度之下，仅允许针对就读学历经“教育部”认可之大陆学校者列报免税额，并非“恣意”

---

① 参见台北高等行政法院“2006年度简字第00576号判决”和“2007年度简字第00083号判决”，资料来源：http://www.judicial.gov.tw/index.asp，最后访问日期：2018年7月7日。

② “释字第692号解释”汤德宗“大法官”之“不同意见书”。

或“无理”。与提出“实质就学论”的多数“大法官”一样，汤德宗“大法官”也承认大陆教育部门对大陆学校的主管权力，但他对两岸教育交流，尤其是对台生赴大陆就读一事，仍持一种警惕、保守的消极态度，认为“不应无条件鼓励”，甚至以浓厚的情绪色彩声称“两岸事务之处理更应注意维护国家主权”，从某种程度上反映了台湾地区部分人士对两岸交流合作深入开展的忧惧心理。

第三种观点以“大法官”罗昌发的“协同意见书”为代表，同样将相关“函释”中的“主管教育行政机关”理解为“当地政府权责机关”，认为系争“函释”作了区别对待，并且认为这种区别对待没有合理依据。罗昌发在其“协同意见书”中提出：“就读学校地点之差异，并不影响问题之本质”，系争“函释”虽然“在法令形式与外观上，其处理方式似无差别”，但“两者属于‘事实上’或‘实质上’的差别待遇，应甚为显然”，而“此种差别待遇究竟有无正当理由，仍应依宪法第二十三条检视”。最终，虽然他仅声言“无法判断系争函释之差别待遇是否满足宪法第二十三条的‘必要’要件”，而未直接得出系争“函释”违背台湾地区“宪制性文件”第二十三条的结论，但他着重强调：系争“函释”所为之区别对待所拟达成的目的、该目的的相对重要性、区别对待于该目的的贡献程度，以及有无其他可以达成类似目的而“较不侵害宪法权利”的方法，均无法证实，可以明确得知的只有此种区别对待对台湾地区“宪制性文件”中平等权的影响在性质上至关重要。其言下之意显然是不认可系争“函释”符合比例原则和平等原则。[①] 除此以外，黄茂荣“大法官”亦认为，增加大陆学校应向台湾地区“教育部”报备的限制实无必要，亦不切合实际。这一种观

① 参见“释字第692号解释”罗昌发“大法官”“协同意见书”。该“协同意见书”还特意提醒道：“将来在执行本号解释时，如认为应以制定法律层级规范为之，并因而将系争函释之内容纳入法律规定之中，以满足‘租税法律原则’之要求，主管机关与立法机关允宜将宪法第二十三条有关‘必要’的要件纳入重要考量。”

点不仅承认大陆教育部门对大陆高校的主管权力，而且对两岸教育交流持一种较为积极的态度，更加符合两岸关系和平发展的大趋势。[①]

（三）“释字第692号解释”的作成动因：台湾地区新一轮“司法轮替”

在“释字第692号解释”“理由书”中，多数“大法官”提出的“实质就学论”，实际上已经蕴含着同等对待大陆高校与台湾高校的倾向，但为什么该“解释”其最终没有选择使用平等原则来解决争议，而是回避了对平等原则的讨论，转而借由租税法律主义来解决争议呢？除了案件本身条件的限制外，这一结果还可能[②]受到了两种因素的影响：一是该“解释”处在“区别对待”准则与“平等对待”准则之间的过渡阶段，在没有先例的条件下，不能期待“大法官”一步到位地完成这一转折；二是时任“大法官”内部及其与刚刚卸任的前任“大法官”之间就平等原则的适用存在较大分歧，这在某种程度上就涉及了台湾地区所谓“司法轮替”的问题。

台湾地区“司法院组织法”第五条第一项规定“大法官”“须超出党派以外，独立行使职权，不受任何干涉”，凡担任“大法官”者均需要退出所在党派。但“超脱党派以外”并不等于“超脱政治倾向之外”，事实上，台湾地区司法机构绝非一个中立的司法机构，其政治色彩浓重，“大法官”的政治倾向尤其是统“独”立场对台湾地区司法机构影响巨大，以至于我们可以将多数“大法官”政治立场的更迭称为“司法轮替”。[③]“大法官解释”在涉及两岸关系问题时的所选择的立场、采用的方法及其对两

① 虽然罗昌发“大法官”也提出了对两岸特殊情形进行考量的问题，但他并不认为有对台生赴大陆就读加以额外限制的需要。

② 受资料范围的限制，作者并未找到支持关于这两种因素的确切证据，故仅将其作为一种假设提出，供读者参考。

③ 参见祝捷：《“司法轮替”隐藏“法理台独”隐忧》，载《台声》，2016年第5期。

岸关系的作用，很大程度上受到“司法轮替”的影响。

2003年，台湾地区司法机构第六届“大法官”任期届满，陈水扁得以一次性提名十五名“大法官”。① 然而由于台湾地区司法机构具有较强的专业性和独立性，更由于当时民进党未能掌握台湾地区立法机构，所以这十五名“大法官”仍以政治上较为保守和中立的留任“大法官”及学界和实务界精英为主，其中“独”派色彩较明显的只有城仲模、许宗力、林子仪、赖英照等人。② 这一阶段，台湾地区司法机构继续沿用此前确立的“区别对待”准则处理两岸关系相关争议，并通过“释字第618号解释”将之推向高峰。2007年，陈水扁再次获得提名八名“大法官”的机会，但由于泛蓝阵营掌控的台湾地区立法机构的阻挠，最终仅得以任命被认为政治色彩较为中立的四人为“大法官”，③ 并任命赖英照为台湾地区司法机构负责人。这一时期，政治力量对台湾地区司法机构的影响大为增强，以致2008年6月作出的“释字第644号解释”直接推翻下级法院判决，以结社和言论自由为名为“台独”团体的建立大开方便之门，台湾地区司法机构在两岸关系方面趋“独”的倾向逐步显现。

2008年马英九上台后，利用各种条件，于三年内先后提名十一名“大

---

① 这十五人分别为：台湾地区司法机构负责人翁岳生，副负责人城仲模，林永谋、王和雄、余雪明、廖义男、曾有田、杨仁寿、彭凤至、赖英照、谢在全、徐璧湖、林子仪、许宗力、许玉秀。根据台湾地区第六个“宪制性文件增修条文”第五条第三项的规定，上述前八人的任期为四年，其余七人的任期为八年，以期建立每四年更换一半的权力制衡机制，但这一机制最终未能实现。

② 城仲模后来曾任“台独”组织“李登辉之友会”总会长、“福尔摩沙法理建国党”主席，时常发表“台独”言论；许宗力曾参与“强化中华民国主权国家地位”小组，是“特殊国与国关系”论的研议者；林子仪则曾担任偏“独”的民间团体“澄社”的社长。值得注意的是赖英照，他虽曾于2000年至2002年间担任陈水扁当局的行政机构副负责人，但主要是以处理经济事务的业务能力见长，并未表现出强烈的“台独”立场。

③ 四人分别是：林锡尧、李震山、池启明、蔡清游。

法官”，[1]台湾地区司法机构的组成结构再次发生变化，其对两岸关系的态度也开始转折。“释字第692号解释”产生于这一阶段，其能够一反“释字第618号解释”和“释字第644号解释”处理涉两岸关系问题时的做法，展现出对两岸和平交往的善意推动，并使“区别对待”准则开始松动，与新一轮“司法轮替”不无关联。颇可玩味的是，该“解释”作出之时，马英九2011年提名的罗昌发、汤德宗等四名“大法官”刚刚就职一个月，考虑到“释宪”程序的漫长性与复杂性，[2]似乎有理由猜想2011年10月以前尚在任的陈水扁2003年提名的林子仪、许宗力等四名“大法官”对该“解释”也产生了一定影响，该“解释”在一定程度上也许可以视为“司法轮替”前后不同立场的“大法官”折中协调的结果，这有可能是该“解释”回避适用平等原则的原因之一。此后，同一批“大法官”通过“释字第710号解释”建立了“平等对待”准则，宣告若干针对大陆人民实施强制出境暨收容的规定“违宪”，并在“释字第712号解释”中再次运用“平等对待”准则，部分降低了台湾地区人民收养大陆人民的条件。可以说，“释字第692号解释”是又一次“司法轮替”后，“大法官”在两岸关系方面总体立场发生微妙变化的重要标志，即使我们不能简单据此判定“大法官”的“趋独”倾向发生了逆转，至少也可以认为这一倾向在很大程度上得到纠正。

---

① 2008年，马英九利用陈水扁2007年提名“大法官”受阻和“大法官”彭凤至辞职造成的五个缺额，迅速提名黄茂荣、陈敏、陈春生、叶百修、陈新民等五人为“大法官”；2010年，受台湾地区高等法院受贿风波的影响，陈水扁提名的正副负责人赖英照、谢在全请辞，马英九提名赖浩敏、苏永钦出任“大法官”并任正副负责人，其中，苏永钦出身国民党，被视为马英九的重要亲信和智囊，更被绿营媒体称为“地下院长”；2011年，剩余四名陈水扁2003年提名的“大法官”任期届满，马英九提名汤德宗、黄玺君、罗昌发、陈碧玉四人出任“大法官”。参见刘家丞:《大法官提名的两三事》[J/OL]，资料来源：http://www.focusconlaw.com/on_nomination_of_grand_justices，最后访问日期：2018年7月18日；全面真军:《一次换七个——新政府的大法官提名方程式》，资料来源：http://www.thinkingtaiwan.com/content/5126，最后访问日期：2018年7月18日。

② 从简某胜于2007年11月第一次提出声请，到2011年11月“释字第692号解释”作出，共经历了四年，而这一轮“司法轮替”正发生在这四年之间。

然而好景不长，2016年台湾地区再次发生政党轮替，而且民进党首次取得“完全执政”地位，新一轮“司法更替”紧随其后。2016年7月，时任台湾地区司法机构负责人赖浩敏、副负责人苏永钦分别以“个人生涯规划”和“为使蔡总统有更大的弹性用人空间”为由请辞，但外界普遍认为二人的请辞是“随政党轮替”而发生的“司法更替”。[①] 相对于2008年及2010年赖英照请辞时马英九的多次挽留，蔡英文对赖、苏二人并未作留任的表示，殊不顾及体面，而在此之前绿媒更反复鼓噪“一次换七个”，[②] 可见绿营对掌握司法机关已是迫不及待。9月，蔡英文提名前“大法官”许宗力和台湾地区“最高法院”法官蔡烱炖为台湾地区司法机构正副负责人，并提名其他五人为“大法官”，均获台湾地区立法机构通过。[③] 这一提名在岛内引发了不小的争议，其中对许宗力的提名争议尤大：一方面，许宗力自2003年至2011年间已担任过一届“大法官”，其再次被提名为“大法官”被质疑违反台湾地区“宪制性文件”增修条文第五条“大法官”不得连任的规定；另一方面，许宗力具有明显的“台独”色彩，拒绝认同“中华民国”，被质疑不能坚持“司法独立”。但民进党自恃“全面执政”的地位，径直忽略关于台湾地区“宪制性文件增修条文”第五条“大法官”连任限制的争议，强势通过了对七人的提名，许宗力在向台湾地区立法机构答询过程中更公然声称其主张两岸是“特殊国与国关系”的“两国论”，

---

① 参见林伟信:《给蔡用人空间司法院正副院长随政党“轮替”赖浩敏、苏永钦辞职明志》,资料来源:http://www.chinatimes.com/cn/newspapers/20160712000393-260102，最后访问日期：2018年7月18日。

② 即除了替换任期即将届满的五名“大法官”外,还要一并替换台湾地区司法机构正副负责人。参见全面真军:《一次换七个——新政府的大法官提名方程式》，资料来源：http://www.thinkingtaiwan.com/content/5126，最后访问日期：2018年7月18日。

③ 其他五名“大法官”为:嘉义大学教授许志雄、台湾地区司法机构“副秘书长”张琼文、台大法律学院院长约翰逊林、“民间司法改革基金会”董事长黄瑞明、台大法律学院教授黄昭元。其中，许志雄称台湾“不是正常国家”，黄昭元则拒绝认同“中华民国”。参见庄慧良:《蔡英文提名台七“大法官”人选皆过关》，资料来源：http://www.zaobao.com.sg/znews/greater-china/story20161026-682238，最后访问日期：2018年7月18日。

一举打破“大法官”对统“独”问题保持克制的传统。[①] 泛绿阵营与“独”派“大法官”的种种行为，可以用“明目张胆”来形容，凸显出本次“司法轮替”中所包含的“法理台独”隐忧，[②] 令人十分担心台湾地区司法机构未来的走向，台湾地区司法机构过去八年在两岸关系相关事务中取得的成果能否继续维持已成为未定之数。

（四）“释字第692号解释”对两岸关系发展的影响

“释字第692号解释”宣告系争“函释”不再适用，使成年子女在大陆就学的台湾人民得以就此列报扶养近亲属免税额，不仅在一定程度上降低了台湾地区学生赴大陆就学的经济成本，更表明台湾当局开始改变过去对两岸教育交流进行消极限制的态度，具有相当的政策宣示意味，其对鼓励更多的台湾地区学生积极参与两岸互动、主动选择到大陆高校就读，推动两岸教育交流与合作进一步发展的推动作用不言而喻。根据教育部的统计数据，截至2011年10月，在大陆普通高校及科研院所就读的台湾学生共计七千三百四十六人，而到了2012年10月，这一数字已猛增至八千三百一十六人。[③] 虽然这一局面的形成还应归因于大陆综合实力的迅速增长、两岸关系和平发展的大环境、台湾地区逐步承认大陆高校学历、大陆采取多样化的优惠措施等多种因素，但“释字第692号解释”所起到的作用仍是不可忽视的，它与别的因素一样，都是两岸之间在“九二共识”的基础之上，以务实的态度谋求合作共赢所取得的成果的一部分。“大法

① 参见苏方禾：《司法院正副院长获正式提名大法官名单出炉》，资料来源：http://news.ltn.com.tw/news/politics/breakingnews/1812701，最后访问日期：2018年7月18日；庄慧良：《蔡英文提名台七“大法官”人选皆过关》，资料来源：http://www.zaobao.com.sg/znews/greater-china/story20161026-682238，最后访问日期：2018年7月18日。

② 参见祝捷：《“司法轮替”隐藏“法理台独”隐忧》，载《台声》，2016年第5期。

③ 参见教育部每年发布的《中国教育年鉴》，资料来源：http://www.moe.edu.cn/jyb_sjzl/moe_364/，最后访问日期：2018年7月20日。

官”汤德宗在其“不同意见书”中写道：“现阶段国家固不宜一概禁止赴大陆地区学校就读，然亦不宜无条件地鼓励赴大陆地区学校就读。”这句话反映了台湾地区部分人士对“释字第692号解释”“无条件”鼓励台湾学生赴大陆就读的担忧，而这种担忧恰恰可以作为该“函释”对扩大两岸教育交流的重要意义的鲜明注脚。

该“解释”更深远的意义也许还在于，它使得台湾地区通过多个“大法官解释”逐步形成的区别对待大陆居民和台湾居民的“区别对待”准则开始松动，为更符合两岸民众共同利益的“平等对待”准则的建立做了准备。“区别对待”准则起源于著名的“陈鸾香诉邓元贞”重婚案，“大法官”针对该案作成“释字第242号解释”，以“国家遭遇重大变故”为由，认定邓元贞在台湾再婚的行为“与一般重婚事件究有不同”，故不构成重婚。该“解释”为“大法官”区别对待大陆居民和台湾居民的开端，“国家遭遇重大变故”成为“区别对待”准则最早的正当化事由。而后，在“释字第265号解释”中，“大法官”再次以“国家遭遇重大变故”为由，认定“两岸人民关系条例”为大陆居民进入台湾地区设置“考验期”的规定符合平等原则。“区别对待”准则正式形成于1999年作出的“释字第497号解释”，该“解释”认为，“两岸人民关系条例”及其授权制定的“大陆地区人民进入台湾地区许可办法”等规定对大陆居民进入台湾地区作出的程序性和实体性的限制，是确保台湾地区安全与民众福祉所需，虽然限制了大陆居民的权利，但并未违反平等原则。[①]“释字第497号解释”被认可为“区别对待”准则在司法上的直接渊源。2006年作出的“释字第618号解释”则将“区别对待”准则推向了高峰，该“解释”认为，“两岸人民关系条例”为大陆居民在台担任公职人员设置10年考验期，是因为大陆居民的“自由民主宪政体制认识与其他台湾地区人民容有差异”，且“公职

① 参见“释字第497号解释”“解释文”。

涉及对公权力之忠诚问题”，在“两岸处于分治与对立且政治、经济与社会体制存在巨大本质差异”的情况下，对大陆居民与台湾地区居民予以区别对待亦属合理。这一“解释”不仅明确提出了“区别对待”的表述，而且极大扩张了“区别对待”准则的适用范围，深化了“区别对待”准则在司法实务上的运用。[①]“区别对待”准则不断深化的趋势因“释字第692号解释”而得到扭转，“尽管本案并未涉及大陆居民在台湾地区的权利问题，但大法官在解释何为‘所得税法’第17条规定之‘在校就学’时，将大陆高校与台湾高校‘平等对待’，并未考虑台湾当局教育部门是否认可大陆高校学历，‘区别对待’准则出现了松动迹象”。[②]在本号“解释”之后，“大法官”于2013年7月作出了具有里程碑式意义的“释字第710号解释”，正式确立了平等对待大陆居民与台湾居民的“平等对待”准则。同年10月，“平等对待”原则被“释字第712号解释”再次运用。也许“释字第692号解释”对于建立“平等对待”准则的意义没有“释字第710号解释”那样显著，但它为后者的产生做出了重要贡献。

【延伸思考】

“释字第692号解释”附有三份“协同意见书”和一份“不同意见书”，“大法官”之间就许多问题发生了争论。综览其争论的过程，可以归纳出许多颇可斟酌思考的问题，现谨从中择取若干关涉两岸关系而上文未曾述及者，与读者探讨：

第一，在“释字第692号解释”作出之前，台湾地区“教育部”已经认可了“声请人”之女简某忍所就读的北京大学的学历，随着学历为台

---

① 以上参见祝捷:《平等原则检视下的大陆居民在台湾地区权利保障问题——以台湾地区“司法院”“大法官解释”为对象》，载《法学评论》，2015年第3期。

② 祝捷:《平等原则检视下的大陆居民在台湾地区权利保障问题——以台湾地区“司法院”“大法官解释”为对象》，载《法学评论》，2015年第3期。

湾地区“教育部”认可的大陆学校数量迅速增多，这样的情形将越来越常见，那么“释字第692号解释”是否仍具有现实意义？实际上，该“解释”的意义和作用是长远经久的，并不会因为台湾地区“教育部”认可更多的大陆学校而丧失。一方面，虽然目前学历被台湾地区“教育部”认可的大陆高等院校已包括155所大学和191所专科学校，且其中聚集了大部分前来大陆就学的台湾学生，但这些学校还只是大陆众多高等院校中的一小部分，[①]仍有一部分台湾学生就读于大陆其他院校，“释字第692号解释”对鼓励台湾学生前往学历未经台湾地区“教育部”已认可的大陆院校就读并降低其经济负担仍起着相应的作用。另一方面，台湾地区“教育部”对大陆部分高等院校学历的采认是出于对这些学校的研究及教学质量的认可，而“释字第692号解释”承认所有被大陆教育部门认可的学校为“正规学校”的本质则是对大陆教育主管部门主管权的承认与尊重，这在两岸教育合作进程中具有里程碑意义，其影响远远超出了鼓励台生来大陆就学的层次。

第二，黄茂荣、陈新民、罗昌发等“大法官”在其“协同意见书”中，多次将“大陆学校”与“外国学校”并称，认为两者应适用相同的标准，甚至将大陆与其他国家统称为“非我国国权所及的国外地区”并以“国内”一词与之对称，是否意味着这些“大法官”具有一定的“台独”意识？实际上，这一问题主要是由两岸长期未能完成统一的客观状况以及台湾地区的用语习惯造成的，与大陆方面给予在大陆就读的台湾学生以“留学生待遇”较为类似。我们或许可以认为前述“大法官”对祖国大陆的认同感不强，但并不能轻易断言其具有“台独”意识。以陈新民“大法官”为例，他虽然将祖国大陆与其他国家统称为“非我国国权所及的国外地区”，但

① 根据教育部发展规划司的统计，截至2010年底，大陆共有普通高等学校2305所，其中大学、专门学院1090所，专科学校1215所。资料来源：http://www.moe.gov.cn/s78/A03/moe_560/s4958/s4960/201012/t20101230_113594.html，最后访问日期：2018年7月20日。

同时也毫不掩饰地表达了对中国传统文化的自豪感，并称孔子为“我国两千余年历史上，出现的唯一一位圣人”，从中不难看出其对于中国和中华民族的认同。

第三，马英九提名的汤德宗“大法官”在政治立场上并无“台独”倾向，并曾积极参与两岸学术交流，[①]但他却在“不同意见书”中表达了对“释字第692号解释”的强烈反对，强调“两岸事务之处理更应注意维护国家主权”，这是否可以理解为部分保守的蓝营人士对两岸教育交流的迅速发展，尤其是对承认大陆教育部门的主管权，仍持一种警惕的态度呢？实际上，这一情况或可归因于汤德宗“大法官”作为一位台湾地区的宪法学者对“中华民国”这一概念的强烈认同感以及由此造成的对新中国政权的抵触心理，这就涉及两岸关系事务中十分棘手却也十分重要的所谓“中华民国”的定位问题。在处理两岸事务的过程中，所谓“中华民国”和“中华民国宪法”的概念，既是不得不克服的障碍，也是可以善加利用的历史和政治资源，值得我们投入更多的注意力去探究。受作者水平及篇幅所限，此处对这一极为复杂的问题不再做详细讨论，唯愿读者谅之。

（本篇作者：路忠彦，武汉大学法学硕士，曾任武汉大学两岸及港海岸法制研究中心研究助理）

① 在担任“大法官”之前，汤德宗曾于2010年前往复旦大学进行学术交流，复旦大学法学院张乃根教授称许了他“在海峡两岸学术交流中所做出的杰出贡献”。参见复旦大学国际法学科:《台湾地区著名法学专家汤德宗教授学术讲座在我院成功举行》，资料来源: http://www.law.fudan.edu.cn/cn/index/show/?m=118&d=19，最后访问日期: 2018年7月20日。

案评十二 “释字第710号解释”：梁某诉“入出国及移民署”案[1]

【案情要览】

在本案中，“声请人”梁某系大陆女子，2003年与台湾男子王某结婚后，于同年5月以依亲居留名义申请来台，经获准入境，至同年11月离境返回大陆。2004年，梁某以相同名义申请来台，于2005年2月16日因从事非法打工而遭强制出境，复于2006年3月26日，以同样名义申请来台，并于居留期满离境。2007年5月间，梁某再度以依亲居留名义申请来台，虽经获准入境，然于2007年9月17日，“内政部入出国及移民署”专勤事务第二大队高雄县专勤队（下称高雄县专勤队）通知“声请人”到队接受面谈，面谈后，即以“声请人”与依亲对象王某说词有重大瑕疵为由，注销“声请人”的入出境许可证，作成强制出境处分，并于强制出境前，收容“声请人”。[2]尔后，“入出国及移民署”限制梁某人身自由长达126天，期间未赋予梁某陈述意见及答辩之机会，且收容时未交付任何书面文件或告知救济途径、收容期间，于收容期间亦无给予“声请人”提审

① 本文主体部分曾以《平等原则检视下的大陆居民在台湾地区的权利保障问题》为题发表于《台湾研究集刊》2014年第2期，收入本书时有所删改。

② “释字第710号解释”“声请书”。

请求救济之权利，126天后梁某被强制出境。[①] 出境后，“声请人”梁某旋即申请来台依亲，遭到高雄县专勤队拒绝，“声请人”遂第二次申请，方获得入境许可。“声请人”梁某认为“内政部”所属高雄县专勤队所作成的强制出境及收容处分均属违法行为而提起“国家赔偿诉讼”，台湾高等法院高雄分院审理本案后，认为“声请人”梁某所请并无理由，遂驳回“声请人”的请求并确定在案。[②]

由于“入出境及移民署”仅以行政命令[③]限制“声请人”之人身自由，如“声请人”为台湾居民，则系争规定因违背法律保留原则而属“违宪”无疑。但由于该案“声请人”为大陆居民，且“声请人”并未在台湾地区设立户籍，能否获得与台湾居民平等的对待，成为案件争点。该案也成为衡判大陆居民能否适用平等原则，而获得与台湾居民同等权利保障的指标性案例。

因此，本案的系争点为：“两岸人民关系条例”就强制大陆地区人民出境未予申辩机会，又就暂予收容未明定事由及期限的规定以及“强制出境办法”所定收容事由未经“法律”明确授权是否均为“违宪”。

【解释要点】

“大法官”针对本案做作“释字第710号解释”，说明“两岸人民关系条例”中的系争规定有违正当法律程序原则、法律明确性原则以及比例原则，“大陆地区人民及香港澳门居民强制出境处理办法”中的系争规定未经台湾地区“法律”明确授权，违反法律保留原则。这些规定均因“违宪”

① “释字第710号解释”“声请书”。

② “释字第710号解释”“声请书”。

③ 台湾地区“行政命令”相当于大陆《立法法》上规定之行政法规和规章，系行政机构制定的规范性文件的总称。参见陈清秀：《行政法的法源》，载翁岳生：《行政法》（上册），中国法制出版社2002年版，第122页。

失效。

在“解释文”中，“大法官”具体对案件所涉及规定的效力分别进行了认定。“大法官”首先认为，“两岸人民关系条例”第十八条第一项规定中不予申辩机会即得强行出境的部分有违正当法律程序原则，不符台湾地区“宪制性文件”第十条保障迁徙自由之意旨；第二项规定未明确收容的对象及事由有违法律明确性原则，关于收容的部分不符合正当法律程序原则；关于暂予收容未设期间限制有违比例原则，这些条文因“违宪”失效。其次，“大法官”认定，“两岸人民关系条例施行细则”第十五条规定、“大陆地区人民申请进入台湾地区面谈管理办法”第十条第三款规定及第十一条规定中有关未经许可入境者和面谈管理的内容均未逾越“两岸人民关系条例”第十八条第一项规定，符合法律保留原则。最后，“大法官”认为，“大陆地区人民及香港澳门居民强制出境处理办法”第五条中关于强制出境前得以收容的情形规定未经“法律”明确授权，因违反法律保留原则而失效。

“大法官”在“理由书”中对以上认定结果进一步予以补充论证和详细说明：基于台湾地区“宪制性文件”对人民身体自由的保障，任何剥夺或限制人民身体自由处置除“法律”规定外均应遵循正当法律程序原则。在两岸分离的现况下，大陆地区人民入境台湾的自由受到一定限制，但只要大陆地区人民形式上经主管机关许可，且已合法入境台湾地区，其迁徙自由原则上即应受台湾地区“宪制性文件”保障。强制经许可合法入境的大陆地区人民出境，除因危害“国家安全”或社会秩序而须为急速处分者外，同样应践行相应的正当程序。收容属于对人民身体自由的剥夺，基于法律保留原则，暂予收容事由应以“法律”直接规定或“法律”具体明确授权之命令定之，而规定的内容应符合法律明确性原则和比例原则，并赋予其权利救济的机会。

据此，至少在人身自由和迁徙自由方面，大陆居民在台湾地区受到了

“大法官”的平等对待，享有与台湾居民相同的权利，系争之规定也因而无效。在“释字第710号解释”后至今，虽并无新的涉及大陆居民在台权利保障之案件，但由此领域所建立的“平等对待”原则已经适用于其他涉及两岸关系之案件。

【理论评析】

2008年后，大陆居民赴台已经呈现出多元化、便利化和常态化的样态。[①] 大陆居民在台居留期间的权利保障问题成为两岸全面交往背景下必须面对的重要课题。由于历史和政治的原因，台湾当局长期对大陆居民持有偏见，在制度安排与司法实践中形成了“区别对待”台湾居民和大陆居民的准则。考虑到台湾地区对台湾居民已经建立了比较完备的权利保障机制，因此，大陆居民在台权利保障问题的症结在于：大陆居民在台湾地区能否享有与台湾居民平等的权利、获得台湾地区公权力机构的平等保护。以往研究大多基于特定的政治立场，对台湾地区“区别对待”大陆居民和台湾居民的做法进行批判性研究，几无规范上之说理性可言，对“区别对待”的形成逻辑和论证步骤亦无法进行技术意义上的剖析，因而对大陆居民如何在台保障自身权利，除能提供政治说词外，并无法提供具有参考价值之法律路径。以下拟运用规范分析的方法，从台湾地区司法机构有关大陆居民在台权利的“大法官解释”出发，从平等原则检视大陆居民在台湾地区的权利保障问题，以期为赴台之大陆居民保障自身在台权利提供可资运用的法律路径。

① 参见祝捷、周叶中：《论两岸大交往机制的构建》，载黄卫平主编：《当代中国政治研究报告》（第十辑），社会科学文献出版社2013年版。

（一）分析工具之建构：平等原则的精致化结构

制定于1946年的台湾地区“宪制性文件”第七条规定：“……人民，无分男女、宗教、种族、阶级、党派，在法律上一律平等。”该条系台湾地区平等原则之法源，由于平等原则案件是“大法官解释”的重点案型，“大法官”对平等原则进行了精致化建构。“大法官”对于平等原则之含义、操作规程和审查密度，已经形成了包括一整套理论体系和实务规程在内的精致化结构。

对于平等原则之含义，台湾学界向来存在“形式意义之平等”和“实质意义之平等”之经典区分。形式意义的平等，源自平等最为传统的概念，即“法律面前、人人平等”，[①] 其意指公权力机关必须依法对相对人予以平等对待，不得因相对人个体差异而产生不同对待。形式意义的平等，没有注意到人与人之间的差别，而强求法律对待具有差异之个体时采取同一态度，因而虽出自平等的动机，但会因此导致不平等的结果。因此，台湾学者更加重视实质意义上的平等概念。实质意义上的平等，系指具有正当性、为法律所允许的差别对待。[②]

学理上的二分法为“大法官解释”所肯定。“释字第485号解释”对实质意义上之平等的阐释，已经成为台湾地区有关平等概念的经典之作。根据“释字第485号解释”，“……第七条平等原则并非指绝对、机械之形式上平等，而系保障人民在法律上地位之实质平等，立法机关基于宪法之价值体系及立法目的，自得斟酌规范事物性质之差异而为合理之区别对待”。[③] 按照该“解释”，所谓“实质意义上的平等”并非要求法律对一切人采取相同之对待，而是允许法律依不同情况在对待不同人群的方式上有

① 陈新民：《德国公法学基础理论》，山东人民出版社2001年版，第671页。

② 参见吴庚：《宪法的解释与适用》，台北：三民书局2004年版，第182页。

③ “释字第485号解释”“解释文”。

所区别，唯该区别应为合理。

“释字第485号解释”虽然发展出平等权的实质内涵，但并未提供一套具有可操作性的规程。在理论层次，平等原则之适用一直承袭亚里士多德提出之经典公式，即“等者等之，不等者不等之”，但这一公式距离在实务中可资适用的操作规程仍有一定落差。台湾地区司法机构针对“王某泉诉高雄第三信用合作社案”作成“释字第596号解释”，[①] 完整地展示了平等原则的操作规程。据“释字第485号解释”，台湾地区“宪制性文件”并未禁止区别对待，而是要求为区别对待时，不得逾越“合理”，亦即平等原则适用的重点在于禁止“无正当理由”的区别对待。[②] 按平等原则适用之情形，必然是两个（或多个，下同）事物受到区别之对待，衡判平等原则是否获得实现需经过三步考量：

第一步，判断两个事物之间是否具有可比性。在“等者等之，不等者不等之”的公式中，所谓“等者”和“不等者”都应按照“法律”的规范意旨与规范事实，经由相互比较而后予以界定。在进行比较前，应确定两事物之间确有可比性。对于“可比性”的理解，可从两个层次上来把握：[③]（1）“可以被纳入比对、掂量，进行同异之辩者，必须属于同一规范体系”，“差别待遇若出于不同的规范系统，基本上不生……平等审查的问题”；（2）对事物进行比较时，必须先设立“比较点”，透过“比较点”的比较，梳理出事物之间的共同点。对可比性的判断，是平等原则得以适用的逻辑前提。

第二步，确认“区别对待”的“区别”何在。平等原则的重点在禁止“无正当理由”的“区别对待”，因此，确认区别何在，是判断该区别是否

---

① 对于本案之理论分析，参见祝捷：《台湾地区权利保障司法案例选编》，九州出版社2013年版，第121页。

② 李建良：《经济管制的平等思维》，载《政大法学评论》第102期，2008年4月。

③ 李建良：《经济管制的平等思维》，载《政大法学评论》第102期，2008年4月。

具备正当理由所必需。确认“区别”时，应注意两点：(1) 该“区别”应具有法律判断之意义，而非无法律判断必要之“区别”；(2) 该“区别”应与第一步中所设定的“比较点”具有一定程度的关联性。确认两个事物“区别对待”的“区别”何在，是判断是否适用平等原则的关键步骤。

第三步，判断该“区别”是否“合理”。由于平等原则并非禁止“区别对待”，而是禁止无正当理由的“区别对待”，因而第二步所形成之“区别”，需经过是否“合理”的检验，方可判断是否有违平等原则。如该“区别”具有“正当化”事由，则纵使公权力行为对具有可比性之两事物区别对待，但仍能作成其符合平等原则的判断。在考量“区别”是否为合理时，“大法官”承认立法者享有广泛的立法余地。一般而言，只要不是构成“恣意”，均可认定为合理。在如何判断是否为“恣意”时，“大法官”一般使用比例原则的判断方法，将“区别”对待之措施，经过目的正当性、手段与目的之关联性的考量，综合判断是否为“恣意”。[①] 当然，在讨论目的正当性、手段与目的之关联性时，会涉及审查密度的概念。

(二) 大陆居民在台权利处理准则纵剖：从“区别对待”到“平等对待”

台湾当局至今仍认为大陆属于台湾地区“宪制性文件”第四条所称之“固有疆域”，大陆居民在台湾地区仍为台湾地区“宪制性文件”第七条所称之“人民”。[②] 然而，两岸尚未统一的政治格局和台湾当局长期以来的两岸政策，大陆居民在台湾地区事实上并未享有与台湾居民相同的权利。台

① 关于台湾地区之比例原则的结构，“大法官”基本沿袭德国公法学之三阶理论，即适当性、必要性和衡量性，但在“释字第476号解释”中，“大法官”亦提出目的正当性的审查步骤，从而形成了独具特色的四阶理论。参见李念祖：《人权保障的内容》(上)，台北：三民书局2006年版，第20页以下。

② 参见《马英九“总统”接受墨西哥〈太阳报〉的专访》，资料来源：www.prisident.gov.tw，最后访问日期：2018年7月27日。

湾地区“宪制性文件增修条文”第十条及“两岸人民关系条例”均对大陆居民在台各项权利加以限制。[①]而在实务上，“大法官”经由多个“解释”，也形成了区别对待大陆居民和台湾居民的准则，即“区别对待”准则。但是，随着两岸关系的逐渐转暖，“大法官”亦随之改变单纯采取“区别对待”准则的态度，建立起更加符合两岸民众共同利益的“平等对待”准则。

在司法实务上，“区别对待”准则之滥觞于著名的“邓元贞”案。“大法官”针对该案作成“释字第242号解释”。该号“解释”中，“大法官”引入“国家遭遇重大变故”的理由，[②]认为“在夫妻隔离，相聚无期，甚或音讯全无，生死莫卜之情况下所发生之重婚事件，有不得已之因素存在，与一般重婚事件究有不同”。[③]据此，“大法官”认定邓元贞在台婚姻为有效，无给予撤销之情形。该“解释”的“解释文”出现“与一般重婚事件究有不同”一句，表明“大法官”已经开始将大陆和台湾予以区别对待，而“国家遭遇重大变故”也成为支撑“区别对待”准则的“正当化”事由。在涉及大陆居民进入台湾地区的“释字第265号解释”中，“大法官”也使用了“国家遭遇重大变故”这一理由，认定“两岸人民关系条例”为大陆居民进入台湾地区设置考验期的规定为“合宪”。

“区别对待”准则正式形成于1999年的“释字第497号解释”。“大法官”认为“两岸人民关系条例”及其授权制定的“大陆地区人民进入台湾地区许可办法”等规定，对于大陆居民进入台湾地区的程序性和实体性限

---

① 对于台湾地区“区别对待”两岸居民之法源的论述，参见祝捷：《论大陆人民在台湾地区的法律地位——以“释字第710号解释”为中心》，载《台湾研究集刊》2014年第2期。

② 事实上，“国家遭遇重大变故”经常运用于“大法官”解释两岸关系的案件中。最早之形成在1954年的“释字第31号解释”，该号“解释”即以“国家遭遇重大变故”为由，延迟台湾地区“立法委员”换届选举。参见周叶中、祝捷：《论我国台湾地区“司法院”大法官解释两岸关系的方法》，载《现代法学》2008年第1期。

③ “释字第242号解释”“理由书”。

制，系确保台湾地区安全与民众福祉所需，并未侵犯大陆居民的权利。[①]本案确认了“两岸人民关系条例”区别对待大陆居民和台湾居民的“合宪性”，从而在司法实务中正式形成了“区别对待”准则。在同样涉及大陆居民进入台湾地区的“释字第558号解释”中，“大法官”将“释字第497号解释”引为“区别对待”准则的法源，表明“释字第497号解释”被认可为“区别对待”准则在司法上的直接渊源。

将“区别对待”准则推向高峰的是“释字第618号解释”。在该案中，“大法官”认为，“两岸人民关系条例”之所以为大陆居民在台担任公务人员设置10年考验期，是因为大陆居民的“自由民主宪政体制认识与其他台湾地区人民容有差异”，且“公职涉及对公权力之忠诚问题”，在“两岸处于分治与对立且政治、经济与社会体制存在巨大本质差异”的情况下，对其与其他台湾地区人民予以区别对待，亦属合理。[②]本号“解释”不仅明确且直接出现“区别对待”的表述，而且扩大了“区别对待”准则从传统的入出境领域扩展到其他基本权利领域，使“区别对待”准则在司法实务上得到了深化。

2008年后，两岸关系逐渐转暖，“区别对待”准则显然不再适合两岸关系和平发展的情势，“大法官”的态度亦出现微妙变化。“区别对待”准则松动之迹象出现在“释字第692号解释”中。“大法官”认为北区“国税局”以简某之女以大陆高校学历是否受到承认，作为减免所得税纳税额之要件，构成不当联结，限缩了“所得税法”第十七条之适用范围，违反租税法定原则。尽管本案并未涉及大陆居民在台湾地区的权利问题，但“大法官”在解释何为“所得税法”第十七条规定之“在校就学”时，将大陆高校与台湾高校“平等对待”，并不考虑台湾当局教育部门是否认可大陆高校学历，已经构成对“区别对待”准则之松动。

---

① “释字第497号解释”“解释文”。

② “释字第618号解释”“理由书”。

"平等对待"准则正式确立于"梁某诉入出国及移民署"案。"大法官"针对本案作成具有里程碑意义的"释字第710号解释"。在"理由书"中，"大法官"有两段话改变以往采取的"区别对待"准则，平等对待大陆居民与台湾居民：（1）在"理由书"第1段第2句，"大法官"认为，"剥夺或限制人民身体自由之处置，不问其是否属于刑事被告之身分，除须有法律之依据外，尚应践行必要之司法程序或其他正当法律程序"；（2）在"理由书"第2段第5句，"大法官"提出，"惟大陆地区人民形式上经主管机关许可，且已合法入境台湾地区者，其迁徙之自由原则上即应受宪法保障"。[①] 在涉及已有子女或养子女的台湾居民能否收养大陆居民的"释字第712号解释"中，"大法官"运用"平等对待"准则，认为"两岸人民关系条例"第六十五条第一款限制台湾居民收养大陆居民的规定，因违反比例原则而无效。这表明，"平等对待"准则已经逐渐为"大法官"接受，开始消解"区别对待"准则对两岸关系产生的负面效果。

从"区别对待"准则到"平等对待"准则之演变，符合两岸关系和平发展之大势。然而，"释字第710号解释"并未推翻"区别对待"准则，"平等对待"准则也只是个别地适用于"大法官"已经作成"解释"之领域，并不具有普遍效力。[②] 随着以大陆配偶、大陆学生、大陆游客、大陆投资者为主要群体的大陆居民在台权利保障问题日渐突出，研究大陆居民在台湾地区法制体系内部，获得平等原则保障的法理问题，亦随之突出。"区别对待"准则和"平等对待"准则对大陆居民在台权利保护的态度殊异，却都被"大法官"经由平等原则的铺陈，获得规范上的证立。从一个中国框架的政治立场出发，"平等对待"准则与两岸关系和平发展的贴合

① "释字第710号解释""理由书"。

② 对此，"大法官"罗昌发指出："多数意见虽对于大陆地区人民所应享之居住迁徙自由、人身自由及正当法律程序等基本权利，已有相当之厘清；惟本席认为，多数意见对大陆地区人民基本权利保护之宣示，尚有未周。"参见"释字第710号解释""大法官"罗昌发"部分协同部分不同意见书"。

性，当然大于刻意区分两岸居民的“区别对待”准则。但就客观状况而言，“平等对待”准则在台湾地区仍是个别性的，而“区别对待”准则是普遍性的。当前，两岸协议在台湾地区的法律性质不明，[①]大陆居民难以透过两岸协议保护其在台权利，“平等对待”准则因此成为大陆居民保护其在台权利的法技术路径，而如何防范“区别对待”准则的引入，也成为保护大陆居民在台权利的司法实务所需。[②]虑及此，以下从平等原则检视“区别对待”准则和“平等对待”准则。惟此种检视亦须根据台湾地区已经形成之平等原则的精致化结构展开。下文对“区别对待”准则和“平等对待”准则的检视，分两步展开：（1）从“实质平等”之内涵发端，探究两准则具有共性之问题；（2）从平等原则之操作规程，比较两准则之差异，并借此厘清“区别对待”准则之适用逻辑和“平等对待”准则的可扩展性。

（三）大陆居民在台权利处理准则横切之一：“实质平等”的内涵

平等原则之“平等”在两岸事务领域，究竟是形式意义之平等，还是实质意义之平等，在台湾地区已有定论。“释字第618号解释”“理由书”载有明文：“……此所谓平等，系指实质上之平等而言，立法机关……自得斟酌规范事物性质之差异而为合理之区别对待。”[③]这一句话表达了三层含义：（1）在两岸领域，平等原则一如在其他涉及平等原则之案件，将“平等”理解为实质意义的平等，据此，“区别对待”大陆居民和台湾居民亦可与平等原则相容；（2）“区别对待”之“区别”的决定主体，是台湾地区立法机构，由此推知，“区别对待”大陆居民和台湾居民需符合法律保留原则，当然，下位法在符合授权明确性原则的前提下，亦可设置此种“区

① 参见周叶中、段磊：《论两岸协议的法理定位》，载《江汉论坛》2014年第8期。

② 参见祝捷：《论大陆人民在台湾地区的法律地位——以“释字第710号解释”为中心》，载《台湾研究集刊》2014年第2期。

③ “释字第618号解释”“理由书”。

别”；（3）立法机构决定之“区别”，即便符合法律保留原则及授权明确性原则，也需为“合理”，而判断“区别”是否为“合理”时，需“斟酌规范事物性质之差异”。此三层含义，事实上将台湾地区立法机构在两岸事务上的立法形成自由、法律保留原则以及“事务性质”三者揉捏在一起，构成理解“实质平等”内涵之要点，以下分述之：

第一，关于台湾地区立法机构的立法形成自由。1991年，台湾地区启动“宪政改革”，其第一个“宪制性文件增修条文”第十条规定了“自由地区与大陆地区间人民权利义务关系及其他事务之处理，得以法律为特别之规定”，此即台湾地区“宪制性文件增修条文”的“两岸条款”。立法机构在两岸事务上的立法形成自由究竟有多大，“释字第618号解释”对此有专门论述：“鉴于两岸关系事务，涉及政治、经济与社会等诸多因素之考虑与判断，对于代表多元民意及掌握充分信息之立法机关就此所为之决定，如非具有明显之重大瑕疵，职司法律违宪审查之释宪机关固宜予以尊重。”[①] 由此可见，台湾地区立法机构在两岸事务上，有着较大的形成自由。关于台湾地区立法机构在两岸事务上广泛的立法形成自由，构成了理解“区别对待”准则和“平等对待”准则的背景。因为“大法官”的各个“解释”，无论采取以上两个准则中的何者，都未试图挑战立法机构在两岸事务上的立法形成自由，而只是为之添加不同的限制而已。

第二，法律保留原则的适用余地。在涉及大陆居民在台权利的案件中，法律保留原则的适用相当常见和灵活，在“大法官”采“区别对待”准则和“平等对待”准则的“解释”中，都能获得适用机会。法律保留原则适用于采“区别对待”准则的案件，以“释字第497号解释”为代表。在该“解释”中，“大法官”认为系争之“大陆地区人民进入台湾地区许可办法”，虽规定对大陆居民进入台湾地区的程序性限制，但此种限制是基于

① “释字第618号解释”“理由书”。

“两岸人民关系条例”的授权，符合授权明确性原则，并不抵触法律保留原则。事实上，“两岸人民关系条例”第十条仅授权行政部门制定大陆居民进入台湾地区和在台湾地区活动或工作的细则，而未对限制之内容和范围作出明确授权。该“解释”之“声请人”指责“两岸人民关系条例”第十条的授权并不符合法律保留原则。但“大法官”认为，“两岸人民关系条例”第十条实为“概括授权”，对“概括授权”之理解，“应就该项法律整体所表现之关联意义以推知立法者授权之意旨，而非拘泥于特定法条之文字”。[①] 此种说词，从法理角度而言，已经掏空法律保留原则及授权明确性原则的实质内涵，纯以授权明确性原则之虚幻外表，为“区别对待”准则背书。而法律保留原则在采“平等对待”准则案件中的适用，则以“释字第 710 号解释”为典型。该号“解释”中，“大法官”认为系争之“大陆地区人民及香港澳门居民强制出境处理办法”，以行政命令限制人民之人身自由，已经抵触法律保留原则。由此观之，“大法官”在两岸事务中对法律保留原则的适用，呈现出由宽至严的趋势。由于台湾地区限制大陆居民权利之规范依据，除“两岸人民关系条例”外，多数为行政命令层次的规范，因而法律保留原则及授权明确性原则，理应成为大陆居民保障其在台权利的重要依据和切入点。

第三，关于两岸事务的“事务性质”。两岸事务究竟和其他事务有何区别，是斟酌区别对待是否为“合理”的判准。从几个“解释”的文本来看，“大法官”对两岸事务的“事务性质”，大多从负面角度加以诠释，认为“两岸人民关系条例”等限制大陆居民在台权利的规定，系为保障“台湾地区安全、民众福祉暨维护自由民主之宪政秩序”所需，其潜台词无异于两岸事务与其他事务不同之处，是两岸事务可能威胁“台湾地区安全、民众福祉暨维护自由民主之宪政秩序”。此种对于两岸事务的“事务性质”

① “释字第 497 号解释”“理由书”。

做负面理解的态度，亦在“释字第710号解释”中为多数意见所肯定，但有“大法官”对此“事务性质”提出不同意见。陈新民认为，“两岸人民的关系，许多都是民事、刑事及行政性质，岂能概括列入类似‘军事行动’或其他敌对性与潜在敌对性的行为领域？因此将两岸关系事项列入‘攸关国家安全与利益’，而一概排除行政程序法之适用，显然抵触比例原则”。[①]还有“大法官”认为，不应夸大大陆居民在台权利案件中的“两岸因素”，而应就事论事地讨论所涉及之具体权利。陈碧玉认为，“两岸虽在分治状态，然强制出境及暂予收容之处分，攸关经许可合法入境大陆地区人民之居住、迁徙、人身自由暨婚姻家庭等基本人权之保障。相关法令仍应回归规范该事项之本旨”。[②]这些观点虽未出现在正式的“解释文”和“理由书”中，但构成了对两岸事务之“事务性质”理解的松动。及至“释字第712号解释”，多数意见终于从具体权利角度理解两岸事务之“事务性质”，认为台湾居民收养大陆居民“将有助于其婚姻幸福、家庭和谐及其与被收养人之身心发展与人格之形塑”，而不再笼统地以“安全”等抽象理由搪塞之。[③]

（四）大陆居民在台权利处理准则横切之二：平等原则操作规程的具体运用

平等原则之操作规程的选择，被统一于“大法官”对“区别对待”准则和“平等对待”准则的论证中。下文根据第一部分梳理之精致化结构，在总体上以平等原则之操作规程为序，阐述平等原则在两个准则中的具体运用。

比较点的选择和区别的厘清，是平等原则之操作规程的第一步和第二

① “释字第710号解释”“大法官”陈新民“部分不同意见书”。

② “释字第710号解释”“大法官”陈碧玉“部分协同部分不同意见书”。

③ “释字第712号解释”“理由书”。

步。比较点之选择决定了大陆居民和台湾居民是否有可比性，如无可比性，则“区别对待”准则不受平等原则的审查。[①]在上述系列案件中，大陆居民和台湾居民同属台湾地区“宪制性文件”第七条所称之“人民”，成为衡判可比性的比较点。“释字第497号解释”之“声请人”林某在“声请书”中明确写道：“(台湾当局)一再标榜中国统一……大陆同胞亦属我中华民国人民，依此，则大陆配偶尚有居住及迁徙台湾之自由。”[②]不过，由于“大法官”在“释字第708号解释”中，在涉及外国人在台权利的问题上，亦形成“平等对待”准则。“大法官”在“释字第710号解释”中，也多次引用《联合国公民与政治权利国际公约》相关条款，这是否意味着“大法官”对于大陆居民与台湾居民“平等对待”准则的建构，事实上已经将比较点选择为具有普遍意义之“人”，从而大陆居民等同于外国人？对此问题，“释字第710号解释”的“解释文”和“理由书”并未做直接表述，但也表示区别对待台湾居民和外国人之理由为“现代国家主权之行使”，而区别对待台湾居民和大陆居民之理由为“两岸分治的现状”，可以看出“大法官”并未将大陆居民等同于外国人，亦未选择以“人”为比较点。除多数意见外，陈春生、陈碧玉、罗昌发、李震山和陈新民等“大法官”也在“协同意见书”或“不同意见书”中，对于大陆居民、台湾居民和外国人的关系进行了说明。这些“大法官”的观点比较一致，都认为大陆居民虽非台湾居民，但肯定不是外国人。至于“区别”，实为台湾地区相关规定对于大陆居民进入台湾或在台权利的种种限制，前文已经详述，此处不再赘述。

“大法官”对可比性及区别的认知，并非是“大法官”论证的重点，对于区别是否为“恣意”的论证，才是“大法官”的着力之处。在涉及大陆居民在台权利的案件中，“大法官”对于是否为“恣意”的判断主要采

① “释字第596号解释”“理由书”。

② “释字第497号解释”“声请书”。

取两种路径：（1）运用“国家遭遇重大变故”的政治表述，为“区别对待”提供“正当化”事由；（2）运用比例原则，根据目的正当性、手段与目的之关联性对区别对待是否为“恣意”进行论证。“国家遭遇重大变故”的表述主要在20世纪90年代中前期使用，其结论具有唯一性。20世纪90年代中后期，当“国家遭遇重大变故”心理在台湾逐渐褪色后，“大法官”开始转向更具法理性的论证技术。“国家遭遇重大变故”尽管在后续“解释”中偶有出现，但只是作为“解释”的宏观背景，在法技术层面已经不再具有证立结论的功效了。具有明显法技术意义的比例原则，开始成为“大法官”讨论区别是否为“恣意”的主要路径。

在比例原则使用之早期，“大法官”尚未能从目的正当性、手段与目的之关联性等角度，遵循比例原则之操作规程，对区别对待是否为“恣意”进行严格地学理论证，而是找到台湾地区“宪制性文件”第二十三条，使之作为证立“区别”的“正当化”依据。如在“释字第497号解释”中，“大法官”在“理由书”中开篇即摆出：“人民有居住迁徙之自由，固为宪法第十条所保障，惟为防止妨碍他人自由、避免紧急危难、维持社会秩序或增进公共利益之必要，得以法律限制之，宪法第二十三条亦有明文。”[①]但台湾地区“宪制性文件”第二十三条的说辞，如“避免紧急危难”“维持社会秩序”“增进公共利益”等几句过去宽泛，亦难说具有足够之说服力。“释字第618号解释”比较完整地引入了严格意义之比例原则的操作规程，根据目的正当性、手段与目的之关联性形成特异化的论述。在该号“解释”中，“大法官”对“区别”（为在台设籍之大陆居民规定10年的考验期）是否为“恣意”的论证经过了三步[②]：（1）“大法官”首先祭出论证拟采取之法技术，认为台湾地区“宪制性文件”规定之平等，虽为实质之平等，但仍应经受比例原则之检验；（2）“大法官”其次按“释字第476号

① “释字第497号解释”“理由书”。

② 根据“释字第618号解释”“理由书”整理。

解释”形成之比例原则的操作规程，认定为在台设籍之大陆居民设定10年考验期，目的是基于公务人员在公法上的职务义务和忠诚义务，为确保“台湾地区安全、民众福祉暨维护自由民主之宪政秩序”所需，该目的具有正当性；（3）“大法官”最后对作为手段的“设定10年考验期”，与上述目的之间的关联性进行了论述，“大法官”认为，“设定10年考验期”之手段，是考虑到大陆居民“对自由民主宪政体制认识之差异，及融入台湾社会需经过适应期间，且为使原设籍大陆地区人民于担任公务人员时普遍获得人民对其所行使公权力之信赖，尤需有长时间之培养”，该手段与目的之间具有合理关联。据此，“大法官”认定该案系争之区别对待符合平等原则。“释字第618号解释”事实上是比较完整地体现了比例原则在大陆居民在台权利案件中的运用步骤。其后的“释字第710号解释”，虽系争点及结论与“释字第618号解释”殊异，但论证过程是基本相同的。

由是观之，尽管决定“大法官”形成“平等对待”准则的关键，是两岸关系和平发展的大势，但“大法官”在形成该准则时，并未借助外在政治决断的权威正当化“平等对待”准则，而是透过详细之说理和精细之论证，从法技术层面正当化“平等对待”准则。从“释字第710号解释”的论证过程来看，“平等对待”准则并非针对人身自由、迁徙自由而设定，人身自由和迁徙自由作为“受限制的权利”，只是“大法官”在选择审查密度时考量的因素，因此，“平等对待”准则是一个较强的扩展性，完全能够扩展至台湾地区“宪制性文件”及其“增修条文”规定的各项权利上。这也为大陆居民在台湾地区保障自身权利提供了切入点。

【延伸思考】

大陆居民在台权利保障问题，已经成为影响两岸建立互信和民众认同的重大议题。获得台湾当局的平等对待，消除因政治力造成之人为区隔，是两岸建立更加全面交往关系所需，也是增强两岸关系和平发展民意基础所需。在两岸尚未建立保障对方居民在己方控制区域内正当权利的机制前，赴台之大陆居民不仅可期盼两岸尽快积累足够互信，建立相应机制，更应当具备利用台湾地区相关规定保障自身权利之意识和能力。以下针对“释字第710号解释”提出几点发散性思考路径，以供参考斟酌。

第一，关于平等原则的审查密度。审查密度，又称为“控制密度”，是留德之台湾学者经常使用的术语，其意指：法院在审查限制基本权利的公权力行为时，采取的宽严不同的尺度。在美国法语境下，“审查密度”又称为“审查基准”“审查标准”。台湾地区尚未如美国通过“卡洛琳”案的“脚注四”形成以双重基准为主轴的审查密度，① 亦未如德国通过“员工参与决策”案形成三阶层的审查密度。② 但许宗力在“释字第578号解释”的“协同意见书”中，在台湾地区首次提出比较完整的审查密度体系，即“三种宽严不同审查密度”：(1)最宽松审查密度，只要立法者对事实的判断与预测，不具公然、明显的错误，或不构成明显恣意，即予尊重；(2)中度审查密度，则进一步审查立法者的事实判断是否合乎事理、说得过去，因而可以支持；(3)最严格审查密度，司法者对立法者判断就须作具体详尽的深入分析，倘无法确信立法者的判断是正确的，就只能宣告系争手段不符适合原则之要求。③ 在台湾地区的审判实务中，采取较为严格的审查密度时，受审查标的一般较难通过审查，而采取较为宽松的审查密度时，受审查标的又一般较为容易地通过审查。审查密度之选择，在相当程度上决定受审查标的之命运。因此，判断“区别对待”是否为“恣意”，从判断“区别对待”本身是否为“恣意”，转换成以何审查密度判断“区

① 黄昭元:《宪法权利限制的司法审查标准:美国类型化多元标准模式的比较分析》,载《台大法学论丛》第33卷第3期。

② 吴庚:《宪法的解释与适用》，台北：三民书局2004年版，第413页。

③ “释字第578号解释”“大法官”许宗力“协同意见书”,在本“协同意见书”中,许宗力混用了“审查基准”“审查标准”等概念，此处统一为“审查密度”。

别对待”为“恣意”。在涉及色盲考生能否报考警察学院的“郑某中诉台湾警察大学”案中,[①]“大法官”作成“释字第613号解释”,对“审查密度”的选择方法进行了阐述。“大法官”认为，选择审查密度时，应当考量“分类标准”和“受侵犯的权利”两个维度。“分类标准”即系争法规区分不同人群的因素。“大法官”认为，非属人力所能控制的客观因素，如该案中的“色盲”，应采取严格审查密度。对于“受侵犯的权利”而言，主要考量权利的重要程度。如该案所涉及的受教育权，被“大法官”认为“对于个人日后工作之选择、生涯之规划及人格之健全发展影响深远，甚至与社会地位及……资源之分配息息相关”，[②]因而属于极端重要之权利，对不平等对待教育权之行为，应当采取严格审查密度。“大法官”通过百余个“解释”的积累，已经将“平等”从理念层次之原则，转变为实务层次之操作规程，推动了平等原则在台湾地区的实证化，同时也从平等原则检视大陆居民在台湾地区的权利保护问题提供了一套可资适用的思维方法。

第二，关于审查密度的选择。“释字第710号解释”具有与“释字第618号解释”基本相同之论证过程，但最终得出相异之结论，肇因是“大法官”为两案选择之审查密度不同。“大法官”在“释字第618号解释”中明示:“惟两岸关系事务，涉及政治、经济与社会等诸多因素之考虑与判断，对于代表多元民意及掌握充分信息之立法机关就此所为之决定，如非具有明显之重大瑕疵，职司法律违宪审查之释宪机关即宜予以尊重。”此一宣示台湾地区立法机构在两岸事务上之广泛形成自由的论述，事实上也提炼了“大法官”审查限制大陆居民在台权利之密度，即是否“具有明显之重大瑕疵”。“大法官”后续论证所形成之结论，亦呼应此一审查密度，认为该案所涉及之手段与目的间“尚无明显而重大之瑕疵”。“释字第618

① 对于本案之理论分析，参见祝捷:《台湾地区权利保障司法案例选编》，九州出版社2013年版，第130页。

② “释字第618号解释”“解释文”。

号解释”作成时间晚于“释字第613号解释”，对审查密度的选择，必然受到“释字第613号解释”的影响。在“分类标准”上，该案涉及之当事人谢某亦为台湾居民，只不过并非原生之台湾居民，其原本在大陆设籍，因婚嫁关系在台湾地区设籍。因此，本案之分类标准实为“是否为原生台湾地区户籍”。在“受限制之权利”上，“大法官”认为本案所涉及之人民权利为台湾地区“宪制性文件”第十八条规定之“服公职权”。按“释字第613号解释”形成之判准，是否为原生之台湾地区户籍，显然非当事人主观所能决定，而“服公职权”虽非如人身自由一般重要，但亦涉及人民政治参与的权利，也是台湾地区独具特色的一种基本权利。[①]按“释字第613号解释”之判准，对该案系争之“区别”，应采取严格审查密度，至少应采取中度审查密度。但“大法官”却以立法机构之形成自由为理由，选择宽松审查密度。因此，该案无论政治立场如何，在法技术上是存在重大瑕疵的！再考察“释字第710号解释”，该案之分类标准，为是否是“台湾居民”，但在该分类标准上，“大法官”对涉及之大陆居民进行了限定，即“形式上经主管机关许可，且已合法入境台湾地区者”。这一限定事实上已经忽略了大陆居民和台湾居民在身份上的区别，视大陆居民在法律地位上与台湾居民无异。而在“受限制的权利”上，“大法官”认为该案涉及之人民权利，为台湾地区“宪制性文件”第八条之人身自由和第十条之迁徙自由，此两项权利为人民最重要之基本权利，尤其是第八条之人身自由，是台湾地区唯一处于“宪法保留”位阶的人民权利，[②]其重要性远大于“释字第618号解释”涉及之“服公职权”。据此，“大法官”在该案中选择了严格审查密度，要求限制大陆居民之上述权利时，“应视所涉基本权

① 对于台湾地区“宪制性文件”第十八条所规定的“应考试服公职权”，台湾地区学者对此认识不一，吴庚认为该权实为政治参与权，而陈慈阳、许育典、陈新民等则认为该权为具有独立意义之基本权利。参见吴庚：《宪法的解释与适用》，台北：三民书局2004年版，第304页；陈慈阳：《宪法学》，台北：元照出版有限公司2005年版，第631页。

② 参见吴庚：《宪法的解释与适用》，台北：三民书局2004年版，第59页。

之种类、限制之强度及范围、所欲追求之公共利益、决定机关之功能合适性、有无替代程序或各项可能程序之成本等因素综合考虑”。[①]

（本篇作者：祝捷，武汉大学法学院副院长，教授、博士生导师，两岸及港澳法制研究中心执行主任）

① “释字第710号解释”“理由书”。

案评十三 “释字第 712 号解释”：台湾人民收养大陆子女案①

【案情要览】

关于已有子女的台湾居民能否收养大陆人民的“释字第 712 号解释”系因两人声请合并审理作出。“声请人”之一系台湾人士汪某，汪某离异后与大陆人士刘某再结连理，感情甚笃。刘某之前在大陆地区已育有一子，在大陆地区缺乏照顾抚养，汪某希望收养刘某之子，使其来台湾地区定居求学。因汪某已有女儿，因此其提出的收养刘某在大陆地区未成年儿子的声请被一、二审法院以适用“两岸人民关系条例”第六十五条第一款的规定“台湾地区人民收养大陆地区人民为养子女，除依民法第一千零七十九条第五项规定外，已有子女或养子女者，法院亦应不予认可”驳回。汪某经许可再次抗告，但三审法院仍以系争条文未经“大法官会议”解释为“违宪”，驳回再抗告之声请，

本案另一“声请人”李某原为大陆居民，早年曾有一次婚姻并育有一子，离异后归男方抚养。李某后改嫁定居台湾成为台湾居民，离异后在经济状况良好的情况下意欲收养大陆孤儿李林某并在大陆地区办妥收养程序，但因李某早年有一次婚姻已有一子，收养声请同样遭第 一、二审法院

① 本文主体部分曾以《从“区别对待”到比例原则——台湾地区涉大陆人民法律地位“大法官解释”逻辑路径研究》为题发表于《台海研究》2017 年第 1 期，收入本书时有所删改。

以同样理由驳回。

汪某和李某均认为第一、二审法院所适用的“两岸人民关系条例”中“台湾地区人民收养大陆地区人民为养子女，除依民法第一千零七十九条第五项规定外，已有子女或养子女者，法院亦应不予认可”的规定有违反台湾地区“宪制性文件”第五条、第七条、第二十二条、第二十三条的疑义，与“宪制性文件”保障人民收养子女（尤其是收养配偶子女）之自由权利也相抵触。为此两人先后向台湾地区司法机构提出“释宪”声请。台湾地区司法机构将两人声请合并审理。

因此，本案的系争点在于：“两岸人民关系条例”第六十五条第一款中“台湾地区人民收养大陆地区人民为养子女，除依民法第一千零七十九条第五项规定外，已有子女或养子女者，法院亦应不予认可”的规定，是否违反台湾地区“宪制性文件”的第五条、第七条、第二十二条、第二十三条规定。

【解释要点】

2013 年 10 月，台湾地区司法机构根据多数“大法官”意见作成“释字第 712 号解释”。“大法官”在“解释文”中指出，本案系争规定与台湾地区“宪制性文件”第二十二条保障收养自由意旨及第二十三条比例原则精神不符，因“违宪”而失效。①

在“理由书”中，“大法官”作出了具体分析。首先，“大法官”肯定了收养自由关系到收养人及被收养人身心发展与人格形塑，因而受台湾地区“宪制性文件”保障；其次，“大法官”指出“两岸人民关系条例”系根据台湾地区“宪制性文件”和“宪制性文件增修条文”所制定的，鉴于两岸分离的现状和两岸事务的复杂性，司法机关对立法机关在两岸事务方

① 参见“释字第 712 号解释”“解释文”。

面的决定应采宽松的“违宪审查”标准；再次，“大法官”笔锋一转指出，即使采取宽松的“违宪审查”标准，对台湾地区人民收养大陆地区人民自由的限制，也应当符合台湾地区“宪制性文件”第二十三条比例原则的要求；最后，也是该号“解释”的重点，“大法官”详细地论证了系争规定是否符合比例原则。关于系争规定是否符合比例原则的论证又可以拆分为三个步骤：第一，“大法官”论证了立法机关对台湾地区人民收养大陆地区人民的限制规定有利于确保台湾地区安全、社会安定和社会公共利益，该限制有助于立法目的的达成；第二，“大法官”继续论证了限制台湾地区人民收养其配偶的大陆子女不利于保护人民婚姻与家庭权利，与维护人性尊严与人格自由发展的台湾地区“宪制性文件”意旨不符；第三，“大法官”权衡了该限制所造成的不利后果与其所欲保护的公共利益，损害显然大于所保护利益，限制明显过当，不符合比例原则。[①]“大法官”据此作出了系争规定“违宪”失效的决定。

“释字第 712 号解释”不仅是涉大陆人民法律地位的最新“解释”，还是解释逻辑路径实现从“区别对待”到比例原则转变的典型案例。台湾地区司法机构通过宣布系争条文因不符合比例原则而“违宪”，从而允许了台湾人民依法收养大陆地区子女，这对于在台大陆人民尤其是“陆配”弱势群体合法权益的保障不得不说是一个极大的进步。“释字第 712 号解释”作为权利型案件似乎与两岸关系并无太大的直接关联，但本案中台湾地区司法机构区别对待两岸人民的传统偏见的消退和启用比例原则保障大陆人民在台权益的举措对于平等对待两岸人民、促进两岸关系的回暖有着不可忽视的意义。

① 参见“释字第 712 号解释”“理由书”。

【理论评析】

随着两岸民间交往格局的日益多元、复杂，大陆人民在台湾地区的法律地位逐渐成为一个无法回避的重要议题。[①] 在两岸协议在台难以得到顺利实施的背景下，台湾地区司法机构出台的相关“大法官解释”成为规范和保障大陆人民在台权益的重要法律规范。据统计，截至 2018 年 8 月 31 日，台湾地区司法机构颁布的 767 个“大法官解释”中共有 7 个与大陆人民在台的合法权益和法律地位高度相关。[②] 这些“大法官解释”有关于大陆人民入台许可的，也有关于大陆人民在台权益保护的，其权利范围涵盖了婚姻权、收养自由、迁徙自由甚至就业权等人身及社会权益。台湾地区司法机构通过一系列“大法官解释”逐渐完成了对大陆人民法律地位解释逻辑路径从“区别对待”到比例原则的转变，这种转变对大陆人民在台权益保障产生了不可忽视的积极影响。下文拟运用规范分析的方法，首先从法理上明确“区别对待”准则的法理内涵，其次通过对一系列相关“大法官解释”进行纵向剖析，厘清“区别对待”的兴衰历程，再以“释字第 712 号解释”为例，具体论证比例原则模式的系统建立和逻辑推演，最后分析少数意见中的比例原则，以明晰台湾地区司法机构涉大陆人民法律地位“大法官解释”逻辑路径的转变。

① 参见祝捷、周叶中:《论海峡两岸大交往机制的构建》，载《当代中国政治研究报告》2012 年第 10 辑。

② 这 7 个“大法官解释”分别是“释字第 242 号解释”“释字第 265 号解释”“释字第 497 号解释”“释字第 558 号解释”“释字第 618 号解释”“释字第 710 号解释”“释字第 712 号解释”。其中，“释字第 558 号解释”因“解释文”涉及“区分国民是否于台湾地区设有住所而有户籍”而被认为与大陆地区人民间接相关。

（一）“区别对待”准则的法理意涵

“区别对待”作为台湾地区司法机构在司法实务中创设出来的处理两岸人民案件的准则，其渊源来自台湾地区“宪制性文件”中平等原则的精致建构。台湾地区“宪制性文件”第七条“中华民国人民，无分男女、宗教、种族、阶级、党派，在法律上一律平等”的规定一向被认为是平等原则的法源。关于平等原则，台湾学界通说认同“形式意义之平等”和“实质意义之平等”的二分法。[①]“形式上的平等”即传统的法律面前人人平等理念，而“实质上的平等”则指具有正当性、为台湾地区“宪制性文件”所允许的差别对待。[②]作为实质平等理念经典之作的“释字第485号解释”明确指出“第七条平等原则并非指绝对、机械之形式上平等，而系保障人民在法律上地位之实质平等，立法机关基于宪法之价值体系及立法目的，自得斟酌规范事物性质之差异而为合理之区别对待”，从而产生了“区别对待”的概念。

台湾地区现行“宪制性文件增修条文”第十一条规定：“自由地区与大陆地区间人民权利义务关系及其它事务之处理，得以法律为特别之规定。”“两岸人民关系条例”由此制定出来。依据台湾地区现行“宪制性文件增修条文”和“两岸人民关系条例”的精神，台湾当局在入台、居留、婚姻、就职、继承等方面将两岸人民区别处理，甚至大陆人民在诸多方面获得的待遇尚不及外国人。“区别对待”经由“大法官”在司法实践中对平等原则的铺陈以及台湾地区现行“宪制性文件增修条文”的授权和“两岸人民关系条例”的特别规定逐步获得了规范上的证立。[③]台湾地区“宪制性文件”坚持两岸同属一个中国的政治立场，并未将大陆人民视为外国

① 参见吴庚：《宪法的解释与适用》，台北：三民书局2004年版，第181、182页。

② 参见吴庚：《宪法的解释与适用》，台北：三民书局2004年版，第181、182页。

③ 参见祝捷：《平等原则检视下的大陆居民在台湾地区的权利保障问题——以台湾地区“司法院”“大法官解释”为例》，载《法学评论》2015年第3期。

人，但在诸多方面尤其是基本权利领域仍将两岸人民视为两个群体予以“区别对待”，这显然是特殊时代背景下台湾法理和实务部门受两岸政治对立形势影响结下的怪胎。

“区别对待”准则在创设过程中，不断与其他台湾地区“宪制性文件”中的基本原则产生法理上的联结。根据台湾学者吴庚构建的理论，台湾地区自由民主的“宪政秩序”可以分为“法治国”“民主国”“共和国”和“民生福利国家”四大板块，而平等原则、比例原则、法律保留原则和正当法律程序等作为权利保障的基本原则均是构成“法治国”的重要组成部分。[①]“区别对待”准则虽然并未直接构成权利保障的基本原则，但其作为“大法官”根据两岸分离的事实创造的司法理论，在法理上其正当性来源于实质平等中的差别对待，在社会现实中则依靠“国家遭遇重大变故”的支撑。因此可以说，在台湾地区“宪政”话语体系中，不论是“区别对待”准则还是“平等对待”准则都可视为台湾地区“宪制性文件”平等原则的衍生原则。至于在某一具体案件中是采用“区别对待”还是“平等对待”准则并且保证其与比例原则在同一个“解释”中共存而不冲突，这往往取决于多数“大法官”的态度以及论证技巧。不过，任何对基本权利的限制都要受比例原则的制约，“区别对待”两岸人民亦是如此，这也为“大法官解释”的逻辑路径从“区别对待”到比例原则的转变提供了法理上的可能性。

（二）“区别对待”准则的形成、扩大适用与突破

作为台湾地区司法实务中“区别对待”准则的滥觞[②]的“释字第242号解释”系因1949年配偶滞留大陆的大批大陆人士入台后另娶的“重婚”问题而起。“大法官”在“释字第242号解释”中指出社会上出现的大量

① 参见吴庚:《宪法的解释与适用》，台北：三民书局2004年版，第35—38页。

② 参见祝捷:《平等原则检视下的大陆居民在台湾地区的权利保障问题——以台湾地区“司法院”“大法官解释”为例》，载《法学评论》2015年第3期。

重婚案件乃是“国家遭遇重大变故，在夫妻隔离，相聚无期之情况下所发生之重婚事件，与一般重婚事件究有不同”，因此“民法”中关于重婚的规定并不适用于因两岸隔离而造成的重婚案件，否则“严重影响其家庭生活及人伦关系，反足妨害社会秩序”。[①] “释字第242号解释”作为台湾地区第一个有关大陆人民在台法律地位的“大法官解释”，“大法官”在潜意识中已经开始将大陆和台湾地区予以“区别对待”，将大陆人士与台湾人士、台湾人士与台湾人士的婚姻“区别对待”，这种观念直接影响到之后的一系列“解释”。

1990年10月，台湾地区司法机构作出了关于大陆配偶申请入台被拒的“释字第265号解释”。在“释字第265号解释”中，“大法官”指出系争规定对大陆人民入境限制是在“国家遭遇重大变故，社会秩序之维持与人民迁徙之自由发生冲突时”，这种限制“既为维持社会秩序所必要，与宪法并无抵触”。[②] 显然，在该“解释”中，“大法官”虽仍视大陆人民为“中华民国国民”，但“大法官”巧妙地运用“国家遭遇重大变故”的说辞，“区别对待”两岸人民，以“维持社会秩序”为由拒绝大陆人民申请入台，可谓是“区别对待”准则在台湾司法实务中的萌芽。[③]

1999年12月，台湾地区司法机构作出了另一件关于大陆配偶申请入台被拒的“释字第497号解释”。“大法官”通过论证系争规定制定依据和立法目的的“合宪性”肯定了台湾当局拒绝大陆人士入台行政处分的合法性，[④] 从而在台湾地区司法领域正式确立了“区别对待”准则。[⑤] “释字第

---

① 参见“释字第242号解释”“解释文”和“理由书”。

② 参见“释字第265号解释”“理由书”。

③ 参见祝捷:《论大陆人民在台湾地区的法律地位——以“释字第710号解释”为中心》,载《台湾研究集刊》2014年第2期。

④ 参见“释字第497号解释”“解释文”。

⑤ 参见祝捷:《论大陆人民在台湾地区的法律地位——以“释字第710号解释”为中心》,载《台湾研究集刊》2014年第2期。

497号解释”与“释字第265号解释”似乎如出一辙，但二者的作成相距近十年，这十年内，台湾地区已经进行了五次“宪政改革”，威权主义实现转型，法治进程也不断加快。但在“释字第497号解释”中，“大法官”通过更加严格的规范分析方法，仍然宣告了“区别对待”两岸人民法规的“合宪性”，进一步强化了“两岸人民关系条例”“区别对待”两岸人民的规定，使得“释字第497号解释”成为“区别对待”准则在司法上的直接渊源。①

2003年4月，台湾地区司法机构作成的“释字第558号解释”是一件因台湾人民入台而引发的“区别对待”两岸人民入台管制的“解释”。“大法官”在肯定居住迁徙自由和入境需经许可后，指出系争规定因泛指人民入出台均应经主管机关许可，并未区分国民是否于台湾地区设有住所而有户籍，违反台湾地区“宪制性文件”第二十三条规定的比例原则,是“违宪”的。②在本案中，将两岸人民同等对待成为系争规定“违宪”的原因，“大法官”在“释字第558号解释”中以否定的方式再次适用了“区别对待”准则。

截至“释字第558号解释”，台湾地区司法机构适用“区别对待”准则基本上针对的是申请入台的大陆人民，然而2006年11月，台湾地区司法机构作出的限制已入台并登记户籍的大陆人士担任公职的“释字第618号解释”将“区别对待”准则的适用范围迅速扩大。“大法官”在“释字第618号解释”中搬出了形式平等和实质平等甚至比例原则理论，运用“国家利益”、两岸分离对立的状态以及台湾地区的“宪政秩序”论证了系争规定限制大陆地区人民入台后担任公务人员的特别规定是合理且合法的。③“释字第618号解释”中不仅明确而直接地出现了“区别对待”的表述，“大法官”还将“区别对待”准则的适用对象从以往的申请入台的大

① 参见祝捷:《论大陆人民在台湾地区的法律地位——以“释字第710号解释”为中心》,载《台湾研究集刊》2014年第2期。

② 参见“释字第558号解释”“解释文”。

③ 参见“释字第618号解释”“解释文”。

陆人民扩大到已经入台的大陆人民，适用领域也从传统的入出境行政领域扩大到基本权利领域，因此，“释字第618号解释”成为“区别对待”准则在司法实务中实践的高峰。[①]

2008年后，随着两岸关系大环境的改善和“大法官会议”人员的更替，台湾地区司法机构对待大陆人民的态度发生了微妙的变化，2011年11月，“大法官”作成的关于是否承认大陆高校学历并以此减免税额的“释字第692号解释”出现了“区别对待”准则松动的迹象。[②]“大法官”指出，税务机关所援用的财政部门的规定“限缩上开所得税法之适用，增加法律所无之租税义务，违反宪法第十九条租税法律主义”，因此失去效力。[③]“释字第692号解释”并非直接针对大陆人民的在台法律地位，而是台湾人民在大陆地区就读能否享受到同在台湾地区就读一样的税收优惠政策，“大法官”在“解释”中不再绝对地将大陆和台湾地区隔离开来，而是在税收减免政策中平等对待了大陆高校和台湾高校，这已然形成了突破以往“区别对待”准则的大胆尝试。

随后，“释字第710号解释”正式突破了“区别对待”准则。“释字第710号解释”系因强制大陆人民出境并对其予以收容处分而引起。“大法官”在“释字第710号解释”中提及目前在两岸分离之现况下对大陆人民入台进行限制是合法且合理的，但当大陆人民经主管机关许可入台后，其人身自由和迁徙自由理应受到台湾地区“宪制性文件”的平等保障。“释字第710号解释”意味着“大法官”从人身自由和迁徙自由领域打开了“区别对待”准则的突破口，尝试将“平等对待”的精神引入大陆人民在台权利的保障方面。尽管仅凭“释字第710号解释”还很难断定平等原则是否会

① 参见祝捷:《平等原则检视下的大陆居民在台湾地区的权利保障问题——以台湾地区“司法院”“大法官解释”为例》，载《法学评论》2015年第3期。

② 参见祝捷:《论大陆人民在台湾地区的法律地位——以“释字第710号解释”为中心》，载《台湾研究集刊》2014年第2期。

③ 参见“释字第692号解释”“解释文”。

成为今后台湾地区司法机构解释大陆人民在台权利保障相关案件的正式适用准则，但显然，“释字第710号解释”的作出已经打破了以往“区别对待”准则垄断大陆人民在台法律地位的不平等的局面。

（三）比例原则论证模式的建立

“释字第712号解释”通过宣告限制台湾地区人民收养大陆人民相关规定“违宪”进一步冲击了“区别对待”准则，使得台湾地区人民今后在收养大陆人民时不再有是否有子女或养子女的限制。除此之外，“释字第712号解释”另一个重大意义即是该号“解释”中比例原则论证模式的系统建立。

比例原则最早可以追溯到雅典梭伦时期的限度和过度思想，后由德国行政法学鼻祖奥托·麦耶引入行政法学领域成为基本原则。[①] 二战后，出于对限制基本权利的国家权力予以再限制的考虑，德国联邦宪法法院和宪法学者将比例原则引入宪法领域并进行发展。[②] 之后，比例原则作为基本权利审查基准开始为多个国家所采纳。台湾地区“宪制性文件”中并无明确规定比例原则，现行“宪制性文件”第二十三条中“以上各条列举之自由权利，除为防止妨碍他人自由、避免紧急危难、维持社会秩序、或增进公共利益所必要者外，不得以法律限制之”规定中“所必要”三个字一般被认为是比例原则在台湾地区的直接法源。[③] 在台湾学界，比例原则在理论上形成了著名的“三阶理论”和在“三阶理论”基础上发展而来的“四阶理论”，无论是主张将比例原则拆分为三项子原则逐一检验的“三阶理论”，还是更具有操作意义的将检验分为四个阶段的“四阶理论”，比例原

---

① 参见叶俊荣：《比例原则与行政裁量》，载《宪政时代》1986年第3期。

② 参见杨登杰：《执中行权的宪法比例原则——兼与美国多元审查基准比较》，载《中外法学》2015年第2期。

③ 参见祝捷：《台湾地区权利保障司法案例选编》，九州出版社2013年版，第33页。

则的运用不外乎考察目的是否适当、手段是否必要、限制是否合乎比例几个方面。[①]

在司法实践中，“大法官”移植德国公法学以及美国宪法学理论通过一系列“大法官解释”完成了比例原则的建立，这些案件多为权利型“解释”，但并非一定涉及大陆人民在台权利。1997年，在关于邮件损失补偿责任的“释字第428号解释”“理由书”中，“比例原则”一词第一次被使用，从而由一个模糊的“宪法”概念正式进入司法实践。在同年10月的“释字第436号解释”“解释文”中，“比例原则”一词再次出现。在多次作为概念出现后，比例原则终于在“释字第471号解释”中被“大法官”具体阐释为“其处罚程度与所欲达到目的之间，并须具合理适当之关系”。[②]随后在“释字第476号解释”中，“大法官”首次完整地运用了目的是否正当、手段是否适当必要以及限制是否妥当的“三阶理论”检验系争条文，从而建构了台湾地区比例原则的通说，该号“解释”也被称为“大法官本身对于比例原则的完整图像”。[③]在“释字第618号解释”中，比例原则的运用被简化为目的是否正当以及限制手段与目的间是否存在关联两个步骤。“释字第710号解释”则补充适用了比例原则论证了系争条文因收容处分不设期限不符合目的正当性和限制手段过度而无效。[④]

直至“释字第712号解释”，“大法官”将比例原则的适用发挥到了一个新的高度，这主要体现在两点：其一，在“释字第712号解释”“解释文”中，“大法官”并无过多论述，仅凭系争条文“与宪法第二十二条保

---

① 主张“三阶理论”的学者有陈新民、吴庚，参见陈新民：《德国公法学基础理论》（下册），山东人民出版社2001年版，第368页；吴庚：《宪法的解释与适用》，台北：三民书局2004年版，第162页。主张“四阶理论”的学者比如许宗力、李念祖，参见许宗力：《比例原则之操作试论》，载许宗力：《法与国家权力》（二），台北：元照出版有限公司2007年版，第123—133页；李念祖：《人权保障的内容》（上），台北：三民书局2006年版，第20—79页。

② “释字第471号解释”“理由书”。

③ 张志伟：《比例原则与立法形成余地》载《中正大学法学集刊》第24期，2008年5月。

④ “释字第710号解释”“理由书”。

障收养自由之意旨及第二十三条比例原则不符”即宣布其失效。其二，在“理由书”中，“大法官”在肯定两岸事务的立法采宽松审查标准的基础上引入了比例原则。“大法官”首先证成了系争规定中限制台湾地区人民收养大陆地区人民目的正当性，即为“确保台湾地区安全及社会安定”“维护重要之公共利益”。随后“大法官”指出台湾地区人民收养其配偶的大陆地区子女乃属于特殊情况，“将有助于其婚姻幸福、家庭和谐及其与被收养人之身心发展与人格之形塑”，理应排除于限制之外。最后，“大法官”对限制台湾人民收养其配偶的大陆地区子女所造成的积极效果与其所保护的公共利益进行权衡，认为“显失均衡”，限制过当，从而得出系争规定不符合比例原则的结论。可以说，比例原则在“释字第 712 号解释”中的运用达到司法实践中的新峰值，成为支撑其逻辑结构的主体和论证力的主要来源。直至“释字第 712 号解释”，比例原则在“大法官解释”中的逻辑路径和论证模式得以完全建立。

（四）“大法官”的逻辑推演及少数意见中的比例原则

在“释字第 712 号解释”“解释文”和“理由书”中，“大法官”从政治、经济与社会等层面肯定了系争规定限制台湾人民收养大陆地区人民存在一定的合理性，简单构建了比例原则的理论模型，然后以“系争规定对人民收养其配偶之大陆地区子女自由限制所造成之效果，与其所欲保护之公共利益，显失均衡”为由，明确了系争规定是“违宪”的。整体来看，本案的逻辑推理较为简单，“大法官”的推演可分为三步：

首先，“大法官”承认在两岸分离的现况下，系争规定对台湾人民收养大陆人民予以限制有助于维护台湾地区的社会稳定和公共利益，存在一定合理性。在符合比例原则的前提下，从权力分立与制衡的角度而言，司法机关应对立法机关所作出的没有明显、重大瑕疵的决定保持固有的尊重。

其次，当台湾人民收养的大陆人民为其配偶的子女时，尽管系争规定并未将此种情况排除，但实际上，这种收养其实对收养人的婚姻及家庭幸福和被收养人的身心发展及人格形塑是有着极大益处的，属于台湾地区“宪制性文件”保障的权利范围。最后，“大法官”祭出了比例原则，将系争规定对“人民收养其配偶之大陆地区子女自由限制所造成之效果”，与“其所欲保护之公共利益”相权衡，得出了“显失均衡”“限制已属过当”的结论，由此“大法官”明确了系争规定违反了比例原则，也因此违背了台湾地区“宪制性文件”意旨。

此外，“释字第712号解释”共有三份“协同意见书”、两份“部分协同、部分不同意见书”和一份“不同意见书”。不少“大法官”在少数意见中对多数意见中比例原则的运用提出了或补充或质疑的观点。以下将选取三份具有代表性的“少数意见书”进行具体评析。

“大法官”黄茂荣、陈碧玉出具的“协同意见书”认同了多数意见中的结论，但认为在比例原则的运用上应当进行补充论证，原因在于在规定有差别待遇时，除应符合台湾地区“宪制性文件”第二十三条所规定的目的外，其限制还必须是实现目的所必要。此外，系争规定中仅针对收养大陆地区人民设限，属于“以亲子关系以外事由为考虑”，手段与目的欠缺实质关联。[①] 由此，“大法官”黄茂荣、陈碧玉归纳了符合比例原则的权利限制要同时符合正当目的、实现目的所必要以及存在实质关联三点，构建起“平等原则的审查”“差别待遇”和“比例原则”的审查之间的有机联系，进一步丰富了比例原则的论证路径。

“大法官”叶百修在其“部分协同、部分不同意见书”中对多数意见的“违宪”结论亦表赞同，但对于多数意见所采比例原则审查标准提出了异议。“大法官”叶百修在“解释”中总结了以往“大法官解释”对比例

① “释字第712号解释”“大法官”黄茂荣、陈碧玉“协同意见书”。

原则的适用以及适用基准的建构，然后指出，多数意见一方面参考“释字第 710 号解释”把本案中的收养权视为台湾地区“宪制性文件”权利采取严格审查基准，但同时又视之为人身自由采取“释字第 618 号解释”的宽松审查基准，严重背离了台湾地区司法机构历来“解释”所建立之标准，破坏了解释基准的一致性与适用可预见性。因此，叶主张，关于比例原则的实践运用最重要的是“如何在审查基准上建立一定的适用步骤与判断标准，继而维持违宪审查的可预见性与论理的完整性，建立司法院解释的正当性基础”。①

“大法官”陈新民在其“不同意见书”中指出多数意见选择运用比例原则而规避使用平等权，虽然在审查密度和审查结果上并无差异，但其对比例原则的运用方式仍然太过粗糙。陈认为，多数意见未对系争规定的立法目的、公益性质以及是否存在其他缓和措施加以探究便匆忙得出结论，因此存在重大瑕疵。②具体而言，陈新民主张若使用比例原则，必须进行更为详尽的审查，即对立法目的的妥当性、必要性原则逐一进行审查，然后再进行真正的“法益均衡”的检验。陈虽然并不赞同在“释字第 712 号解释”中运用比例原则，但却从另外一个方面提供了比例原则的审查思路。

【延伸思考】

“释字第 712 号解释”确立的比例原则对后来的“大法官解释”影响颇深，对新时期保障大陆人民在台权利也具有不可忽视的积极意义，但该号“解释”并非毫无问题，以下主要从理论界以及司法实务界对它的质疑中选取三个问题予以分析，以供思考斟酌。

第一，究竟是什么原因促使台湾地区司法机构在处理大陆人民在台权

① “释字第 712 号解释”“大法官”叶百修“部分协同、部分不同意见书”。

② 参见“释字第 712 号解释”“大法官”陈新民“不同意见书”。

利保障案件时所采取的原则由传统的"区别对待"转变为比例原则？台湾地区"大法官"涉大陆人民法律地位解释逻辑路径从"区别对待"到比例原则的转变绝非偶然，而是多方面因素相互作用的结果。在产生之初，"区别对待"准则与平等原则、比例原则等权利保障基本原则在法理上的联结为这种实践中的转变提供了理论上的铺陈。而在台湾地区司法机构"大法官"实践中，从"区别对待"到比例原则的转变可能主要有四个方面的原因：首先，从"区别对待"到比例原则的转变，得益于两岸关系和平发展的大环境和两岸交往日益密切的时代背景。司法机关是社会公共理性的论坛，"大法官"作为社会共识的总结者，要与时代大背景保持某种程度上的一致性。[①]"大法官"并非生活在政治真空中的裁判者，尤其是在岛内政治局势尤其是两岸大环境发生重大变化时，台湾地区司法机构自然会及时地嗅出这一动态，并随之调整其行为动态。其次，比例原则的兴起也是台湾地区司法机构"释宪"技术不断成熟和解释水平日益提升的结果。随着台湾地区法治化进程的加快和"大法官""释宪"水平的不断提升，一些新兴的、更具有法技术意义的诸如"政治问题不审查"、结果取向解释等解释方法受到了"大法官"的青睐，[②]比例原则也是在这一历史潮流中兴起。比例原则作为台湾地区"宪政秩序"中的重要原则之一，可以从台湾地区"宪制性文件"中找到法源，在司法实践中通过一系列"大法官解释"逐渐构建成体系，无论是在法理性、说服力还是在论证力上都要超越传统的"区别对待"或是"平等对待"准则。再次，台湾地区人权环境的改善和人权意识的不断提升是刺激比例原则兴起的重要因素。近年来，台湾地区保障人权的社会运动风起云涌，尤其是"陆生""陆配"群体争取平等权利的活动浪潮一直没有停息。这对强化台湾当局对大陆人民在台权益的

---

① 参见罗尔斯：《政治自由主义》，万俊人译，译林出版社2002年版，第213页。

② 参见周叶中、祝捷：《我国台湾地区"司法院大法官"解释两岸关系的方法》，载《现代法学》2008年第1期。

重视和保障起到了积极的作用，在客观上也刺激了台湾地区司法机构“大法官”在解释逻辑路径上从“区别对待”到比例原则的转变。最后，政治立场偏蓝“大法官”为主导的台湾地区司法机构格局是导致“大法官解释”逻辑路径从“区别对待”到比例原则转变的直接原因。由于台湾地区司法机构“大法官”实行交错制任期，马英九在担任国民党党主席和台湾地区领导人任期内先后四度提名“大法官”人选，直至2015年10月，台湾地区司法机构十五名“大法官”均由马英九提名。政治立场偏蓝的“大法官”显然更倾向于推行国民党相对开放的两岸政策。分析从“释字第242号解释”到“释字第712号解释”多数意见“大法官”的政治背景，不难发现随着政治偏蓝立场的“大法官”由相对少数增加为绝对多数，台湾地区司法机构逐渐倾向于作出平等保护两岸人民权益的“解释”。台湾地区司法机构政治格局的渐变对于从“区别对待”到比例原则的转变起到了潜移默化的作用。由此看来，台湾地区涉大陆人民法律地位“大法官解释”的逻辑路径从“区别对待”到比例原则的转变并非偶然，而是在岛内外积极因素共同作用下，台湾地区司法机构“大法官”在天时地利人和的新形势下为了更好地保障大陆人民在台权利调整其解释逻辑而结成的硕果。

第二，作为台湾地区的“宪法解释”，“释字第712号解释”具有等同于台湾地区“宪制性文件”的效力并产生全方位的影响，该号“解释”从“区别对待”到比例原则的转变，对岛内外尤其是两岸关系可以带来什么积极影响？实际上，这种影响主要体现在整个台湾地区“大法官解释”谱系、保障大陆人民在台权利以及两岸关系的长远发展三个面向。其一，从整个台湾地区“大法官解释”谱系来看，台湾地区涉大陆人民法律地位“大法官解释”逻辑路径从“区别对待”到比例原则的转变赋予了“释字第712号解释”在整个谱系中重要地位。继“释字第428号解释”等一系列“解释”之后，“释字第712号解释”再次运用了比例原则，基本构建起比例原则在整个台湾地区“大法官解释”谱系中的论证体系，使得比例原则真正从一个模糊的“宪法”原则落实到了司法实务之中，完成了从理论到实践的完整蜕变。由于“释字第712号解释”具有等同于台湾地区“宪制性文件”的法律效力，因而“释字第712号解释”中对比例原则的运用将成为典型的先例，对今后的“大法官解释”起到规范和借鉴的作用。从这一角度来看，“释字第712号解释”将成为台湾地区司法机构涉大陆人民法律地位的指导性案例。其二，在保障大陆人民在台法律地位方面，“释字第712号解释”将发挥更多的积极影响。一方面，“释字第712号解释”继突破“区别对待”准则引入“平等对待”原则后开辟了在保护大陆人民在台权益的另一法技术路径，为今后大陆人民在台获得相对平等的法律地位提供了更多法律上的支持。在目前保障大陆人民在台法律地位的两岸协议在台湾地区的通过和实施面临较大困难的背景下，比例原则无疑可以成为保障大陆人民在台权益的法技术选择路径之一，并且这种保护可以经由“大法官解释”扩展至其他领域。另一方面，“释字第712号解释”作为最新的涉大陆人民法律地位的“大法官解释”构成了台湾地区法秩序内部的正式法源，成为保障大陆人民在台权益的法理依据，对当局各部门也具有拘束力。这就意味着台湾地区不仅司法部门，行政机关和立法机关今后在作出有关大陆人民在台权利的决定时都需要遵循“释字第712号解释”的规范。其三，从两岸关系的长远发展和互动的角度来看，“释字第712号解释”在某种程度上也将促进两岸关系朝着积极的方向发展。“释字第712号解释”通过比例原则的运用取消了“两岸人民关系条例”中对台湾人民收养大陆人民的限制，至少在收养领域打破了两岸之间人为设立的藩篱，对两岸普世人权的尊重暂时战胜了政治上的隔阂，或许会成为两岸关系和平发展的一个积极推动点。

第三，从“区别对待”到比例原则的转变具有重大的历史意义，但这种转变仅是昙花一现的现象还是一种不可阻挡的历史趋势？大陆人民在台法律地位问题是两岸民间交往过程中的重要一环。两岸关系，归根到底是人与人之间的关系，是两岸同胞之间的关系，只有两岸同胞能够在对方区域内获得合法合理的对待，才能促进两岸民众实现心灵契合，共同构建两岸命运共同体。[①]“区别对待”作为台湾地区司法机构处理两岸人民案件的准则，脱胎于“大法官解释”，经历了形成与确立、扩大适用与突破的过程并逐渐走向消退。“释字第712号解释”作为运用比例原则的经典代表，标志着台湾地区司法机构涉大陆人民法律地位解释逻辑路径从“区别对待”到比例原则的转变。如果两岸关系能持续、稳定地朝着积极、良性的方向发展，那么这种转变将会成为保障大陆人民在台权益的星星之火，必将掀起两岸人民共享平等权益的燎原之势。但同时，我们也应当注意到，目前台湾地区新一轮的政党轮替对岛内政治格局的影响正日益凸显，“司法轮替”对两岸关系的影响不容忽视。[②]在这种形势下，两岸关系发展前景并不明朗，逐渐走向消退的“区别对待”准则仍有可能卷土重来，台湾地区司法机构涉大陆人民法律地位“解释”的发展进程很可能停滞甚至倒退。因此，如何充分挖掘台湾地区司法机构“大法官解释”中对两岸关系尤其是对两岸民间交往的积极因素，防止大陆人民在台权益保障进程的倒退，从法治资源中寻求破解两岸交往难题的出口，将成为进一步发挥比例原则积极意义的新的视角。

（本篇作者：宋静，中共湖北省委党校政法教研部教师，武汉大学法学博士）

---

① 参见段磊：《“两岸间”：一种特殊交往形态下的两岸共同决策模式》，载《第二届两岸学子论坛学术论文集》。

② 参见华广网：《祝捷：“司法轮替”隐藏“法理台独”隐忧》，资料来源：http://www.chbcnet.com/zjps/content/2016-07/18/content_1245423.htm?nsukey=JuBZbh4Iw2iXUEeGifUIfJNiov2hxPL8Hva0sQ0Uboigv6Bbw70p%2F7wz6Gx9KhZqDY2jxBFeSHgyR0GqLZn79mUI1hi674BMRMUgcJUjhrY62ayXuuQvjUK2D9T2Bi9YRjzWFTqCat7rXj3ZjQEi16XDhP08J1CyA1x3mSnrK629Qw4Cn5ezuGuZgWBUALvm，最后访问日期：2018年7月19日。

后　记

在两岸关系和台湾问题上，武汉大学有着悠久的研究传统。2012 年 4 月，武汉大学以国家重点（培育）学科、湖北省特色学科武汉大学宪法学与行政法学学科的研究人员为骨干，成立武汉大学两岸及港澳法制研究中心。成立之初，中心即以突出的成果获批校级人文社会科学重点研究基地。2014 年 6 月，中心正式获批湖北省人文社科重点研究基地，开启了武汉大学两岸关系法律问题研究的新起点和新篇章。在中心主任周叶中教授的带领下，武汉大学两岸及港澳法制研究中心围绕反对和遏制"法理台独"分裂活动、构建两岸关系和平发展框架的法律机制、坚持一个中国原则的法理依据等问题形成大量研究成果。本书即是武汉大学两岸及港澳法制研究中心研究团队形成的又一重要阶段性成果。

自 2008 年起，在恩师周叶中教授的指导下，我开始关注台湾地区"大法官解释"在两岸关系中发挥的独特作用，并形成一系列学术论文。此后，2013 年 4 月，由我独立完成编著的《台湾地区权利保障司法案例选编》一书在九州出版社出版发行，本书成为我完成对台湾地区"大法官解释"研究的重要阶段性成果。此后，我开始围绕台湾地区涉两岸关系"大法官解释"继续展开基础性研究工作，并于 2015 年开始，与武汉大学两岸及港澳法制研究中心研究团队的段磊博士、宋静博士等开始着手本书的策划写作工作。在漫长而枯燥的写作工程中，以博士（生）为主体的编写组不仅面临着两岸形势的变幻莫测，还时常困顿于研究材料极度匮乏的苦恼之中。所幸本书自纳入写作计划中便受到各位领导、专家的关心和支持，而编写组也克服了重重困难，在两岸关系面临挑战的关键时期，使本书与读者如期见面。

本书是团队合作的成果，由武汉大学两岸及港澳法制研究中心研究团队集体合作完成，参与本书写作的有祝捷、宋静、游志强、段磊、路忠彦、熊林曼、沈拓。各部分的作者分别署于各篇章文末。全书由祝捷、宋静统稿。当然，文责由各自撰写者自负。

本书的最终完成，我们必须首先感谢恩师周叶中教授。正是恩师的循循善诱和因材施教，我们才能在学术道路上取得一定的成绩，并且在台湾问题论域内形成自己稳定的研究方向与特色。感谢九州出版社欣然将本书列入出版计划，感谢副社长王守兵一直以来的大力支持，感谢责任编辑邓金艳的辛勤工作。感谢周志怀、刘佳雁、林冈、彭莉、杜力夫、严峻等老师对我们的教导和帮助。感谢易赛键、刘山鹰、王青林、张艳、文潞、朱松岭、陈星、聂鑫、季烨、段皎琳等好友对我们从事相关研究的支持和鼓励。感谢伍华军、黄振、刘文戈、黄明涛、叶正国、张小帅等与我们长期合作展开两岸及港澳法制研究的团队伙伴。武汉大学法学院硕士研究生秦玲、陈文菊、苏怡、焦喻遥等同学参与了本书的校订工作，在此一并致谢。

展开对台湾地区“大法官解释”是我们的一项尝试，因而我们真诚地期待各位读者的批评与指正。我们坚信：没有大家的批评，我们就很难正确认识自己，也就不可能真正战胜自己，更不可能超越自己。

祝　捷

于武汉大学珞珈山

2018 年 9 月